高等院校通识课教育精

"互联网+课程思政"新形态一体

U0679718

王庆国 巢 昕 李华林 主编

启航人生 规划梦想
——大学生职业生涯规划

中国科学技术出版社
·北 京·

图书在版编目（CIP）数据

启航人生　规划梦想：大学生职业生涯规划 / 王庆国，
巢昕，李华林主编 . -- 北京：中国科学技术出版社，
2022.5（2022.7 重印）

ISBN 978-7-5046-8892-7

Ⅰ . ①启…　Ⅱ . ①王…②巢…③李…　Ⅲ . ①大学生—
职业选择—教材　Ⅳ . ① G647.38

中国版本图书馆 CIP 数据核字（2021）第 260908 号

策划编辑	王晓义
责任编辑	王　琳
封面设计	唐韵设计
正文设计	水长流文化
责任校对	张晓莉
责任印制	徐　飞

出　　版	中国科学技术出版社
发　　行	中国科学技术出版社有限公司发行部
地　　址	北京市海淀区中关村南大街 16 号
邮　　编	100081
发行电话	010-62173865
传　　真	010-62173081
投稿电话	010-63581202
网　　址	http://www.cspbooks.com.cn

开　　本	787mm×1092mm　1/16
字　　数	308 千字
印　　张	14.5
版　　次	2022 年 5 月第 1 版
印　　次	2022 年 7 月第 2 次印刷
印　　刷	北京荣玉印刷有限公司
书　　号	ISBN 978-7-5046-8892-7/G・930
定　　价	49.00 元

前言

习近平总书记在庆祝中国共产党成立100周年大会上指出："新时代的中国青年要以实现中华民族伟大复兴为己任，增强做中国人的志气、骨气、底气，不负时代，不负韶华，不负党和人民的殷切期望！"

青年兴则国家兴，青年强则国家强。青年一代有理想、有本领、有担当，国家就有前途，民族就有希望。大学通过职业生涯教育，为青年一代实现人生出彩搭建了舞台，让众多青年学子科学规划自己的梦想，在奋斗中把梦想变成现实。

为贯彻习近平新时代中国特色社会主义思想，本教材编写组围绕新时代"立德树人"核心，结合现阶段社会发展形势和新时代大学生现状，选用大学生成长、成才的案例，编写了这本集理论梳理、实践训练于一体的大学生职业生涯规划教材。每一章的开头部分呈现了国家发展过程中的时事热点作为课程思政内容。

本教材的内容根据大学生学习生涯的发展脉络来构架，分为"生涯启蒙，探索规划""自我认知，职业探索""规划实施，付诸行动""职业发展，能力提升"四个篇章。其中，"生涯启蒙，探索规划"主要讲解如何适应大学生活和了解职业生涯规划的基本概念和理论，"自我认知，职业探索"包含自我探索和职业环境探索，"规划实施，付诸行动"则是针对职业生涯规划的实施、反馈和评估，"职业发展，能力提升"强调职业素质提升以及时间管理与情商管理。

本教材编写分工如下：工庆国负责第一章，李华林负责第二章、第七章，徐峰负责第三章，李翔宇负责第四章，巢昕负责第五章、第六章，杨飏负责第八章，最后由王庆国统稿。

本教材的编写过程中，借鉴和参考了其他学者、教师的一些成果，在此表示诚挚的感谢！

教材难免有不当和疏漏之处，望老师、同学们在使用过程中多多提出宝贵意见，在此先表示感谢！

此外，本教材作者还为广大一线教师提供了结合本书的教学资源库，有需要者可致电13810412048或发邮件至2393867076@qq.com。

目录

篇章 二　自我认知　职业探索

篇章 三

规划实施　付诸行动

篇章 四

职业发展　能力提升

篇章 一

生涯启蒙
探索规划

第一章
大学生活与职业生涯规划

> 当今的时代是一个挑战和机遇并存的时代，机遇总是垂青于那些有准备的人。一个善于规划自我的人，总能把握自己的命运。
>
> ——任正非

本章概述　大学是人生成才、事业成功的一个新起点，也是为自己未来的事业和生活打基础的重要阶段。本章从大学与职场的区别入手，强调在大学阶段进行职业生涯规划的必要性，并鲜明地指出大学阶段应自觉提升自身职业素养，以专业为导向，合理规划学业，为将来的就业或者创业夯实基础。在此基础上，本章进一步介绍职业生涯规划的内涵、原则和步骤等基础知识。

知识目标
1. 了解大学与职场的区别。
2. 熟悉职业化素质的内容。
3. 熟悉职业生涯规划的内涵。
4. 了解职业生涯规划的原则。
5. 掌握职业生涯规划的步骤。

能力目标
1. 在对学校的专业培养目标和教学管理有初步认识的基础上，能够自觉培养良好的学习心态，树立新的学习理念，掌握正确的学习方法。
2. 能做好日常学习管理，合理安排时间，合理进行学习规划，统筹兼顾。

思政目标　能自觉将个人生涯规划、个人追求与国家、民族的奋斗目标联系起来，做新时代合格的大学生。

本章结构

适应大学生活
一、大学与职场
二、大学与职业生涯规划
三、按职业化要求做好学业规划

大学生活与职业生涯规划

1   2

职业生涯规划概述
一、职业生涯规划的内涵
二、职业生涯规划的原则
三、职业生涯规划的步骤

生涯指引

从青年习近平身上汲取榜样力量（节选）

　　成长于改革年代的年轻人，本身就拥有一种"改革的气质"。他们开放自信，用宽广的视野把握历史和时代的发展方向；他们干劲十足，在新时代的征程上开拓实践、奋勇争先。既寻求情感的共鸣，又凝聚认知的共识；既渴望共情，又强调个性……正因如此，习近平总书记对当代青年给予充分肯定，并寄予厚望，"他们朝气蓬勃、好学上进、视野宽广、开放自信，是可爱、可信、可为的一代"，"我国青年一代必将大有可为，也必将大有作为"。

　　这是习近平总书记一以贯之的青年情怀，也是与青年习近平一脉相承的素质品质。回溯总书记的青春岁月，从15岁到延安插队，到22岁去高校求学，从26岁在机关工作，到29岁去基层锻炼……曲折与磨砺始终相伴，却最终写下传奇与震撼。每个时代都有自己的英雄，每个人心中都有自己的榜样。青年习近平的成长典范，正可为当代青年的价值坐标锚定方向。

　　如何选择一条正确的道路？关键是要有坚定的理想信念。先后书写8份入团申请书、10份入党申请书，多个场合多次讲述革命先辈的青春故事，青年习近平的家国情怀，为我们诠释了何为矢志不渝、何是坚定信仰。"人生的扣子从一开始就要扣好"。反观现在，有些年轻人往往一心想要摘取远方的蔷薇，反而把身边的玫瑰踩在脚下。要知道，丧失理想信仰，再激荡的河流也会枯竭；没有责任担当，再澎湃的航行也会搁浅。从"知青"到"普通农民"再到"黄土地的儿子"，青年习近平的心路历程表明，只有把人生理想与国家命运紧紧联系在一起，才能不负时代，不辱使命。

　　奋斗，是青春最厚重的底色。开荒、种地、铡草、放羊、拉煤、打坝、挑粪……对大多数年轻人来说，这早已是陌生的活计，但对青年习近平而言，这是他的日常劳作。谁的青春没有泥泞？没有哪一代人的青春是容易的。青年在成长中，有成功和喜悦，也会有困难和压力。"要正确对待一时的成败得失，处优而不养尊，受挫而不短志，使顺境逆境都成为人生的财富而不是人生的包袱。"经得了磨难，受得了痛苦，熬得住考验，坚定百折不挠的进取意志，保持乐观向上的精神面貌，如此奋斗的青春最美丽。

处在学习的黄金时期，青年人应该把学习作为首要任务，要像海绵吸水一样汲取知识。"近平从来没有放弃读书和思考"，这是梁家河的乡亲们对这位知青的评价。多年来，从梁家河的窑洞到清华大学的课堂，从基层工作到治国理政，习近平总书记始终把读书学习当成一种生活态度、一种工作责任、一种精神追求，养成了"白天劳动、晚上看书"的习惯，留下了"30里借书、30里讨书"的生动故事。揆诸当下，有的年轻人不爱读书，有的爱读"快书""浅书"。青年习近平的读书之道启示我们，获取真正的知识，需要克服浮躁之气，下一番心无旁骛、静谧自怡的功夫，爱读书，更要善读书。

(节选自贺平《从青年习近平身上汲取榜样力量》，人民网，2018-05-03)

┃生涯之思┃

青春不息，奋斗不止。越回味青年习近平的成长点滴，越能感受到跨越时空、直击人心的成长力量。广大学生都应该从习近平总书记的奋斗经历中受到启发，积极思考"大学是什么？我为什么上大学？我对大学有什么期待？我的大学生活应该如何度过？我毕业后打算做什么？"等问题，并用优秀校友努力奋斗实现人生价值的事例激励自己，树立新的、更高远的人生目标，敢想敢做，努力拼搏，成为更好的自己，不断增强社会责任感，为实现中华民族伟大复兴做出自己的贡献。

案例导入

不合格？清退！

2018年10月，湖南环境生物职业技术学院为全面从严治校，经校党委研究决定，对2017—2018学年经补考后学业成绩未达到要求的22名学生予以退学处理，对另外40名学生予以留级处理。

该校教务处处长告诉记者，此次对部分学生做退学、留级的处理结果一经公布，在该校师生当中引起了极大的反响和广泛的热议，也给全校老师吃了定心九。"以前确实也有不敢管、不好管的现象，现在有党委撑腰，老师就更能全身心地投入到教学当中去了。"

据了解，"清考"成为部分学生特别是高职院校学生获得毕业证的"法宝"，也有师兄师姐传授"考不及格不要急，毕业时一起考，学校肯定会让过"的"宝贵经验"，而这些"法宝"和"宝贵经验"一届传给一届，也导致学风愈下，成了部分高校特别是高职院校教学质量的"拦路虎"。

"退学、留级只是全面整治学风的手段。也只有打碎一批次品，才能更好地打造一系列精品。"该校党委书记苏立表示，为了让更多家长能够放心把孩子送到学校并让孩子学有所成，也为了净化校风学风，他们这次下狠心处理一批学生，确实也经历了一段时间的煎熬。在退学及留级名单公示期间，学生家长也多次通过各种渠道打招呼、讲情面，希望学校手下留情。但该校党委态度非常明确：绝不允许极少数学生的不良行为影响其他同学，绝不允许一届带坏一届、败坏学校的学风的情况继续蔓延。

苏立称，此次一次性清退22名学生，是根据《普通高等学校学生管理规定》（教育部令第41号）的要求，严格按程序进行的。但一次性清退如此多的学生，他们心里其实并不好受。

"这也是不得已而为之。"苏立称，对待厌学、不学、逃学的学生，学校一定会进行积极干预和教育，但对于上课玩手机、睡觉，陷入网络游戏无法自拔的部分教育无效的学生，也要采取果断措施。"经过了反复教育、考察、谈话，慎之又慎之后才做的决定。"苏立告诉记者，这些清退的学生都由老师陪同一一交送到家长手中，并希望他们有一个新的开始。

（节选自《中国教育报》2018年10月23日第10版，原标题《"狠心"清退不合格学生》）

| 简析 |

一次性清退22名学生，应该说制造了巨大的新闻热点，也彰显了学校壮士断腕、从严治校的决心。广大同学要从自身的角度思考一下：我们进入大学的目的是什么？当你知道了自己的使命和责任之后，也许就知道了这几年应该如何度过。

第一节
适应大学生活

时代呼唤英才，希望在于青年。社会主义现代化需要大学生的参与，中华民族伟大复兴需要大学生去奋斗。今天，"十四五"大幕拉开，站在新的历史交汇点上，当代大学生要进一步认清自己的历史使命，明确成才的目标，确立为国家、为民族奋斗的志向，努力成长为对党和国家、对人民有所贡献的人才。

一、大学与职场

大学就是小社会。在踏进真正的大社会前，在这个小社会学到的东西将大有用处。

（一）大学的意义

对于立志成才的大学生，就短期目标而言，毕业时能够顺利就业是第一步。每年就业招聘高峰期前，即将毕业的学生都开始四处"撒网"寻求自己的出路。随着时间的推移，就业高峰期渐渐远去，有的毕业生抛出这样一个问题：为什么命运如此不公平，周围的同学都找到工作了，我却一直没有着落？大学究竟给我带来了什么？早知道这样我还不如不读大学呢。

那么，大学究竟能给我们带来什么？这个问题值得每个负责任的大学生深思。事实上，不少人就是在对"为何要上大学"这个问题的困惑、纠结中度过大学生活的。若刚踏入大学校门的新生能从一开始就认真思考这个问题，也许会受益颇多，至少在以后的大学生涯中会有一个明确的奋斗目标。

1. 大学是一个新起点

进入大学，你终于卸下了高考的重担，第一次真正开始追逐自己的兴趣、理想，第一次独立生活，第一次有机会在学习理论的同时亲身实践。重要的是这一次不再由家人安排生活、学习的一切，你有足够的自由处置自己生活和学习中遇到的各类问题，支配所有属于自己的时间。大学是一个新起点、一种新的视野。在你人生如此关键的阶段里，你应当认真把握每一个"第一次"，让它们成为未来人生道路的基石，因此，在大学里，你可以努力为自己编织生活梦想，明确奋斗方向，奠定事业基础。

2. 大学是一种新生活的舞台

进入大学，新的学习环境、新的生活环境、新的人际环境为大学生充满希望和挑战的新生活奠定了基础。

大学生活可以提高你的操作力、竞争力、适应力、创造力、自控力、表达力、交往力、自学力等诸多方面的实践能力。为提高这方方面面的能力，你也需要付出行动，比如加入社团，积极参与校内外实践锻炼。

（1）大学是提升自我、展现综合实力的舞台。大学里的学生社团是大学生根据自身兴趣爱好自愿组成、依章程自主开展活动的群众性组织，是大学生自我管理、自我教育、自我服务、自我提高的重要阵地。社团凭借"社团精神"和丰富多彩的活动，受到越来越多大学生的青睐，成为大学校园文化亮丽的风景。你可以选择性地参加社团组织，这样不仅可以得到具体的参照，更好地认识自己、判断自己，还可以通过参与、策划和组织各类社团活动锻炼自己的能力，提高自己各方面的素质，促进自己的成长。社团就像一个微型社会，身处其中该怎么待人接物，怎么适应？社团给正式进入社会之前的大学生提供了一个很好的彩排机会。

（2）大学是广交朋友、构建人脉、走向社会的舞台。成功学家认为，一个人的成功是个人能力和人际关系共同决定的，也就是说一个人社交圈越大、朋友越多，成功的机会就越多。而大学不仅是来自不同学科的学识渊博的知识分子的聚集地，还会聚了五湖四海富有激情、敢于挑战、思维活跃的同学。在大学，可以建立起自己发展初期的人脉关系，来自全国各地的同学也许将来就是我们的工作资源，将在我们的职业生涯发展中给予有效的帮助。所以，大学期间要广交朋友，不能把自己封闭在宿舍或者本年级的小圈子里。

（3）大学是追求大学精神、展翅高飞的舞台。大学精神也许是每个高考学生所追求的，也是世人津津乐道的东西，它给大学注入了生命力，让大学不仅仅是教学楼、图书馆、运动场、林荫大道等建筑群落，也不仅仅是人才的集散地，更是人文、思想、人生观、价值观、理性思考、创新创造、智慧与博大胸怀的代表。大学可以潜移默化地滋润我们的精神、信念和信仰，使我们经历一种无形的洗礼和熏陶。这影响无声却巨大，并且是持续终生的。这也就是对学生为什么极尽努力也要考上大学的最好解释。

（二）大学与职场的区别

学校和职场的不同，主要体现在以下几方面。

1. 目标不同

学校的目标是培养人，学生在学校是学知识的；而职场是用知识的，企业的目标首先是生存、是营利，然后才是培养人。因此，所有的企业都希望招到有工作经验的员工，都希望新员工"招之能来，来之能战"，具有工作经验。而"工作经验"，指的是求职者在应聘这份工作之前就做过几乎相同的工作。公司里所需要的职位，从技术开发到行政文秘，从生产管理到公关销售，从市场营销到质检物流，可以说 90% 以上的工作职位，都是大学生在学校里根本接触不到的。

2. 合作程度不同

在学校里，学生基本上是"单兵作战"，独自完成各类作业、试卷、设计，即使需要做一些团队作业，能力较强的学生也可以独立完成。但在职场里，几乎所有的任务都需要通过团队协作来完成，你的任务完成情况会受到上一个环节的制约，也会影响下一个环节，甚至影响到整个公司。因此在职场上，如果你不善于交流和沟通，不能与人合作的话，是不能"毕业"的。

3. 看重的成绩不同

学校和职场都看重成绩，但一个看重的是学习成绩，一个看重的是工作成绩。由于考试是限时进行的，对人们短时间记忆、处理复杂信息的能力要求比较高，所以高智商的人在考试时特别占优势，很容易在学校里取得好成绩。但要想取得好的工作成绩，智商就远远没有情商重要了。美国一家研究机构调查发现，情商对工作的影响力是智商的 9 倍。国外有关专家研究表明，一个人的职业成就 20% 取决于智商，80% 取决于情商。

关于情商对工作的重要性，网易教育频道 2001 年 11 月曾有过这样的报道：当向上海华东电脑股份有限公司总经理肖永吉、CEN 国际教育网总裁陈玉宝等企业家问起"中国的大学生最欠缺什么"时，几位一致认为：是 EQ（情商）。上海杰事杰新材料（集团）股份有限公司董事长杨桂生说："高校在培养人才上不注重让学生去体验，而是一味地让学生死记硬背。想想从上小学一直到大学毕业，学生一直处在老师没完没了的灌输中，学生没完没了地记录，考试前再没完没了地背诵。回过头来想，走上工作岗位后你之前所背的东西可能只能用上 5%。学生没有体验、没有实践，怎么可能去创造？"

4. 完成任务的方式不同

学校里一般是不管你用什么方式学习的，只要你完成学习任务就行；但在职场上却有着种种规则和惯例，强制你用特定的方式工作。因此，在学校里，你可以一个人闷头读书，不向老师同学"取经"也能轻松通过考试；工作后，如果你还是这样闷头做事，没有随时向领导和同事求教的习惯，不仅很难完成工作任务，还很可能会犯错误，给自己和公司都带来意想不到的麻烦。

5. 犯错的代价不同

在学校里犯错，后果一般不会太严重，至少对学校的生死存亡不会造成太大的影响；在职场就不同了，一个小小的失误，不仅会影响个人发展，还可能会给所在单位造成重大损失。

2005 年重庆出版社出版的《我为什么不要应届毕业生》（宋三弦等著）一书中就讲述了这样一个真实的案例：5000 本招商手册印出来之后，在交付客户时，客户发现手册上印刷的电话号码竟然少了一位数字。因为这个原因，客户坚决不肯收货，而之前的印刷费用是由设计单位垫付的。究竟是谁犯了这个低级错误呢？原来是员工小王。正常的工作流程是在其他工序完成之后，由文案进行最后的校对，但小王却在"转曲"工序前就让文案进行最后一遍校对。结果，偏偏在最后一道工序中出错了，漏掉了客户电话号码的最后一位数字。

公司后来好说歹说，通过退掉部分费用作为补偿的方式，终于让客户同意公司的补救方案——手写补全号码。整整一个晚上，公司行政、前台、司机一起加班，才勉强把这件事情做完。这单生意的利润当然没有了，关键是交货时，客户还不停地埋怨。这单生意因为小王的失误，真是"赔了夫人又折兵"！

6. 管理的松紧度不同

学校的管理相对来说是松散的，学生有很大的自由度；在公司中，更多的是服从、遵从，按规章办事，违规即罚，制度严格，必须履行。

（三）从大学到职场的蜕变

从中学到大学只有一步之遥，迈出大学校园踏入职场也仅仅是一步之遥，但是这一步的迈出对很多大学生来说却很艰难。虽然整个社会都在关注大学生的就业问题，并自上而下出台了多项措施，但是对于大学生来说，要实现从大学到职场的蜕变，需要做好的准备不仅仅是笔试和面试这样简单。而只有做好充足的准备，未来的职场之路才会越走越顺利。

1. 做好经验储备

"缺乏工作和实践经验而导致面试失利"是大学毕业生普遍面临的职场的第一道难关。对于用人单位来说，有经验的员工可以"拿来就用"，省去了培训的麻烦，提高工作效率的同时还能为单位节省培训成本，所以用人单位当然是希望招到有经验的员工。

因此，大学生在求职前最好能找到一个与自己专业相关的工作岗位实习或是进行相关的项目实战，提早实现专业知识和工作实践的磨合，这样，在进入职场时能更容易发挥自身的特色和优势。

另外，大学生在校期间最好主动去找几个面试机会，不要带有压力，但是要做足相关的准备，如详细了解即将面试的公司，对应聘的职位做相应的规划。有了这样的经验和经历，在招聘旺季到来时，才会从求职大军中脱颖而出。

2. 做好专业储备

有人说，职场就像一张地图，而你找工作就好比是在马路上找目的地。如果马路上没有交警，没有红绿灯，也没有任何指示标志，你要到达你的目的地，是否会走很多弯路，浪费很多时间？

对于求职的大学生而言，只有做好专业储备，才能在职场中以最快的速度找到自己的目标。在毕业前，要想清楚自己想向哪方面发展。如果你的专业恰好与职场目标一致，那么就朝着这个目标努力做准备，做一个长远的职场规划，为自己的前途打好基础；如果你大学期间所学的专业与职场目标并不完全一致，那么就要赶快找到二者之间的差距，实现无缝对接。

3. 做好心理干预

"大一的时候，我们为做职业经理人还是民营企业家而发愁；大二的时候，我们为做哪个行业的'白骨精'而发愁；大三的时候，我们为能不能拿到年薪10万元而发愁；大四的时候，我们为能不能找到工作而发愁。"这段流行在大学生当中的"自嘲"生动地表现了现在大学生们的求职心理。

从学生到工作职员的角色转变会使大学生在心理上有不适应感，这时可以通过自我心理调适将角色冲突尽可能地降低。记住几个要点：给人留下良好的第一印象，主动交流、勤学好问、少说多听；保持积极主动的心态，先学会给自己"断奶"，向前辈诚恳"请教"；保持一颗平常心处理人际关系，不要因为别人的喜怒而刻意改变自己。

案例链接

职业规划的必要性

小杨就读于一所高职院校的工商管理专业。毕业时，她去参加了一个大型招聘会。当看到许多公司只招一两个人时，她感到很失望。终于，她发现了一家广告公司在销售、财务、策划、宣传等方面都有职位招聘。她想，这里一定机会很多，就挤到招聘人员跟前。招聘人员问她："你想应聘什么职位呀？"她连忙说："什么职位都行，只要你们给我机会，我一定会努力的！"招聘人员微笑着对她说："同学，你找什么工作无所谓，但我们招人却一定要找合适的。你喜欢什么、你擅长什么、你将来想成就什么，这些你自己应该很清楚吧？你们在大学也会有职业规划辅导吧？"小杨听了感觉很不好意思，但却没能很清楚地说出她适合的岗位。招聘人员看她很有诚意，就准备帮她发现自己的特点，于是问："你说说在大学期间你喜欢的课是什么？哪些课学得最好？有参加过什么活动吗？做过最成功的事情是什么？最失败的事情是什么？成功与失败的原因是什么呢？"很可惜，这次小杨还是没有把握住机会，含含糊糊地说完了自己学得还算好的课后，觉得没有什么很成功的事情可说，而失败的事情她又不敢说。最后招聘人员说："从你们自己来看，你们该毕业求职了，但从我们企业看，你们还没有达到毕业的要求啊！你还是回去好好想想自己想要什么、能干什么，再来找工作吧！"

企业招聘人员最后的话不但给了小杨很大的震动，同时也需要在校生进行深刻反思：经过三年的学习，是否能成为符合用人单位要求的毕业生呢？所学的内容能否满足就业岗位的需求？大学期间如何才能真正完成向一个社会人的转变呢？由此可见，进行职业生涯规划是非常必要的。

二、大学与职业生涯规划

（一）大学与职业生涯规划的关系

（1）大学阶段是一个人的人生观、价值观、世界观形成的重要时期，也是精神成人和做好职业准备的重要时期。尽早做好职业生涯规划，重要性和必要性不言而喻。面对严峻的就业压力，作为大学生活规划重要组成部分的职业生涯规划也显得越来越重要。

（2）大学阶段是一个人全面提升自我、完善自我的重要时期，对这一时期把握得好坏将直接影响到大学生未来的发展甚至一生的命运。"凡事预则立，不预则废"，如果从刚踏进大学校门的那刻起就开始规划你的生活，那么就可以掌握很大的主动权。大学期间进行职业生涯规划，可以帮助大学生尽早科学地确定职业发展目标，能有效鞭策大学生努力学习、发挥潜能、完善自我。

（3）大学开展职业生涯教育，对国家人力资源建设具有重要的作用。大学教育是国家人力资源培养体系中的重要组成部分，担负着为国家和社会培养大批合格人才的重任。从目前来看，大学开展职业生涯教育，能够有效缓解大学生的就业压力，帮助毕业生顺利就业，促进高校人才培养目标的实现。

（二）职业生涯规划对大学生的重要意义

职业生涯活动伴随人的大半生，拥有成功的职业生涯才能实现完美人生。因此，大学生首先要认识到职业生涯规划的重要意义。

（1）职业生涯规划可以帮助大学生发掘自我潜能，增强个人实力。①职业生涯规划引导大学生正确认识自身的个性特质、现有与潜在的资源优势，帮助大学生重新对自己的价值进行定位并使其持续增值。②有效的职业生涯规划能引导大学生对自己的综合优势与劣势进行对比分析。③有效的职业生涯规划能使大学生树立明确的职业发展目标与职业理想。④有效的职业生涯规划使大学生能够评估个人目标与现实之间的差距。⑤有效的职业生涯规划能够使大学生结合实际，前瞻职业定位，搜索或发现新的或有潜力的职业机会。⑥成功的职业生涯规划使大学生学会如何运用科学的方法，采取可行的步骤与措施，不断增强自己的职业竞争力，实现自己的职业目标与理想。

（2）职业生涯规划可以增强发展的目的性与计划性，提升成功的机会。职业生涯发展要有计划、有目的，不可盲目地"撞大运"。很多时候，职业生涯受挫就是由于生涯规划没有做好。好的计划是成功的开始。制订职业生涯规划的一个最大的好处就是有助于确定日常工作的轻重缓急，便于掌握重点。良好的职业生涯规划，能使我们紧紧抓住工作的重点，增加成功的可能性。

（3）职业生涯规划可以增强大学生应对竞争的能力。当今国际形势发生了巨大的变化，社会处在变革的时代，到处充满着激烈的竞争；我国经济各方面都在进行转型升级，需要越来越多的新型人才。要想在这场激烈的竞争中脱颖而出并立于不败之地，必须设计好自己的职业生涯规划，这样才能做到心中有数。而不少大学生不是首先坐下来做好自己的职业生涯规划，而是拿着简历与求职书到处乱跑，总想撞到好运气找到好工作，结果只是浪费了大量的时间、精力与资金，到头来感叹招聘单位有眼无珠，不能"慧眼识英雄"，叹息自己"英雄无用武之地"。这部分大学生没有充分认识到职业生涯规划的意义与重要性，认为找到理想的工作就是靠学识、业绩、耐心、关系、口才等条件，认为职业生涯规划纯属纸上谈兵，简直是耽误时间，有那时间还不如多跑两家招聘单位。这是一种非常错误的观念。实际上，未雨绸缪做好职业生涯规划，有了清晰的认识与明确的目标之后再把求职活动付诸实践，效果要好得多，也更经济、更科学。

每个人的职业兴趣、价值观以及个性、语言能力、动手能力、社交能力、组织管理能力等都有所不同，因此，要从这些方面进行系统的分析，做出综合的个案分析，并对个人提出合适的职业类别、工作环境和单位类别等信息，以便进行职业生涯规划。进行职业生涯规划能够使大学生更好地了解自身的优势及缺陷，有针对性地学习、提高，是大学生成功就业或创业、实现自身价值不可或缺的重要手段。

（4）职业生涯规划是大学生涯规划的核心内容。大学生涯是指个人完成大学生活、学习的整个时期，是人生发展的重要阶段。大学生涯往往为个人今后乃至一生的发展奠定坚实的基础。在大学选择某一专业进行学习，是为今后的职业发展做准备，因此大学生涯可称为职业准备阶段或职业准备期。这是个人职业生涯发展的起步阶段，是决定能否在起点占据优势的重要阶段。

进行大学生职业生涯规划的重要目的就是实现毕业后的成功就业。国内外的大量实践证明，大学生要实现成功就业，需要做好以下三项工作：①对职业进行研究、分析，了解职业现状、职业要求、职业发展趋势等信息。②正确地认识自己，促进个人因素与职业因素的匹配，调整个人的就业期望，实现个人性格、兴趣、能力、职业倾向与职业类型的吻合。③在上述基础上制订科学的行动方案（特别是大学学习时期的方案）并认真实施。这三方面构成了大学生职业生涯规划的基本内容。大学生涯处于职业探索和准备期，这个时期大学生的可塑性非常强，可以培养多方面的兴趣，锻炼多方面的能力，因此，做好大学生职业生涯规划，实现动态的"人职匹配"，对于实现大学生的成功就业和职业生涯的顺利发展具有非常重大的意义。

三、按职业化要求做好学业规划

职业化就是职业的标准化、规范化、制度化。换句话说，所谓"我是一个职业的销售人员""我是一个'职业经理人'"，就是"我"能把自己的职业做到标准化、规范化和制度化。

以教师为例，教师这个职业很早就出现了。当有了文字以后，就有很多教师来传承知识文化。但是教师这个行业从什么时候才开始实现真正意义上的职业化？学校的出现是教师行业标准化、规范化、制度化的重要标志。考试的规范化和教科书的出现都为教师行业的职业化提供了重要条件。考试制度的出现规范了知识传递的途径，教科书的出现使教育实现标准化并且脱离了对人的依赖。

如果企业某一个岗位的工人离开了，某项工作就无法顺利进行，说明这家企业还没有真正实现职业化。一所学校，如果某个老师要走了，这所学校就没有开办价值了，那么它就不能被称为学校。如果某个老师离开了，学校照样可以办下去，这才是真正的职业化。

要实现真正的职业化并不是一件很容易的事情。对职业人来讲，提升职业素质是关键。当你具备了这些素质之后，不管在哪个单位，都能从容应对。

（一）职业化素质

1. 以实用为导向的职业知识和以专业为导向的职业技能

知识和技能的要求是实用与专业。职业化教育很重要的一个特点是导向性和实用价值。以实用和专业为导向的知识、技能主要包括所处行业和所在岗位的专业知识、良好的时间管理能力、有效的沟通能力、准确分析问题与解决问题的能力等。这些知识与技能帮助一个人成为颇受用人单位欣赏的"专才"。

2. 以价值为导向的职业理念和以结果为导向的职业思维

职业化素质中的理念和思维方式，表现为注重工作价值的创造，以及以结果为导向。

一家企业中，员工要为企业创造价值。有的员工会问：我创造的价值少的话，我加班行不行啊？这样是不行的。因为在工作中，是以价值和结果为导向的，看重的是你为企业创造了什么价值。你的价值如果创造不当，会增加很多的额外成本。作为一名职业人，关键是你要能够保质、保量地把工作做完。

3. 以敬业为导向的职业态度和以成功为导向的职业心理

敬业是一种职业态度，也是职业道德的崇高表现。一个没有敬业精神的人，即使能力再强，也不会得到同事的普遍尊重和认同；而能力相对弱但具有敬业精神的人，或许能够找到发挥自己能力的舞台，并在实现自身价值的同时得到尊重和认同。

（二）学业规划

1. 分步骤、阶段性地规划学业

首先，要认识人才培养方案。通过对学校人才培养总方案和各个专业人才培养方案的学习、认识和了解，每位同学都应该对自己所学的专业有一个整体性的认识。在这一整体性认识的基础上，才能根据专业学习目标，将人才培养方案中涉及的课程内容和学习任务进行阶段性划分，以学年为单位来制订自己的中长期学习计划。同样，也要像制订短期学习目标和计划一样，按部就班地完成各个学年的学习目标。

其次，要做好短期学习安排。所谓短期学习安排，一般是指3—6个月的学习安排。每位同学在认识专业学习目标和自身情况的基础上，做好短期的学习计划和安排，是完成学习任务、取得阶段性成效、为将来的学习和工作奠定良好基础的重要前提。为此，在进入大学之后，首先要做的就是认识和熟悉专业及课程的设置情况，了解学校的各种考试安排；然后根据自己的情况和特点，如自身的学习情况、想要从事的职业或未来的发展方向等，制订相应的学习计划；最后合理规划和设定目标，并且为目标不断努力，将一个个短期学习安排逐一落实。这样，大学的学习也就成功了一大半。当然，良好习惯的养成也将让自己的未来获益。

最后，要树立长期规划的意识。长期目标的实现取决于当下的每一步行动和每一个环环相扣的短期计划。作为一名大学生，我们要做的不仅是逐步实现自己的中短期目标，还要在此基础上树立高远的长期目标，实现自己的人生价值，为祖国的繁荣、为人类的发展和进步贡献自己的力量，哪怕是微小的力量。

从实践的角度看，有良好的目标意识，是实现最终目的的有效保障。当前实践的每一步都是为将来打下的基石，我们的每一个决定都有可能影响到今后的人生。大学的几年，第一个重要的长期计划自然是获得学位证书，如有可能的话，再在这个学位和专业的基础上有所发展。

2. 自觉地、有意识地提升自身的综合素养

第一，要有扎实的理论知识和专业技能。专业知识和技能是大学生赖以生存的资本，随着市场经济和行业的发展，职业岗位也会不断变化，行业评价标准也会越来越精细，除了要求大学生具备扎实的基础知识，还要求他们具有过硬的专业技能。一名优秀的大学生

必须拥有扎实的文化知识，包括专业知识和非专业知识，最终形成自己的知识体系。同时，大学生要多到图书馆，博览群书，增加自己的知识储备，达到充实自己的目的。并且，要把所学知识与实践相结合。实践是检验真理的唯一标准，实践也是检验大学生专业知识是否过关的标准，是提升专业技能的途径之一。现在各类高校，特别是高职院校和应用型本科学校，都有比较新颖、多样的模拟实训，在校生应积极参与实训以提升自身的专业技能。此外，在暑假或寒假，要主动去联系一些与自己所学专业知识相关的单位，比如会计专业的大学生可联系会计师事务所、银行等与财务相关的机构见习，充分锻炼自己的实践能力，不断提高自己的实际工作能力和水平，这样才有可能提高专业技能。

第二，锻炼自身的语言表达能力。语言表达是信息传递的重要途径之一，也是人与人之间交流的重要方式。语言表达能力是大学生必须具备的又一项重要能力。学习、工作和社会交往等都需要语言表达能力。大部分人都会说话，但不是所有人都能说得好。作为大学生，要提升自身语言能力，首先要敢说，这是练好口才的前提；其次要做到有话可说（需要广泛的知识面），这是练好口才的基础；最后是妥善了说，注意什么场合说什么话，注意语言的得体，这是练好口才的关键。为此，大学生应该抽出时间阅读有关的文学著作和口才范文，多做练习，多参与各类活动，使自己的语言表达能力得到锻炼和提高。

第三，提升自己的社交能力。大学生一定要明确一点：社交不是一群无聊人的狂欢，也不是一群人在游戏中的"厮杀"和不醉不归的酗酒，社交应基于一定的积极的共同爱好，或者来自灵魂深处的思想碰撞。社交存在于各个角落，通过交际才能使自己的想法和创造得到检验和认可。而在大学生活中，积极参与学生会的工作或社团的活动，是提升交际能力最为理想的途径。

第四，注重团队合作精神的培养。俗语说得好，"三个臭皮匠，顶个诸葛亮"，在社会经济飞速发展的时代，社会分工越来越细，一个人不可能独立完成所有的事情。在企业中，一个人所能完成的只是企业整体任务的一小部分。因此，团队合作精神就显得尤为重要。用人单位都认为，只有每一位员工都具有良好的团队合作精神，企业才是一个强大的整体，才会取得巨大的效益。作为大学生的我们，要积极参与校园各类学生组织和社团，要多学习别人身上的优点，学会倾听和沟通，谦虚做事，不搞小团体，诚恳待人，这样才有利于团队合作意识的培养。

第五，重视创新精神的培养。螃蟹形状可怕，丑陋凶横，第一个吃螃蟹的人确实是需要勇气的。但谁是天下第一个吃螃蟹的人呢？第一个吃螃蟹的人，一定是敢于冲破传统观念不断开拓新领域的人。一直以来，学生受到应试教育的束缚，往往为了考试而学习，没有重视思维能力的培养，许多人安于现状，缺乏创新精神，这其实会限制大学生的就业前景。所以，在大学期间，我们应该积极投身日常的学习活动，充分发挥主观能动性，利用各种实践活动来检验自己的知识，锻炼分析问题、解决问题的能力，不断提高创新意识。

能力靠的是培养，经验靠的是积累，素养则需要能力和经验的内化和融合。作为当代大学生，应当这样度过大学生活：当他回首往事时，不因虚度年华而悔恨，也不因碌碌无为而羞愧；应该把全部精力，都用于提升自身的综合素养！

生涯小贴士

英语专业"毕业即失业"吗

或是满心期待地考进来，或是高考失利被调剂进来，从入学到毕业，最常听到的一种说法竟然是，外语专业并不算一个专业，最终的结果很可能是"毕业 = 失业"。这是许多英语专业的大学生都会面临的烦恼。

然而，英语专业的学生真的没有好的出路了吗？并不是这样的。

第一，可以当英语教师。很多同学可能觉得当教师工资低，但是教师这一职业的确是很多毕业生的首选。在学校工作，环境氛围好，人际关系较为单纯，也更容易遇到志同道合的伙伴。

第二，可以做口译或笔译。做翻译的门槛比较高，需要专业水平达到顶尖，所以目前口译人才缺口很大，笔译的人才也一样。想要得到这样一份工作，要做好大学会比别人辛苦很多倍的准备。

第三，可以从事对外商务、贸易。外语本身就是外贸行业的敲门砖，如果有非常优秀的口语能力，对商贸行业也不排斥的话，完全可以在外资企业、涉外企事业单位等大显身手。

第四，可以当对外汉语教师。随着中国经济的发展及综合国力的不断提升，世界各国人民对汉语与中华文化的学习热情空前高涨。他们对中国独特而悠久的历史文化深感兴趣。中国文化倍受世人的瞩目，"汉语热"扑面而来。同时，中国奉行和平发展理念，以提升中国的文化软实力，因此诞生了一批海外教育机构。这些海外教育机构肩负着汉语培训与文化交流的任务，成为中国走向世界的一架桥梁。无论是公派还是自己应募，对外汉语教师是目前逐步发展并且有一定上升空间的工作领域。同时，随着大批外国人士来华工作或居住，专门用于培养外国人士汉语能力的机构也纷纷设立，这就为英语专业的学生提供了新的就业领域。

与本科层次的英语专业不同，专科层次的英语专业主要培养应用型人才，再加上学校着重培养学生的心理素质与承受能力，培养学生的团队精神、合作能力、沟通能力和独立思考能力，提供了更多的实习机会，所以作为高职生，进入职场闯荡时应该比本科生有更足的底气。

第二节
职业生涯规划概述

古人云："凡事预则立，不预则废。""预"实际上就是计划、规划的意思。事实也证明，很多人由于对自己的职业生涯毫无规划，人生的每一步都没有明确的目标，最终导致事业失败。失败的原因并非是他们没知识、没才能，也不是他们没有去努力奋斗，而是他们没有设计和采用最适合他们成长和发展的职业规划。新时代，个人有了越来越多选择职业的机会和越来越大的发展空间，同时也面临着更大的、更复杂的社会风险。因此，在这个瞬息万变的时代里，要想获得事业的成功，就要及早做一份个人职业生涯规划。那么，究竟什么是职业生涯规划呢？

一、职业生涯规划的内涵

（一）生涯的含义

孔子曰："吾十有五而志于学，三十而立，四十而不惑，五十而知天命，六十而耳顺，七十而从心所欲，不逾矩。"《论语》里这短短的一段话描述的就是孔子各个年龄段的生涯发展。当今的职业生涯规划已经与 20 年前、10 年前甚至是 5 年前人们的职业生涯规划有了显著的不同，这种巨变影响着我们工作的性质、时间、方式、地点，影响着我们对生活的解读。

生涯是指个人通过从事工作而创造出的一种有目的的、延续不断的生活模式。

这个定义是美国国家职业发展协会（National Career Development Association）提出的，是生涯领域中使用最为广泛的一个定义。这个定义中有几个关键词具有重要的实践意义。

（1）工作：为自己和他人创造价值的活动。我们现在几乎将"工作"一词等同于就业、职业。事实上个人的兴趣爱好、业余生活都可以视作生涯的一部分，有时甚至非常重要。

（2）创造：个人的生涯发展是一系列选择的结果，从来没有最佳的选择，只有最适合自己的生涯之路。

（3）目的：生涯中的活动对个人而言是有价值、有意义的。生涯会因个人的兴趣、技能、价值观、机遇等相互作用而形成和发展。在每一个人生涯发展的轨迹中，我们可以看到个人价值观的体现。比如"修身齐家治国平天下"就是生涯发展的不同层次。

（4）延续不断：生涯是纵贯一生的发展。从过去、现在到未来，每一个个体的生涯都是在这三个时间段的连接点上前进，会受到个人和外界的影响。

（5）生活模式：没有人在生活中是单一角色，生涯包含了所有的生活角色，如工作者、学习者、父母、子女、配偶、公民等。生活模式包括了我们整合与安排这些角色的方式。

由此可见，生涯规划不仅仅是选择一所大学、一种专业、一家就业单位或一处工作地点，它还包含了我们对自身以及在生活中所扮演的所有角色的彻底剖析。

（二）职业生涯的含义、特点与发展阶段

1. 职业生涯的含义

职业生涯就是一个人的终生职业经历。与职业不同，职业生涯是个发展的概念，是一个动态的过程。它不仅包括一个人的过去、现在和未来那些可以实际观察到的连续的职业发展过程，还包括个人对职业生涯发展的见解和期望。

具体地讲，职业生涯是以心理开发、生理开发、智力开发、技能开发、伦理开发等人的潜能开发为基础，以工作内容的确定和变化，工作业绩的评估，工资待遇、职称、职务的变动为标志，以满足需求为目标的工作经历和内心体验的过程。

2. 职业生涯的特点

职业生涯相对于其他生涯而言，有其自身的特点。

（1）独特性。每个人从事某种职业的条件是不同的，对未来职业的憧憬是有差异的，对职业评价的角度是不一致的，在职业选择的态度上是多样的，每个人在职业生涯过程中做出的努力也不尽相同，从而使每个人的职业生涯呈现出与别人有区别的个性。

（2）发展性。每个人的职业生涯，都是一种发展、演进的动态过程，是一个个体逐步实现其职业生涯目标并不断制定和达到新目标的过程。随着阅历的增长和能力的提升，一个人可能会有职位的升迁，或者"跳槽"到更好的单位，也有可能由于社会环境的变化和个人原因而转换职业，顺着另一条路开始不断探索。

（3）阶段性。每个人的职业生涯发展过程都有着若干阶段，绝不可能总是停留在一个阶段上。职业生涯的各个阶段是紧密相连的，一般来说，前一个阶段是后一个阶段的基础，后一个阶段是前一个阶段的发展，各个阶段之间具有递进性。每个人在不同的职业生涯阶段，目标和任务也是不同的。

（4）整合性。职业生涯涵盖了人生整体发展的各方面，而非局限于工作或职位。每个人在职业生涯发展过程中，或者从事某项工作时，不是单纯地工作，而是与自己的家庭生活、业余生活等紧密地联系在一起。每个人所从事的工作，往往决定他的生活状态，而且职业与生活两者之间有时很难区别。

（5）互动性。职业生涯是个人与他人、个人与环境、个人与社会互动的结果。人是社会的人，不能脱离社会而存在。个人职业生涯的状态、职业选择的观念、职业能力的锻炼、

职业信息的掌握对其他人会产生影响。好的环境能坚定一个人从事某种职业的信念，社会上新职业的出现、职业需求的变化则会使个人对自己未来的职业生涯重新进行思考。

3. 职业生涯的发展阶段

职业生涯是发展的过程，从一般角度看可以分为五个阶段。

（1）职业准备阶段（一般15—18岁）。职业准备期是一个人就业前进行知识准备和专业、职业技能学习的时期。这一阶段，人们开始形成独立的意识和价值观，开始注意职业角色的社会地位以及社会对该职业的需要。这一阶段的主要任务是发展职业想象力，培养职业兴趣和能力，对职业进行评估和选择，接受必需的职业教育和培训。

（2）职业选择阶段（一般18—25岁）。在这一时期，人们开始社会劳动，并逐渐把自己的职业愿望或要求同主观条件、能力以及客观社会现实的职业需要密切联系和协调起来。经过一段时期的实践和思考之后，对初步选定的职业及目标进行检讨，如有问题则需要重新选择，变换职业。这一阶段的主要任务就是进入职业市场，尽量选择一种合适的、较为满意的职业，并在一个理想的组织中获得一份工作。

（3）职业生涯初期（一般25—40岁）。这一阶段是取得某一职业正式成员资格的阶段，人们要对自身的优缺点进行全面分析，对本职工作进行全面了解。这一阶段的主要任务是了解和学习组织纪律和规范，接受组织文化，逐步适应职业工作，不断学习职业技术，提高工作能力，发挥自己的聪明才智，力争成为一名专家和职业能手。

（4）职业生涯中期（一般40—55岁）。这一时期人们承载了家庭、社会所赋予的太多责任和义务，承受了巨大的压力，个人成就和发展的期望减弱，希望维持自己已获得地位和成就的愿望加强，并希望更新自己专业领域的知识和技能。这一阶段的主要任务是不断学习新的知识，努力工作，并对早期职业生涯进行重新评价，以便强化或转变自己的职业理想。

（5）职业生涯后期（一般从55岁直至退出职场）。这是职业生涯从衰退到离开工作岗位的阶段，是一个相对稳定的阶段。在这个阶段，由于年龄的增长，人的体能、竞争能力、挑战能力、职业能力都有所下降。然而，由于积累了不少经验，这一阶段的人经常承担起对年轻人言传身教的责任。这一阶段的主要任务是继续保持已有的职业成就，在社会竞争面前保持良好的心态，总结工作经验，做年轻人的良师益友，做好退出职业生涯的准备。

职业生涯是人生中最重要的历程，是追求自我实现的重要人生过程。在这里，职业不只是谋生的手段，更是实现个人价值、追求理想生活的重要途径。人生过程分为少年、成年、老年几个阶段，而成年阶段时间最长，是人们从事职业最重要的时期，是人生全部生活的主体。因此，也可以说，人的生涯主要就是职业生涯。

（三）职业生涯规划的含义

1. 职业生涯规划的概念

职业生涯规划也叫职业生涯设计，是指个人和组织相结合，在对个人职业生涯的主客观条件进行测定、分析、总结研究的基础上，对自己的兴趣、爱好、能力、特长、经历及不足等各方面进行综合分析与权衡，结合时代特点，根据自己的职业倾向，确定最佳的职业奋斗目标，并为实现这一目标做出行之有效的安排，比如近期和远景规划、职业定位、阶段目标制定、路径设计、评估与行动方案设计等一系列的计划与行动。职业生涯规划的目的不只是协助个人按照自己的资历条件找一份工作，以实现个人目标，更重要的是帮助个人真正了解自己，为自己筹划未来，拟订一生的方向，进一步详细估量内部、外部环境的优势和限制，在"衡外情，量己力"的情形下设计出各自合理且可行的职业生涯发展方向。

职业生涯规划既包括个人对自己进行的个体生涯规划，也包括企业对员工进行的职业规划管理。职业生涯规划不仅可以使个人在职业起步阶段成功就业，在职业发展阶段走出困惑，到达成功彼岸；对于企业来说，良好的职业生涯管理体系还可以充分发挥员工的潜能，给优秀员工一个明确而具体的职业发展引导，从人力资本增值的角度实现企业价值的最大化。借助教育测量学、现代心理学、组织行为学、管理学、职业规划与职业发展理论等相关经典科学理论，结合中国特色的企业管理实践和个人性格特征，就可以形成比较成熟、完善的职业生涯规划体系。

2. 职业生涯规划的类型

（1）按照规划时间的维度，职业生涯规划可分为短期规划、中期规划、长期规划和人生规划四种类型。

短期规划，即 2 年以内的规划，主要是确立近期目标、规划近期应完成的任务。

中期规划，一般涉及 2—5 年的职业目标和任务，是常用的职业生涯规划类型。

长期规划，即 5—10 年的规划，主要是设定较长远的目标以及为实现目标应采取的具体措施。

人生规划，即整个职业生涯的规划，时间可在 40 年左右，需要设定整个人生的发展目标和阶梯。

职业生涯规划虽然分为短期、中期、长期以及整个人生规划，但在实际工作中，时间跨度太长的规划会由于环境和个人自身的变化而难以把握，而时间跨度太短的规划意义又不大，所以，一般人们把个人职业规划的重点放在 2—5 年的中期规划，这样既便于根据实际情况设定可行的目标，又便于随时根据现实的反馈进行修正或调整。

（2）按照处理职业问题时个人采用方法的不同，职业生涯规划可分为依赖型、直觉型、理性型三种类型。

依赖型：依赖父母、老师、朋友，或遵从书本与社会舆论。

直觉型：凭自己的直觉或一时的喜好做决定。

理性型：综合考虑个人与职场等因素，分析利弊得失，做出并执行相应的计划。

以上三种类型各有利弊。依赖型最省力，但是将自己的命运托付给他人终究是一种危险的事情；直觉型短期内会很满足，可是长期来看随机性太强，风险也较大；理性型考虑全面、细致，但是会花费较多的时间和精力。

3. 职业生涯规划的四个阶段

（1）职业生涯设计阶段。理性规划职业生涯，首先必须进行全面的职业生涯设计。职业生涯规划的第一步应依据个人的愿望和目标，经过"SWOT 分析"（优势、劣势、机会、威胁分析），确立自己的方向，最终完成理性化的设计。这是职业生涯规划的第一个阶段，大多数大学生处于这一阶段。

（2）职业生涯专业化阶段。专业化阶段实际上是为获得自己理想的职业而进行专业知识准备的阶段。为获得自己梦寐以求的职位，学生必须接受正规的专业教育和训练，或通过实际行动来获取应有的技能，还必须注意职业生涯策略，即行动计划及具体措施，包括教育、培训、实践等方面的措施。

在确定了职业生涯目标后，行动便成了关键环节。这里所说的行动，是指为达到目标而需要落实的具体措施，主要包括工作、训练、教育、轮岗等方面的措施。例如，为达成目标，你计划采取什么措施来提高你的工作效率，你计划学习哪些知识、掌握哪些技能以提高你的业务能力，你打算采取什么措施开发你的潜能，等等。这些都要有具体的计划与明确的措施，并且计划要特别具体，以便定时检查。

（3）职业生涯进入阶段。"进入"是指获取了自己理想的岗位。进入此阶段，说明你已获得自己所需要的职业和岗位，但是如何适应这一职场角色，在这时显得尤为重要。除了要加强学习、锻炼，还要不断地提高自我意识。

（4）发展与调整职业阶段。在达到初步的目标、获得相应的岗位后，就需要对自己的职业生涯进行再设计，提升目标，以实现进一步的发展。成功的职业生涯设计，需要审视内部和外部环境的变化，通过评估与反馈，不断加以修正。其修正的内容包括职业的重新选择，职业生涯路线的调整，人生目标的修正，实施措施与计划的变更，等等。

俗话说，"计划没有变化快"。在人生的各发展阶段，社会环境的巨大变化和一些不确定因素的存在，会使我们的实践与原定的职业生涯目标、规划有所偏差。这时，要使职业生涯规划行之有效，就需要不断地对职业生涯目标与规划进行评估，做出适当的调整、修正，以更好地符合自身发展和社会发展的需要。对职业生涯规划的评估与反馈过程是个人对自己不断认识的过程，也是对社会不断认识的过程，是使职业生涯规划更加有效的有力手段。

4. 职业生涯规划的特征

（1）个性化。虽然职业生涯规划受家庭、企业、社会环境的影响，但是源泉在于个人。有的人一生无所作为，而有的人在类似或更困难的客观条件下却在职业生涯发展中出类拔萃。

个人职业生涯的规划、选择和发展受到个人成长环境、文化背景、性格类型、文化资本构成、价值观、才干、能力、职业生涯目标、职业生涯成功的评价标准等因素的影响，所以不同的人对职业生涯的选择必然是不相同的。因此，个人职业生涯规划也只能是个性化的发展蓝图。从这个意义上讲，个人职业生涯规划没有一个固定的模式，只能根据个人的实际情况精心选择和制订。

（2）可行性。想要制订一份有效的职业生涯规划，必须考虑社会和企业的需求与发展趋势，在对主观和客观环境审时度势的基础上，广泛听取老师、家人、领导、同事以及职业顾问的意见，还要经历数次的修改和调整。职业生涯规划绝非一成不变。一份好的个人职业生涯规划应该是切合实际、适时、严谨的，并具有弹性和可持续发展性。

（3）全面性。职业生涯规划专家罗双平曾用公式总结出了职业生涯规划的三大要素，即"职业生涯规划＝知己＋知彼＋抉择"。

"知己"是对自身条件的充分认识和全面了解，包括自己的性格、兴趣、特长、情商、气质、价值观。

"知彼"是对欲从事职业的环境、相关的组织等信息的有效掌握，包括组织环境、组织发展战略、人力资源需求、晋升发展机会、政治环境、社会环境和经济环境。

"抉择"是在知己和知彼的基础上再来确定符合现实、能充分发挥自己的专长和强项、自己有浓厚兴趣并且与环境相适应的职业目标，包括职业抉择、路线抉择、目标抉择和行动抉择。

二、职业生涯规划的原则

虽然职业生涯规划是一种个人行为，个人有权利按照自己的想法规划自身的职业生涯，但是，职业生涯规划毕竟不是一种凭空杜撰的职业畅想，而是必须根据主客观条件对个人职业成长道路做出科学预见，为未来的职业生活描绘出通向成功的行动路线。所以，职业生涯规划应该因人而异，同时也应该遵循一些通行有效的基本原则，这样才能保证规划的科学性和有效性。

（一）客观性原则

一般来说，职业生涯规划是个人设计完成的，难免带有主观色彩。但是，个人必须明白，这份规划不是给别人看的，而是给自己用的，因此必须为自己的未来负责，不可以敷衍了事，应力求客观。客观性原则，要求个人在进行自我评估时，对自己的智商、情商、专业特长、个性特点及优缺点实事求是地评价，做到一是一、二是二，别隐瞒什么，也别歪曲什么，使评估结果尽可能接近真实的自我。同时，也要客观评估所处的职业环境，正视职业现实矛盾和矛盾中孕育的发展机会，使评价结果建立在事实的基础上，而不是根据自己的好恶下结论。只有这样，职业生涯规划才能符合实际，在以后的职业选择及职业生活中才能发挥应有的作用。

（二）前瞻性原则

职业生涯规划是对一生的职业生活的安排，是面向未来的生活设计，而不是对当前生活的计划，因此，前瞻性应该是贯穿职业生涯规划的一条重要原则。也就是说，职业生涯规划虽然要以现实条件为依据，但也不要被眼前的某些现象所迷惑。无论对自己还是对社会，都要把眼光放得远一点儿，少顾虑一些眼前得失，多一些长远希望，立足于挖掘自己的潜能，对社会的发展变化趋势保持一种从容应对的态度。在这样的心境和视野下，人就会具有激情和灵性，制定出来的职业生涯发展方向、目标、策略和办法也会具有挑战性。很多事实表明，一个明智的判断可能成就一生，一个愚蠢的判断可能毁掉一生，这种考验在做职业生涯规划时就出现了。所以，前瞻性是必须强调的原则。个人如能借助现代预测工具对自身和社会的一些发展趋势进行科学预测，以此作为判断依据，可能会减少一些重大失误。在存在多种职业发展路线的情况下，是选择社会上的热门职业为个人目标，还是选择新兴的冷门职业为个人目标；是选择挣钱多、进修机会少的职业岗位，还是选择待遇低、发展机会多的职业岗位？在诸如此类的决定取舍的关头，就需要前瞻性的思维做判断。

（三）全程性原则

职业生涯规划是一个涉及不同要素及时空概念的系统工程，涵盖了个人一生的职业生活内容，因此，在制订职业生涯规划的时候，必须对职业生涯发展历程做全程式的考虑，而不是仅对某一阶段做出安排。

个人要充分了解职业生涯发展阶段理论，掌握职业生涯发展的一般规律和特点，然后根据自身的分析判断制订不同时期的职业生涯规划，设定不同阶段的发展目标、任务要求和实施方法。

（四）实用性原则

必须明确，制订规划是为了执行规划，因此，必须避免烦琐主义，讲求简便易行的实用性。要把职业生涯规划视为每个人都能做和都应该做的人生功课，而不只是少数高校学子的课堂作业。为此，制订规划时要力求简便、简单，采用抓住要点、不记其余的办法，最好用条文表述和图表示意的形式，便于一目了然，而不必长篇大论。

职业生涯规划制订完成后，不应有万事大吉的想法和做法，不应把规划束之高阁，而应该适时关注规划的执行情况，以便激励自己，并在某些方面做出调整。因为计划赶不上变化，现实生活中影响职业生涯发展的因素很多，有的因素是可以预测的，有的因素则难以预测。在此状况下，要使职业生涯规划行之有效，就需要不断地对职业生涯规划进行评估与修订，包括职业的重新选择、职业生涯路线的选择、人生目标的修正、实施措施与计划的变更等。这种评估反馈一般以每年一次为宜。

三、职业生涯规划的步骤

案例链接

乘互联网东风扬帆起航

小董，1990 年出生在一个世代经商的家庭。1994 年 4 月 20 日，中国通过一条 64K 的国际专线全功能接入国际互联网，中国互联网时代从此开启。中国互联网成长的烙印深深地刻在了这个"90 后"青年的成长过程中。他经历了"中国网游元年"（2000 年）、"中国博客元年"（2005 年）。在"中国 SNS 元年"2008 年，高考前夕，他没有听从父母的要求将志愿全填成商科，而是慎重地制订了一个自己满意的发展计划。

（1）高考不直接将商贸专业作为首选，而是报考计算机网络技术专业。

（2）毕业后进入互联网公司做技术岗工作，同时在继续教育学院学习商贸的相关知识。

（3）等到自己的综合实力有所提升后，去自家公司的网络部门应聘一个管理岗位。

（4）最后，以自己的实力和人脉创办互联网公司。

2010 年，大学在校生小董又见证了小米、美团的成立；后来上市的爱奇艺同样成立于 2010 年。2010 年既是中国"双创"大潮的元年，也是风口革命的元年。2011 年，第一轮电商大战爆发。小董毕业后，选择去势头正火的电商企业应聘网络维护工程师的职位。

经过 10 年的准备和努力，小董确确实实地按照自己当初的计划，从技术岗做到了管理岗。但他一点也没有借助家族提供的资源，而是靠自己一步一个脚印走上来的。现在，小董已经有了自己的互联网电商企业。

> 小董的成功，不仅源于他能尽早地自主制订职业生涯规划，更在于他能紧随发展形势，将有利于自身发展的行动目标不断添进计划，并付诸实践。虽然他的计划相对粗线条，但在大致方向确定的前提下，为未来留有余地，也是他成功的原因之一。
>
> 我们也应该从现在开始，认真做好规划，从而实现自己的人生目标。

职业生涯规划不是一蹴而就的，需要有科学完整的步骤。同时，再好的规划，如果不能得到很好的实施，也注定要失败。大学生不应该将大多数时间花费在制订职业生涯规划上，而应该将重点放在实施既定规划上。

（一）自我评估

自我评估的目的是认识自己、了解自己。因为只有认识了自己，才能对自己的职业做出正确的选择，才能选定适合自己发展的职业生涯路线，才能对自己的职业生涯目标做出最佳抉择。

（二）评估职业生涯环境和机会

职业生涯环境和机会评估，主要是评估各种环境因素对自己职业生涯发展的影响。每个人都处在一定的环境之中，离开了这个环境，便无法生存与成长。所以在制订个人的职业生涯规划时，要分析环境条件的特点、环境的发展变化情况、自己与环境的关系、自己在这个环境中的地位、环境对自己提出的要求，以及环境中对自己有利的条件与不利的条件，等等。只有对这些环境因素有充分了解，才能做到在复杂的环境中趋利避害，找到适合自己的职业生涯机会，使你的职业生涯规划具有实际意义。

环境因素评估主要包括组织环境评估、政治环境评估、社会环境评估、经济环境评估。

（三）确定志向

志向是事业成功的基本前提。没有志向，事业的成功也就无从谈起。立志是人生的起跑点，反映着一个人的理想、胸怀、情趣和价值观，影响着一个人的奋斗目标及成就的实现。当客观、实事求是地认识了自我，认真评估了职业生涯环境和机会后，对自身模糊的职业理想进行必要的调整，更加理性地为自己确立人生志向，这是制订职业生涯规划的关键，也是大学生职业生涯规划中最重要的一点。

（四）正确选择职业

职业选择的正确与否，直接关系到人生事业的成功与失败。在进行职业选择时，大学生应该认真思考自己的性格、兴趣、爱好与即将选择职业的匹配程度，还要客观分析职业生涯的环境和机会，依据自己的志向做出相对满意的职业选择。可选择与自己的性格相匹配的职业，可选择与自己兴趣爱好相匹配的职业，可选择与自己的特长相匹配的职业，也可以考察自己所处的内外环境与职业目标是否相适应，不能妄自菲薄，也不能好高骛远。

（五）合理选择职业生涯路线

在职业确定后，此时便需要选择发展路线：沿着行政管理路线发展或是沿着专业技术路线发展，或是先走技术路线再转向行政管理路线……由于发展路线不同，对职业发展的要求也不相同。

因此，在职业生涯规划中，必须做出抉择，以便使自己的学习、工作以及各种行动措施沿着职业生涯路线或预定的方向前进。通常职业生涯路线的选择需要考虑以下三个问题。

（1）我想往哪一方向发展。

（2）哪一路线适合我发展。

（3）我能往哪一方向发展。

要对以上三个问题进行综合分析，以确定自己的最佳职业生涯路线。

（六）设定职业生涯目标

职业生涯目标的设定是职业生涯规划的核心。一个人事业的成败，很大程度上取决于有无正确、适当的目标。没有目标如同驶入大海的孤舟，四海茫茫、没有方向，不知道自己走向何方。目标犹如海洋中的灯塔，引导你避开险礁暗石，走向成功。

目标的设定，是在继职业选择、职业生涯路线选择后对人生目标做出的抉择。这一抉择是以自己的最佳才能、最优性格、最大兴趣、最有利的环境、最激动人心的人生志向等信息为依据的。

（七）制订并实施计划与具体措施

在确定了职业生涯目标后，实施便成了关键的环节。没有实施过程，目标就难以实现，也就谈不上事业的成功。这里所指的实施，是指落实目标的具体措施，主要包括每日、每周、每月、每学期、每学年具体实施职业生涯规划方案的有效行动步骤，比如制定并坚持一日和一周的生活制度，参加各种有利于职业生涯规划方案实现的活动、社会实践和实习、实训等。计划应特别具体，便于定期和不定期检查。

（八）评估与调整

影响大学生职业生涯规划的因素有很多。大学生随着年龄的增长和阅历的不断丰富，其性格、兴趣和爱好以及职业倾向都有可能发生变化。加之社会转型和市场经济体制不断完善，环境因素的变化有时很难预料。在此状况下，要使大学生职业生涯规划行之有效，就必须不断地对自身职业生涯规划进行评估与调整。调整的内容主要包括职业的重新选择，职业生涯路线的调整，生涯目标的部分或全部修正，以及实施措施与计划的变更，等等。

第二章
职业生涯规划经典理论

> 未来将属于两种人：思想的人和劳动的人。实际上这两种人是一种人，因为思想也是劳动。
>
> ——雨果

本章概述　没有理论指导的实践是盲目的实践。大学生职业规划是严肃的生涯规划活动，因此，必须以职业生涯理论作为指导。本章主要介绍两大类理论：职业选择理论和职业生涯发展理论。职业选择理论主要介绍弗鲁姆的择业动机理论、帕森斯的特质—因素论、罗伊的人格发展理论和施恩的职业锚理论；职业生涯发展理论则聚焦于舒伯的生涯发展理论、克朗伯兹的生涯决定社会学习理论、金斯伯格的职业生涯发展阶段理论以及施恩的职业发展阶段理论。希望大学生通过对这些经典理论的学习，能更好地指导自己的职业生涯规划。

知识目标
1. 熟悉弗鲁姆的择业动机理论公式。
2. 熟悉帕森斯的特质—因素论：个人的特质与职业选择的匹配关系。
3. 了解罗伊的人格发展理论：人格与职业分类的对应。
4. 了解施恩的职业锚理论：职业锚类型及测评法。
5. 了解舒伯的生涯发展理论：职业生涯五阶段的循环。
6. 了解克朗伯兹的生涯决定社会学习理论：影响生涯决定的五因素。
7. 了解金斯伯格的职业生涯发展阶段理论：幻想、尝试、现实三阶段理论。
8. 了解施恩的职业发展阶段理论：九阶段理论。

能力目标　通过学习相关知识，学生能初步思考自己的职业定位和职业发展方向。

思政目标　认识到职业选择与职业发展要紧随国家建设的脚步，学会将自身的发展放到整个社会发展的大趋势中去考查，为实现国家宏伟蓝图而积蓄力量。

本章结构

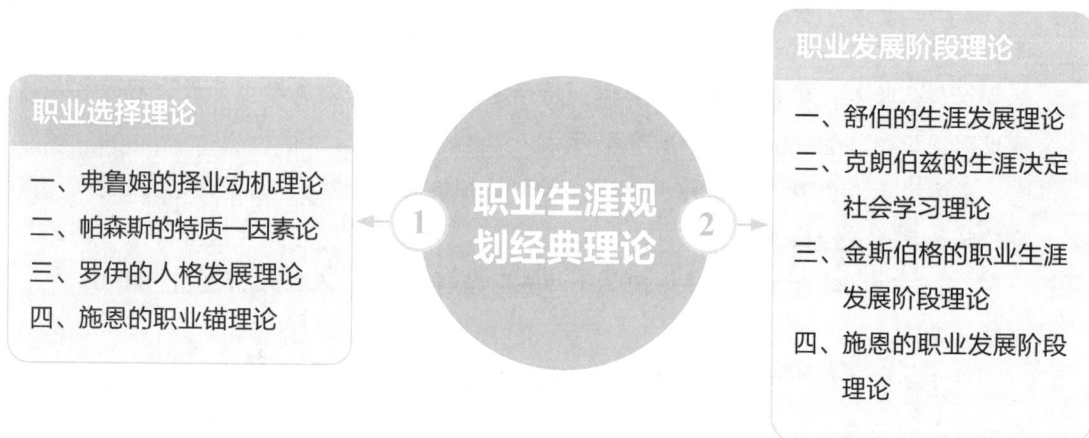

职业选择理论

一、弗鲁姆的择业动机理论
二、帕森斯的特质—因素论
三、罗伊的人格发展理论
四、施恩的职业锚理论

① 职业生涯规划经典理论 ②

职业发展阶段理论

一、舒伯的生涯发展理论
二、克朗伯兹的生涯决定社会学习理论
三、金斯伯格的职业生涯发展阶段理论
四、施恩的职业发展阶段理论

生涯指引

中国"十四五"，值得期待

在历史长河中，总有一些时间节点意义非凡。

2021年，是"十四五"的开局之年。在"两个一百年"的历史交汇点上，"十四五"规划和2035年远景目标纲要描绘了中国接下来的"任务表"和"施工图"。近期，中国的这一规划纲要，备受世界关注。

这份宏伟蓝图，展现了值得期待的中国未来。翻开这份沉甸甸的规划纲要，一幅未来5年和15年中国发展的宏伟图景呈现在世界眼前——"全社会研发经费投入年均增长7%以上""单位国内生产总值能源消耗和二氧化碳排放分别降低13.5%、18%""人均预期寿命提高1岁""展望2035年，我国将基本实现社会主义现代化"……这份宏伟蓝图的底气，源于一代代中国人辛勤的汗水，靠的是亿万人民的磅礴伟力。

这份宏伟蓝图，反映了人们向往更加美好生活的心声。"十三五"末，中国国内生产总值突破100万亿元，困扰中华民族几千年的绝对贫困问题得到历史性解决，创造了人类减贫史上的奇迹。为了让人民意愿在"十四五"规划和2035年远景目标纲要中得到充分体现，各级领导干部访农家、进企业，察民情、问良策，确保发展为了人民、发展依靠人民、发展成果由人民共享。数据显示，在征集意见建议期间，累计收到网民建言超过101.8万条。

这份宏伟蓝图，列出了明确的目标任务。"十四五"时期推动高质量发展，必须立足新发展阶段、贯彻新发展理念、构建新发展格局。具体怎么干？任务清晰——聚焦量子信息、光子与微纳电子、网络通信、人工智能、生物医药、现代能源系统等重大创新领域组建一批国家实验室，重组国家重点实验室；持续提高低收入群体收入，扩大中等收入群体；持续深化商品和要素流动型开放，稳步拓展规则、规制、管理、标准等制度型开放……

东方风来春色新。放眼神州大地，人们精神饱满、干劲十足，一幅高质量发展的壮美画卷正徐徐展开。

（摘自王俊岭《中国"十四五"值得期待》，人民网，2021-04-06）

| 生涯之思 |

对于新时代的中国青年而言，"十四五"规划和2035年远景目标纲要，是未来十多年内与自身成长和事业发展紧密相关的重要背景，是青年在最美好的年华投身社会建设、实现自身价值、成就人生与国家壮美事业的重要机遇。广大青年学子应当把自身成长融入国家建设的伟大事业中，建立好自我发展与社会发展的紧密联系，积极投身于建设社会主义现代化强国的伟大事业和实现中华民族伟大复兴的时代进步洪流中，冲锋在前，勇挑重担，开拓进取，奋发有为，让青春在党和人民最需要的地方绽放绚丽之花，让青春在成就伟大事业中闪光。

案例导入

比尔·拉福的成功之路

中学毕业之际，比尔·拉福就立志经商。他的父亲是洛克菲勒集团的一名高级职员，父亲的职业熏陶了年少的拉福。拉福的父亲在商界打拼多年，对商海中的事务了如指掌，深谙其中的奥秘。他发现儿子机敏果敢、敢于创新，有商业天赋，却很少经历磨难，更缺乏知识。于是，拉福父子进行了一次长谈，共同制订了计划，一起勾画出了职业生涯的蓝图。拉福听从了父亲的劝告，升学时没有直接去读贸易专业，而是选择了工科中最基础最普通的专业——机械制造。这招棋绝妙，因为做商贸必须具备一定的专业知识。在贸易中，工业产品占据了绝大多数，如果不了解产品的性能和生产制造的情况，就很难保证产品的"收益"。因此，具备一些工科的基础知识是经商的先决条件。况且，工科学习不仅是知识技能的培养，它还能帮助人们建立一整套严谨的思维体系，训练人的推理分析能力，使人有一种脚踏实地的工作态度，这些素质对经商的帮助很大。就这样，比尔·拉福在麻省理工学院度过了四年。他没有拘泥于本专业的学习，还广泛学习了化工、电子、建筑等方面的知识，这些知识在他后来的商业活动中都发挥了不可忽略的作用。

大学毕业后，比尔·拉福没有立即一头扎进商海。按照原先的计划，他开始攻读经济学硕士学位。商业毕竟不是工业，而是一种经济活动，有其本身的规律和特征。现代商业不像古代阿拉伯人的那样简单，无论在程序上还是在原则、内容上都很复杂，需要专门了解。在市场经济条件下，许多经济活动都通过商业活动来进行。不了解经济规律，不学习经济学知识，很难在商界立足。于是，比尔·拉福又考入芝加哥大学，开始了为期3年的经济学硕士课程的学习。其间，比尔·拉福掌握了经济学的基础知识，深入了解了经济规律，懂得了商业活动的地位和作用，搞清了影响商业活动的多种因素。他还特意认真学习了相关的经济法律。在现代商业活动中，法律充当着至关重要的角色，没有法律保障，现代商业将陷入一片混乱。就这样，几年下来，他完全具备了经商的素质。

你也许会感到意外，比尔·拉福拿到硕士学位后居然没有立即投身商海，而是考了公务员，去政府部门工作。原来，他的父亲，这位老谋深算的商业活动家深知，经商必须具备很强的社会交往能力。人际关系在社会生活中异常重要，要想在商业中获得成功，必须深知处世规则，充分了解人的心理特征，善于与人交往，能够给人以良好的印象，使人信任你，愿意与你合作。这种开拓人际关系的能力在学校是学不到的，只有在社会上、在工作中才可以学到，而训练交际能力、观察人际关系的最佳去处就是政府部门。拉福在政府部门一干就是5年。5年中，他从一名稚嫩的热血青年成长为一位老成的公务员。此外，他通过5年的政府机关工作，结识了各界人士。他非常善于利用这些关系来获取丰富的信息。这对他后来事业的成功帮助很大。

5年的政府工作结束后，比尔·拉福已经完全具备了成功商人所要具备的各种条件，羽翼丰满了。于是，他辞职下海，去了父亲为他引荐的通用公司，熟悉商业业务。又过了两年，他已经掌握了商情和商业技巧，业绩斐然。这时他不再耽误时间，婉言谢绝了通用公司的高薪挽留，跳出来自己开办拉福商贸公司。功夫不负有心人，比尔·拉福的准备太充分了，他几乎考虑到了每一个细节，学会了商人应学会的一切。因此，他的商业进展异常顺利，拉福公司的成长速度出奇地快。20年后，拉福商贸公司的资产由最初的20万美元增长到2亿美元，而比尔·拉福也成为一个奇迹，受到世人的尊敬。

1994 年 10 月，比尔·拉福率团到中国进行商业考察，在北京长城饭店接受《中国青年报》记者采访时，谈起了他的经历。比尔·拉福认为他的成功应感谢父亲的指导，他们共同制订了一个重要的职业规划，这个规划最终使他功成名就。

| 简析 |

不可否认，比尔·拉福具有很多得天独厚的条件，他的成功和这些外在的因素有一定的关系，但是他的成功一定也和他的职业规划有关系。他能够清晰地知道自己将来要做什么，应该怎样去做，将来要达到什么样的目标、做出什么样的成就，这些他都为自己规划好了。他的成功经历是很值得我们借鉴的。我们的生活必须要有目标，要有规划，这样生活才会有规律，我们才不会感到迷茫，才会更有动力为我们的人生目标而努力。

第一节
职业选择理论

职业选择实际上是一个根据自身兴趣、爱好、能力等因素选择符合自己的工作的过程，因而是职业生涯规划中的一个重要环节，但它显然不是职业生涯规划的全部。

一、弗鲁姆的择业动机理论

（一）基本概念

弗鲁姆的择业动机理论的公式是 $F = V \cdot E$。在此公式中，F 为动机强度，是指积极性的激发程度，表明个体为达一定目标而努力的程度；V 为效价，是指个体对一定目标重要性的主观评价；E 为期望值，是指个体对实现目标可能性大小的评估，即目标实现概率。

个体行为动机的强度取决于效价大小和期望值的高低。效价越大，期望值越高，个体行为的动机越强烈，也就是说为达到一定目标，他将付出极大努力。如果效价为零甚至负值，表明目标实现对个人毫无意义。在这种情况下，目标实现的可能性再大，个人也不会产生追逐目标的动机，不会有任何积极性，不会付出任何的努力。如果目标实现的概率为零，那么无论目标实现的意义多么重大，个人同样不会产生追求目标的动机。

（二）理论的实践应用

弗鲁姆通过对个体择业行为的研究认为，个体行为动机的强度取决于效价的大小和期望值的高低，动机强度与效价及期望值成正比。

第一步，确定择业动机。择业动机用公式表示为：

$$择业动机 = 职业效价 \times 职业概率$$

公式中，择业动机表明择业者对目标职业的追求程度，或者对某项职业选择意向的大小。职业效价是指择业者对某项职业价值的评价。职业效价第一取决于择业者的职业价值观，第二取决于择业者对某项具体职业的要素如兴趣、劳动条件、工资、职业声望等的评估，即职业效价 = 职业价值观 × 职业要素评估。职业概率是指择业者获得某项职业的可能性的大小。职业概率的大小通常取决于四个因素：①某项职业的社会需求量。职业概率同职业需求量成正相关。②择业者的竞争能力，即择业者自身的工作能力和求职就业能力。竞争能力越强，获得职业的可能性越大。③竞争系数，是指谋求同一种职业的劳动者人数的多少。在其他条件一定的情况下，竞争系数越大，职业概率越小。④其他随机因素。

择业动机公式表明，对择业者来说，某项职业的效价越高，获取该项职业的可能性越大，那么择业者选择该项职业的意向或者倾向越大；反之，某项职业对择业者而言效价越低，获取此项职业的可能性越小，择业者选择这项职业的倾向也就越弱。同样，对择业者来说，职业概率越高，选择这项职业的意向也会增强。

第二步，比较择业动机，确定选择的职业。

在择业者对其视野内的几种目标职业进行了价值评估和获取该项职业可能性的评价之后，在测定几种职业的择业动机时，应进行横向择业动机比较。

为加深对择业动机理论的理解，我们假设一个择业案例。在劳动者莱恩面前，有 A 与 B 两项职业，他对两项职业的效价和职业概率做了评估。究竟选择哪项职业呢？对于莱恩来说，B 职业效价为 60，高于 A 职业效价 50；获取 A 职业的可能性大（职业概率 0.8），而获取 B 职业难度大，需要付出比较艰辛的努力（职业概率 0.5）。经过计算，得出：

$$A 职业择业动机＝效价（A）× 职业概率（A）＝ 50 × 0.8 ＝ 40$$
$$B 职业择业动机＝效价（B）× 职业概率（B）＝ 60 × 0.5 ＝ 30$$

经过权衡，结果 A 职业择业动机（40）大于 B 职业择业动机（30），于是，莱恩倾向于选择职业 A。

二、帕森斯的特质—因素论

特质—因素论最早由美国波士顿大学的帕森斯教授于 1909 年在其《选择一份职业》一书中提出，后经美国职业指导专家威廉森等人进一步发展完善。该理论的核心是强调个人的特质与职业选择的匹配关系（人职匹配）。

帕森斯提出了职业选择的三大步骤。

第一步是评价求职者的生理和心理特点（特质），即通过心理测量及其他测评手段，获得有关求职者的身体状况、能力倾向、兴趣爱好、气质与性格等方面的个人资料，并通过会谈、调查等方法获得有关求职者的家庭背景、学业成绩、工作经历等情况，并对这些资料进行评价。

第二步是分析各种职业对人的要求（因素），并向求职者提供有关的职业信息，包括：①职业的性质、工资待遇、工作条件以及晋升的可能性。②求职的最低条件，诸如学历要求、所需的专业训练、身体要求、年龄要求、各种能力要求以及其他心理特点的要求。③为准备就业而设置的教育课程计划，以及提供这种课程的教育机构、学习年限、入学资格和费用等。④就业机会。

第三步是人职匹配，即指导人员在了解求职者的特质和职业的各项指标的基础上，帮助求职者进行比较分析，以便选择一种适合其个人特点又有可能使其取得成功的职业。

帕森斯强调：在做出职业决策之前，首先要评估个人的能力，因为个人选择职业的关键就在于个人的特质与特定行业的要求是否匹配；其次要进行职业调查，强调对工作进行分析，包括研究工作情形、参观工作场所、与工作人员进行交谈；最后要以"人职匹配"作为职业指导的最终目标。

在帕森斯职业指导三步骤的基础上，威廉森将其进一步发展完善。他以个性心理学和差异心理学为基础，设定每个人都具有的独特的能力模式和人格特性，而某种能力模式和人格特性又与某种特定职业存在着相关性。基于此，特质—因素论形成了著名的职业选择三原则：了解个人特质，分析职业环境，综合各种因素并进行匹配。

三、罗伊的人格发展理论

罗伊是一位临床心理学家，她的人格发展理论约在 20 世纪 60 年代提出。她依据自己的临床心理学经验及对各类杰出人物有关适应、创造、智力等特质的研究结果，综合了精神分析论、莫瑞的人格理论与马斯洛的需求层次理论，形成了其人格发展理论。

罗伊的理论试图说明遗传因素和儿童时期的经验对于未来职业行为的影响。罗伊认为，早年的经验会增强或削弱个人高层次的需求，进而影响人的生涯发展。她特别强调早期经验对个体以后的择业行为的影响。

罗伊的理论假设每个人天生就有一种扩展心理能量的倾向，这种内在的倾向配合着个体儿童时期的不同经验，塑造出个人需求满足的不同方式。而每一种方式对于生涯选择的行为都有不同的意义。

罗伊认为需求满足方式的发展与个人早期的家庭气氛及成年后的职业选择有着密切的关系，如个体成长过程中，父母对他/她是接纳的还是拒绝的，家中气氛是温暖的还是冷漠的，父母对他/她的行为是自由放任的还是保守严厉的，这些都会反映在个人所做的职业选择上。

罗伊从需求被满足或受挫折的角度概述了亲子关系，并分析了三种基本的亲子关系：依赖型、回避型和接纳型。

第一种亲子关系是依赖型。依赖包括从过度保护到过度要求。这两个极端之间可能表现为有第一个孩子时十分焦虑，有第二个孩子时稍好（这可以解释同一家庭的孩子之间的个体差异）。罗伊相信过度保护和过度要求的父母都吝于表现出他们的爱和赞许。孩子的生理需求可以得到满足，但由于达不到父母的期望，他们的心理需求往往得不到满足。被过度保护的孩子学会迎合他人的愿望以求得赞赏，渐渐变得依赖于他人。过度要求的父母则对孩子期望甚高，孩子若达不到标准就不会获得赞许。在父母的高标准严要求下，孩子长大后会变成完美主义者。他们会为表现得不够完美而焦虑，因而做职业选择时会比较困难。

第二种亲子关系是回避型。父母对子女的需求，态度是回避的，其程度可以从忽视到拒绝。尽管不是有意忽视，但孩子的生理、心理需要都被冷落。罗伊用感情拒绝来表示，并非所有的拒绝都是物质上的忽视。

第三种亲子关系则是接纳型。也许是出于偶然，也许是在爱的基础上，孩子的生理、心理需求都能得到满足。父母以一种不关心也不参与的态度，或者是以积极的方式，鼓励孩子的独立和自信。根据罗伊的职业选择理论，亲子关系与职业选择的关系如图 2-1 所示。

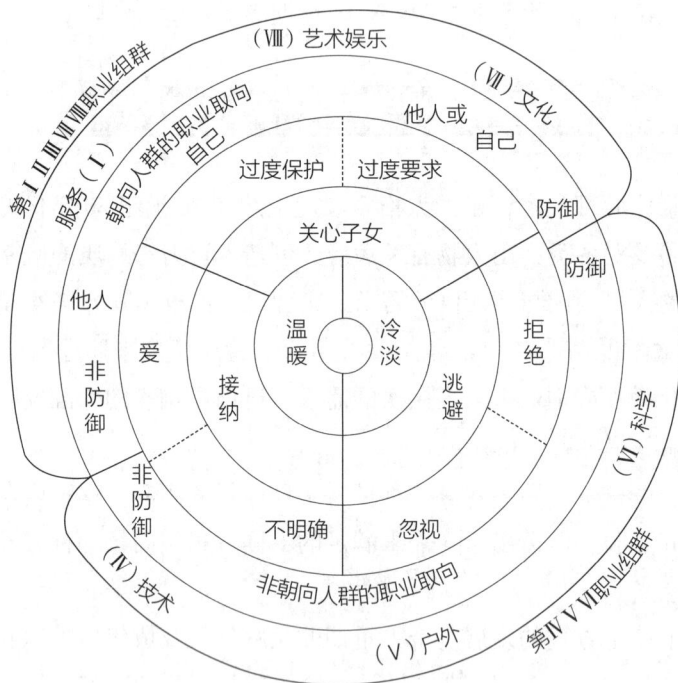

图 2-1　亲子关系与职业选择的关系（罗伊）

罗伊认为，我们所选择的工作环境，往往会反映出幼年时的家庭氛围。如果我们小时候生活的环境充满温暖、爱、接纳或保护，就可能会选择与人有关的职业，包括服务业、商业、文化、艺术娱乐或行政（商业组织）等职业；如果我们小时候生活在一个充满冷漠、忽略、拒绝或过度要求的家庭中，便可能会选择科技、户外活动等职业，因为这些职业的研究范围是以事、物和观念为主，不太需要与人有直接、频繁的接触。

罗伊把职业分为服务、商业交易、行政、技术、户外、科学、文化和艺术娱乐八大组群，依其难易程度和责任要求的高低，分为高级专业及管理、一般专业及管理、半专业及管理、技术、半技术、非技术六个层次。这八大职业组群和六个专业层次，组成了一个职业世界分类系统，如表 2-1 所示。

表 2-1　罗伊的职业世界分类系统

层次	职业组群							
	I 服务	II 商业交易	III 行政	IV 技术	V 户外	VI 科学	VII 文化	VIII 艺术娱乐
1.高级专业及管理	社会科学家、心理治疗师、社会工作督导	公司业务主管	董事长、企业家	发明家、高级工程师	矿产研究员	医师、自然科学家	法官、教授	指挥家、艺术教授
2.一般专业及管理	社会行政人员、社工人员	人事经理、营业部经理	银行家、证券商、会计师	飞行员、工程师、厂长	动植物专家、地质学家、石油工程师	药剂师、兽医	新闻、编辑、教师	建筑师、艺术评论员
3.半专业及管理	社会福利人员、护士	推销员、批发商、经销商	会计、秘书	制造商、飞机修理师	农场主、森林巡视员	医务室技术员、气象员、理疗师	记者、广播员	广告、艺术工作者、室内装潢家、摄影师
4.技术	技师、领班、警察	拍卖员、巡回推销员	资料编纂员、速记员	锁匠、木匠、水电工	矿工、油井钻探工	技术助理	一般职员	演艺人员、橱窗装潢员
5.半技术	司机、厨师、消防员	小贩、售票员	出纳、邮递员、打字员	木匠（学徒）、起重机驾驶员、卡车司机	园丁、农民、矿工、助手	—	图书馆管理员	模特、广告绘制员
6.非技术	清洁工人、门卫侍者	送报员	—	助手杂工	伐木工人、农场工人	非技术性助手	送稿件人员	舞台管理员

四、施恩的职业锚理论

随着大学连年扩招，大学毕业生一年比一年多，岗位的竞争也越来越激烈，尤其是大多数岗位都要求有工作经验，这让很多应届毕业生望而却步，从而可供选择的岗位也更少了。就业环境的严酷让很多人都只能抱着"捡到篮里就是菜"的心态，而没法考虑自己的专业、兴趣、志向等各方面与岗位是否匹配，这也导致"跳槽"率的升高。"先就业后择业"固然提高了就业率，但是从个人的角度来说，一旦没有认清自己的职业方向而盲目就业，面对一个不适合自己的职业，要想取得成功就会事倍功半，甚至可能产生巨大的心理压力，导致各种心理问题。等问题出现，再转向其他工作岗位，不但浪费了时间和成本，往往也会陷入一种两难境地，因而矛盾重重，再做职业的转型难度就大大增加了。所以，找到自己的职业锚就显得相当重要。

没有方向的毕业生

案例一：小张是一名行政管理专业的应届毕业生。原本一心想考上公务员的他，因为3分之差而未能达到录用分数线。眼看毕业临近，同学们都陆续跟单位签了约，或者有了大致的方向，但小张还是很迷茫。看着同学们纷纷转向人力资源领域，小张也有些心动，但是不喜欢也不善于与人打交道的他又不敢跨出这一步。他比较喜欢经济类的职业，但是从专业知识来说，他又缺乏竞争力。

案例二：小刘是一所重点院校化学专业的毕业生，生性活泼的她烦透了整天与化学制剂打交道。为了一个项目，她往往要在实验室里待上一两个月，很少能与人交往，觉得自己几乎要与世隔绝了。她很想去做一些与人交流比较多的工作，但是又不知道应该往哪一方向发展。况且，自己学了那么长时间的化学专业，要放弃还真的有些舍不得。

许多毕业生在找工作的时候往往是很盲目的，不知道自己想做什么、能做什么、适合做什么。所以，确定自己的职业锚，是踏入社会的一个重要的切入点。那么，如何确定自己的职业锚呢？

（一）职业锚的概念

所谓职业锚，又称职业系留点。锚，是指使船只停泊定位用的铁制器具。职业锚，实际上就是人们选择和发展自己的职业时所围绕的中心，是指当一个人不得不做出选择时，他无论如何都不会放弃的职业中的那种至关重要的东西或价值观，是自我意向的一个习得部分。

个人进入早期工作情境后，职业锚由习得的实际工作经验所决定，与在经验中自省的动机、价值观、才干相符合，达到自我满足和补偿，形成一种稳定的职业定位。职业锚强调个人能力、动机和价值观三方面的相互作用与整合，是个人同工作环境互相作用的产物，在实际工作中是需要不断调整的。

了解职业锚的概念，要注意以下四方面。

（1）职业锚以员工习得的工作经验为基础。职业锚产生于早期职业阶段，新员工已经工作一定时间，习得工作经验后，方能够选择自己稳定的长期贡献区。个人在面临各种各样的实际工作、生活情境之前，不可能真切地了解自己的能力、动机和价值观以及在多大程度上适应可行的职业选择。因此，新员工的工作经验产生、改变和发展了职业锚。换句话说，职业锚在某种程度上由员工的实际工作决定，而不只取决于潜在的才干和动机。

（2）职业锚不只是员工根据各种测试得出能力、才干或者工作动机、价值观，而是在工作实践中，依据自省和已被证明的才干、动机、需要和价值观，现实地选择和准确地进行职业定位。

（3）职业锚是员工自我发展过程中的动机、需要、价值观、能力相互作用和逐步整合的结果。

（4）员工个人及其职业不是固定不变的。职业锚是个人稳定的职业贡献区和成长区，但是这并不意味着个人将停止变化和发展。员工以职业锚为其稳定源，可以获得该职业工作的进一步发展，以及个人生物社会生命周期和家庭生命周期的成长、变化。此外，职业锚本身也可能变化，员工在职业生涯的中、后期可能会根据变化了的情况重新选定自己的职业锚。

（二）职业锚的类型

1978年，美国施恩教授提出职业锚理论，认为职业锚包括五种类型：自主型职业锚、创造型职业锚、管理能力型职业锚、技术/职能型职业锚、安全型职业锚。随后，学者们逐渐发现了职业锚的研究价值，于是越来越多的人加入了研究行列。20世纪90年代，学者们又发现了三种类型的职业锚：纯挑战型职业锚、生活型职业锚、服务型职业锚。现在，职业领域根据多年来对人们自身胜任能力、动机和价值观的调研描述，定义了以下八种职业锚（见表2-2）。

表2-2　八种职业锚类型及特征

类型	特征
技术/职能型职业锚	对某一特定工作有专长或强烈兴趣，注重工作的专业化
管理能力型职业锚	分析能力、人际关系和组织能力过人，善于客观处理
创造型职业锚	有强烈的创造需求和欲望，意志坚定，敢于冒险
安全型职业锚	注重职业的安全和稳定，喜好可预测的未来
自主型职业锚	喜好以自我的方式、节奏和标准做事
纯挑战型职业锚	有征服人和事的意愿，乐意克服非同寻常的困难
服务型职业锚	希望以某种方式改善周围环境，选择帮助别人为主的工作
生活型职业锚	强调工作必须和整体生活相结合

1. 技术 / 职能型职业锚

技术 / 职能型的人，追求在技术 / 职能领域的成长和技能的不断提高，以及应用这种技术 / 职能的机会。他们对自己的认可来自他们的专业水平，他们喜欢面对来自专业领域的挑战。他们一般不喜欢从事一般的管理工作，因为这意味着他们将放弃在技术 / 职能领域的成就。

2. 管理能力型职业锚

管理能力型的人追求并致力于工作晋升，倾心于全面管理和独自负责一个部分，可以跨部门整合其他人的努力成果。他们想去承担整个部分的责任，并将公司的成功看成自己的工作。具体的技术 / 职能工作仅仅被他们看作通向更高、更全面管理层的必经之路。

3. 创造型职业锚

创造型的人希望用自己的能力去创建属于自己的公司或创建完全属于自己的产品（或服务），而且愿意去冒风险，并克服面临的障碍。他们想向世界证明公司是他们靠自己的努力创建的。他们可能正在别人的公司工作，但同时他们也在学习并评估将来的机会。一旦他们感觉时机到了，他们便会自己走出去创建自己的事业。

4. 安全型职业锚

安全型的人追求工作中的安全与稳定感。他们为可以预测将来的成功而感到放松。他们关心财务安全，例如退休金和退休计划。稳定感包括诚信、忠诚以及完成老板交代的工作。尽管有时他们可以获得一个较高的职位，但他们并不关心具体的职位和具体的工作内容。

5. 自主型职业锚

自主型的人希望随心所欲地安排自己的工作方式、工作习惯和生活方式，追求能施展个人能力的工作环境，最大限度地摆脱组织的限制和制约。他们宁愿放弃提升或工作扩展的机会，也不愿意放弃自由与独立。

6. 纯挑战型职业锚

纯挑战型的人喜欢解决看上去无法解决的问题，战胜强硬的对手，克服无法克服的困难障碍，等等。对他们而言，参加工作或从事职业的原因是工作允许他们去战胜各种"不可能"。新奇、变化和战胜困难是他们的终极目标。如果事情非常容易，他们会马上变得非常厌烦。

7. 服务型职业锚

服务型的人一直在追求他们认可的核心价值，例如帮助他人，保障人们的安全，通过新的产品消除疾病，等等。他们一直追寻这种机会，即使要换公司，他们也不会接受不允许他们实现这种价值的工作。

8. 生活型职业锚

生活型的人喜欢允许他们平衡个人需要、家庭需要和职业需要的工作环境。他们希望将生活的各个主要方面整合为一个整体。正因为如此，他们需要一个能够提供足够的弹性让他们实现这一目标的职业环境，甚至可以牺牲他们职业的一些方面。他们将成功定义得比职业成功更广泛。他们认为自己如何去生活、在哪里居住、如何处理家庭事务都应由自己决定，认为自己在组织中的发展道路是与众不同的。

（三）职业锚对择业的影响

很多人也许一直都不知道自己的职业锚是什么。当他们处于不得不做出某种重大选择的关口时，一个人过去的所有工作经历、兴趣、资历、职业性向等才会集合成一个富有意义的职业锚。这个职业锚会揭示到底什么东西才是决定其职业选择的最关键因素。对于大学生来说，职业锚理论在职业生涯规划和就业选择过程中也有非常积极的作用。

1. 帮助自己认识自我

认识自我的方法有很多，比如职业测试等。寻找并确定职业锚，实际上也是自我认知的过程——认识自己具有什么样的能力、才干，最需要的是什么，职业价值观是什么，通过不断的反省和整合达到自己职业生涯的最佳状态。

2. 帮助自己确定职业目标

大学生在进行职业生涯规划时，可以通过分析自己的职业生涯系留点，确定自己的职业方向，对自己今后的职业发展道路进行有针对性的设计和准备，并通过参加相应的培训、学习、实践，为职业生涯的成功奠定基础。

3. 帮助自己选择毕业后的方向

大学生临近毕业时，会面临很多选择：是继续深造还是直接就业，是到外资企业还是大型国有企业，是先求立足再求发展还是先赚钱……运用职业锚的理论和观点，我们能够逐步明确自己最希望得到的东西，从而确定自己一段时期内的奋斗中心。

虽然在职业社会中，专业、行业、企业和职位是纷繁复杂的，但只要我们明确自己每一步的职业路径，我们的职业锚就会逐步呈现出来。找到了自己的职业锚，就可以为自己矫正方向，穿过重重迷雾，最终到达胜利的彼岸，如图2-2所示。

专业　　　　　　　行业　　　　　　　企业　　　　　　　职位

工商管理
电子商务
计算机软件
人力资源
……

IT
医药
酒店
物流
服务业
……

移动通信
海尔
联想
锦江之星
中铁快运
……

人事
软件开发
财务
客户服务
管理
……

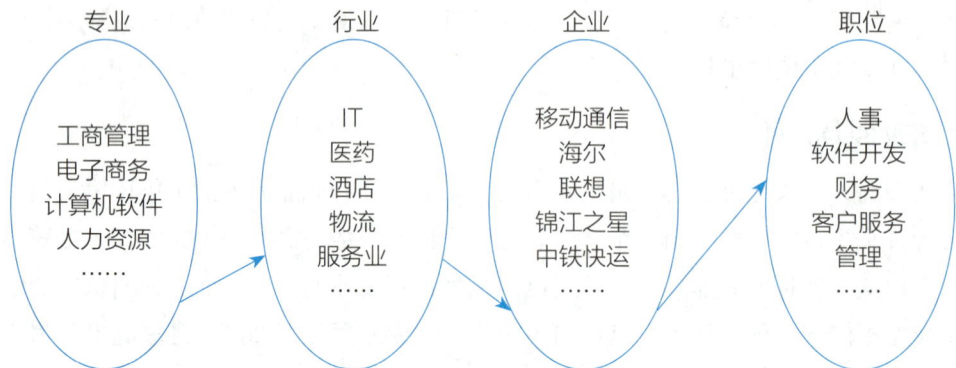

图 2-2　通过职业锚找到就业方向

（四）职业锚的应用

1. 职业锚的应用意义

日本丰田公司在运用员工的职业锚方面给了我们有益的借鉴。丰田公司采取五年调换一次工作岗位的方式对各级管理人员进行重点培养，每年 1 月 1 日进行组织变更，一般以本单位相关部门为调换目标，调换幅度在 5% 左右。短期来看，人员转岗需要有一段适应过程来熟悉操作，可能导致生产效率的降低，但从企业长久发展来看则是利大于弊。因为，采用岗位一线工人工作轮调的方式来培养和训练多功能作业员，既提高了工人的全面操作能力，又使一些生产骨干的经验得以传授。员工还能在此过程中发现自己的优势在哪里，从而进行准确定位，找到真正适合自己的岗位。一旦员工确立了自己的职业锚，工作起来将会更具积极性和主动性，效率将会有很大提高。并且，经常的有序换岗给员工带来的适度压力，会在促使员工不断学习的同时，使企业始终保持一种生机勃勃的氛围。

个人在进行职业规划和定位时，可以运用职业锚思考自己具有的能力，确定自己的发展方向，审视自己的价值观是否与当前的工作相匹配。只有个人的定位和要从事的职业相匹配，才能在工作中发挥自己的长处，实现自己的价值。对个人而言，尝试各种具有挑战性的工作，在不同的专业和领域中进行工作轮换，对自己的资质、能力、偏好进行客观的评价，是使自己的职业锚具体化的有效途径。

对于企业而言，通过雇员在不同的工作岗位之间的轮换，了解雇员的职业兴趣爱好、技能和价值观，将他们放到最合适的职业轨道上去，可以实现企业和个人发展的双赢。

2. 职业锚测评

职业锚测评是通过对你过去行为的分析和对你未来目标的探索，帮你认清一个你之前没有深入探索和认真体会的清晰、真实的自我，从而在你面临职业选择时，帮助你做出与自己的价值观和内心真实自我相匹配的职业决策。

调转方向，用心暖夕阳

虽然医务工作也是一份光荣的职业，但某卫生学校护理专业的学生小齐在进入医院工作两年后忽然辞职了。她想去更平凡的岗位上亲近、关爱那些被社会遗忘在角落的人。在考取了相关职业等级证书后，阳光又随和的她带着责任感与热情，进入了一家福利院做养老护理员。

第一次面对这么多有特殊情况的老年人，特别是他们中的很多人还是"三无"老人——没有劳动能力、没有生活来源、没有法定赡养人，即便做好了心理准备，刚入职的小齐还是有些手足无措。但在热心同事的帮助下，她很快就适应了环境，进入了角色，以自己的专业精神尊重、接近需要自己照顾的老人，把自己的全部精力都投入了进去。陪老人聊天，帮老人洗澡，做日常护理和心理疏导，甚至为老人喂水喂饭，帮助其大小便，这些都是每天要重复的工作。

过去大家说养老护理都是粗活、体力活，可现在这种思维要转变了。养老护理确实是个技术活。干这行越久，小齐就越发觉得，无论是针对长者的人文关怀，还是长者日益多元化的需求，都需要养老护理员从密集型的劳动力转化为技术型人才。自己需要有很强的心理抚慰能力和人文关怀能力，以及同长者交心沟通的能力，而这一切是需要理论支撑的。

"怀着责任心、感恩之心，把每一位老人当作自己的爷爷奶奶来照顾，想他们所想，尽自己最大的努力把他们照顾好，让他们的晚年生活更幸福、更有价值，也是我的人生价值！"小齐十分庆幸当初看准了这份职业并坚持下来。

职业测试

下面有40条关于职业心理的描述，请为每条描述选择一个代表你真实想法的分数。除非你非常明确，否则不需要做出极端的选择，例如1或6。

选"1"代表这种描述完全不符合你的想法；

选"2"或"3"代表你偶尔（或者有时）这么想；

选"4"或"5"代表你经常（或者频繁）这么想；

选"6"代表这种描述完全符合你的日常想法。

1.我希望做我擅长的工作，这样我的建议可以不断被采纳。

2. 当我整合并管理其他人的工作时，我非常有成就感。

3. 我希望我的工作能让我用自己的方式、按自己的计划去开展。

4. 对我而言，安定与稳定比自由和自主更重要。

5. 我一直在寻找可以让我创立自己事业（公司）的创意（点子）。

6. 我认为只有对社会做出真正贡献的职业才算是成功的职业。

7. 在工作中，我希望去解决那些有挑战性的问题，并且能成功解决。

8. 我宁愿离开公司，也不愿意从事需要个人和家庭做出一定牺牲的工作。

9. 将我的技术和专业水平发展到一个更具竞争力的层次是职业成功的必要条件。

10. 我希望能够管理一个大的公司（组织），我的决策将会影响许多人。

11. 如果职业允许自由地决定自己的工作内容、计划、过程，我会非常满意。

12. 如果工作的结果使我丧失了自己在组织中的安全稳定感，我宁愿离开这个工作岗位。

13. 对我而言，创办自己的公司比在其他的公司中争取一个较高的管理位置更有意义。

14. 我的职业满足感来自我可以用自己的才能去为他人提供服务。

15. 我认为职业的成就感来自克服自己面临的非常有挑战性的困难。

16. 我希望我的职业能够兼顾个人、家庭和工作的需要。

17. 对我而言，在我喜欢的专业领域内做资深专家比做总经理更具有吸引力。

18. 只有在我成为公司的总经理后，我才认为我的职业人生是成功的。

19. 成功的职业应该允许我有完全的自主与自由。

20. 我愿意在能给我安全感、稳定感的公司中工作。

21. 当通过自己的努力或想法完成工作时，我的工作成就感最强。

22. 对我而言，利用自己的才能使这个世界变得更适合生活或居住，比争取一个高的管理职位更重要。

23. 当我解决了看上去不可能解决的问题，或者在看似必输无疑的竞赛中胜出，我会非常有成就感。

24. 我认为只有很好地平衡个人、家庭、职业三者的关系，生活才能算是成功的。

25. 我宁愿离开公司，也不愿频繁接受那些不属于我专业领域的工作。

26. 对我而言，做一个全面管理者比在我喜欢的专业领域内做资深专家更有吸引力。

27. 对我而言，用我自己的方式不受约束地完成工作，比安全、稳定更加重要。

28. 只有当我的收入和工作有保障时，我才会对工作感到满意。

29. 在我的职业生涯中，如果我能成功地创造或实现完全属于自己的产品或点子，我会感觉自己是成功的。

30. 我希望从事对人类和社会真正有贡献的工作。

31. 我希望工作中有很多的机会，可以不断挑战我解决问题的能力（或竞争力）。

32. 能很好地平衡个人生活与工作，比得到一个较高的管理职位更重要。

33. 如果在工作中能经常用到我独特的技巧和才能，我会感到特别满意。

34. 我宁愿离开公司，也不愿意放弃全面管理的工作。

35. 我宁愿离开公司，也不愿意接受约束我自由和自主控制权的工作。

36. 我希望有一份让我有安全感和稳定感的工作。

37. 我梦想着创建属于自己的事业。

38. 如果工作限制了我为他人提供帮助或服务，我宁愿离开公司。

39. 去解决那些几乎无法解决的难题，比获得一个较高的管理职位更有意义。

40. 我一直在寻找一份能将个人和家庭之间的冲突最小化的工作。

测试说明

现在重新看一下你给分较高的描述，从中挑出与你日常想法最为吻合的三条，在原来评分的基础上，将这三条描述的得分再各加上 4 分（例如，原来得分为 5，则调整后的得分为 9）。然后就可以开始评分了。

按照"列"进行分数累加得到一个总分，将每列的总分除以 5 得到的平均分，填入表格。记住：在计算平均分和总分前，不要忘记将最符合你日常想法的三项，额外加上 4 分。最终的平均分就是你自我评价的结果，最高分所在列代表最符合你的职业锚。

	TF 技术/职能型	GM 管理能力型	AU 自主型	SE 安全型	EC 创造型	SV 服务型	CH 纯挑战型	LS 生活型
	1（ ）	2（ ）	3（ ）	4（ ）	5（ ）	6（ ）	7（ ）	8（ ）
	9（ ）	10（ ）	11（ ）	12（ ）	13（ ）	14（ ）	15（ ）	16（ ）
	17（ ）	18（ ）	19（ ）	20（ ）	21（ ）	22（ ）	23（ ）	24（ ）
	25（ ）	26（ ）	27（ ）	28（ ）	29（ ）	30（ ）	31（ ）	32（ ）
	33（ ）	34（ ）	35（ ）	36（ ）	37（ ）	38（ ）	39（ ）	40（ ）
总分								
平均分								

45

第二节
职业发展阶段理论

漫长的职业生涯很难一眼望到头。你可能会想：是不是可以制订一份能够按部就班实现的计划呢？然而，在当下充满不确定性、快速、多变的时代，是很难做到完全按照计划行事的。所以职业生涯规划需要结合各阶段的情况做稳健性、灵活性的考虑。

一、舒伯的生涯发展理论

著名职业生涯规划大师舒伯经过 20 多年的大量实验研究，提出了一整套职业生涯发展阶段模式。他认为人的一生可以分成几个阶段，每个阶段都要承担各种人生角色，在不同的阶段对自己的各个不同角色的侧重又有所不同。尤其是职业这一角色，在人生各个阶段中经历了从无到有，以及从成长、发展到衰退的过程。

舒伯认为，职业生涯的发展是一个持续和渐进的过程，伴随个人的一生。其主要理论观点如下。

（一）自我概念

"自我概念"是舒伯理论中的核心概念。自我概念，就是指个人对自己的兴趣、能力、价值观及人格特征等方面的认识。一个人的自我概念在青春期以前就开始形成，至青春期较为明朗，并于成人期由自我概念转化为职业生涯概念。一个人对自己的工作与生活满意与否，就在于个人能否在工作和生活中找到展现自我的机会。用舒伯的话说，"职业生涯就是对自我的实践"。

（二）生涯发展阶段

舒伯认为人的职业生涯发展可以分为五个阶段（见表 2–3）。

1. 第一阶段：成长阶段（出生至 14 岁）

儿童开始辨认他们周围的事物，并逐渐开始意识到自己的兴趣所在，逐渐学习同职业相关的一些最基本技能。这个阶段的发展任务是逐渐确立自我形象和形成对工作世界的正确态度，并了解工作的意义。

2. 第二阶段：探索阶段（15—24 岁）

青少年开始通过尝试一些自己感兴趣的职业活动，对自我能力及角色、职业进行探索。这个阶段的职业意愿趋向于某些特定的领域。

3. 第三阶段：建立阶段（25—44 岁）

这一阶段，个人开始尝试选择适合自己的职业领域。这个阶段的发展任务是个人致力于工作上的稳定，大部分人处于最具创造力的时期。

4. 第四阶段：维持阶段（45—64 岁）

这一阶段，个人通过不断努力来获得职业生涯的发展和成就，并逐渐能在自己的领域中占有一席之地。这一阶段的发展任务是维持既有成就与地位。

5. 第五阶段：衰退阶段（65 岁以上）

由于生理及心理功能日益衰退，个人职业角色的分量逐渐减少，开始考虑退休并享受自己的晚年生活。

表 2-3　舒伯的职业生涯发展阶段

阶段	年龄	特点	发展任务
成长阶段	出生至 14 岁	敢说敢做，思想逐渐从不切实际的幻想接近成年人的想法	发展适合自己的概念，发展对工作世界的正确态度，了解工作的意义；逐渐意识到自己的兴趣所在，从机会中学习到和职业相关的最基本的技能
探索阶段	15—24 岁	青春期，逐步形成自己的人生观、价值观；通过学校生活、社团活动和工作对自己进行全面的探索；有了自我追求的方向	职业观念与学习紧密联系，发展相关的技能，使职业偏好逐渐具体化；开始将一般性的职业偏好转化为具体的职业选择
建立阶段	25—44 岁	尝试选择适合自己的职业领域，逐步积累自己的社会知识、能力和经验，形成自己的职业核心竞争力；摆脱原来的依赖性，逐渐走向独立和创造性时代	在适当的职业领域稳定下来，巩固地位，并力求晋升；这个阶段如果发展得好，则在特定的领域确立稳定的地位，生涯发展处于上升期；如果发展不理想，则会选择跳槽，直至找到合适的领域
维持阶段	45—64 岁	维持已经获得的成就和职业地位，对家庭和社会有责任心、义务感，形成完整的人生观、价值观，开始与衰老斗争	通过不断的努力获得生涯的发展和成就，维持既有成就与地位，按照既定方向工作，更新知识与技能，创新
衰退阶段	65 岁以上	心理上迈入返璞归真的新起点，个人已退出工作岗位开始安享晚年	职业角色分量逐渐减少，社会角色增多，工作投入减少，逐步开始退休生活

（三）职业循环发展理论

舒伯在后期提出，在一个人一生的职业发展过程中，职业发展的五个阶段是一个循环再循环的过程。职业发展的五个阶段并不完全和年龄相关，而且各阶段之间并不存在严格的界线，可能有交叉。在人生中的不同时期，都可以经历由这五个阶段构成的一个"小循环"。职业生涯发展是一个循环往复的过程。

（四）生涯彩虹图

生涯彩虹图是舒伯分析和描述个人生涯过程的一个重要工具。

为让大家在回顾自己过去发展历程的同时，也能够更好地展望和计划未来，对今后的不同人生预期做出初步的计划和时间分配，舒伯提出了一个更为广阔的新观念——由生活广度和生活空间构成的生涯发展观。除了原有的发展阶段理论，这个生涯发展观较为特殊之处是加入了角色理论，并用生涯发展阶段与角色彼此间交互影响的状况描绘出一个多重角色生涯发展的综合图形。这个包含生活广度、生活空间的生涯发展图形，被舒伯命名为"生涯彩虹图"（图2-3）。

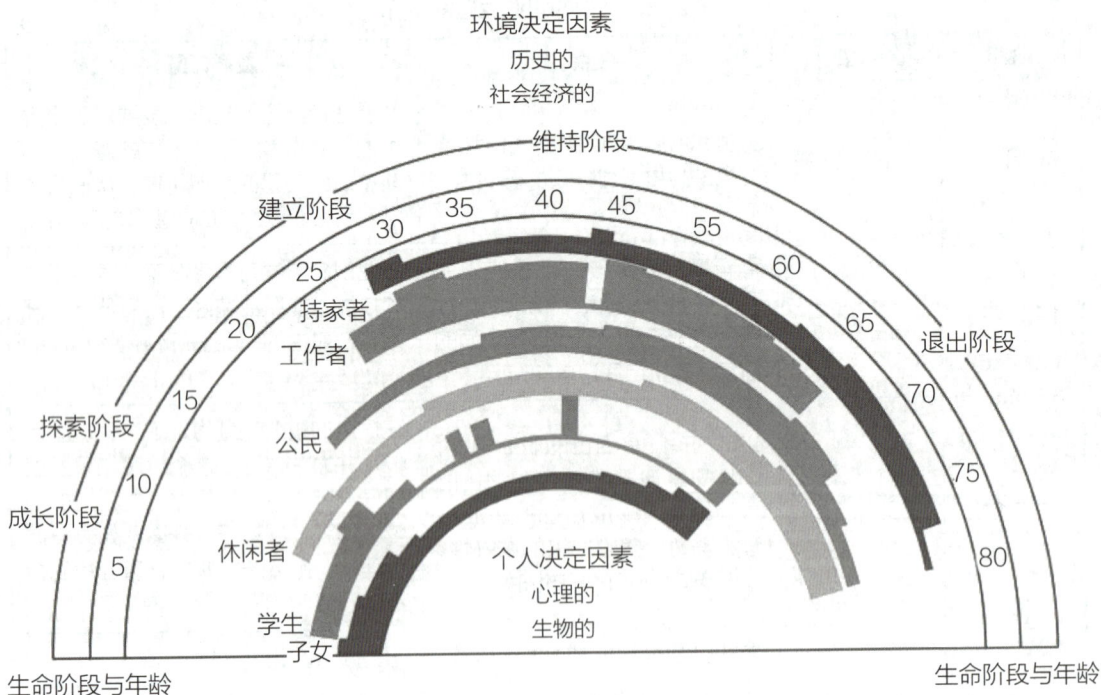

图2-3 生涯彩虹图

1.横贯一生的彩虹：生活广度

在生涯彩虹图中，横向层面代表的是横跨一生的生活广度。彩虹的外层显示人生主要的发展阶段和大致估算的年龄：成长阶段（约相当于儿童期），探索阶段（约相当于青春期），建立阶段（约相当于成人前期），维持阶段（约相当于中年期），以及退出阶段（约相当于老年期）。在人生发展的这五个主要阶段内，还各有小的阶段。舒伯特别强调各个时期的年龄划分有相当大的弹性，应依据个体的不同情况而定。

2. 纵贯上下的彩虹：生活空间

在生涯彩虹图中，纵向层面代表的是纵贯上下的生活空间，是由职位和角色组成的。舒伯认为人在一生当中必须扮演六种主要的角色，依次是子女、学生、休闲者、公民、工作者和持家者。

生涯彩虹图可以很好地显示个人生涯中各个角色的变化，需要注意的是：

第一，角色之间是互相作用的，某个角色的成功能带动其他角色的成功；反之，一个角色的失败，也可能导致另一角色的失败。同时，为了某一角色的成功付出太大的代价，也有可能导致其他角色的失败。

第二，人的社会任务或职业生活不断变化，角色也随之变化，人会从一个角色进入另一个角色。

第三，每一个人的生涯彩虹图都是不同的。所以，我们从生涯彩虹图中可以看到不同的生涯规划，这就是科学规划职业生涯的依据。

课堂活动

绘制生涯彩虹图

第一步：拿出一张空白纸，在上面画七个同心的半圆。在"彩虹"的最外围弧线上写上从出生到终老的年龄，一般是从 0 岁到 80 岁，按等比例划分。"彩虹"的纵向，也就是"彩虹"内部的多道同心弧线表示角色，一共有六种角色，在彩虹图半圆底部相应位置写上各角色的名称：子女、学生、休闲者、公民、工作者、持家者。

第二步：根据你自己的现实状况及预想的将来情况，判断在某个阶段你把主要精力和时间放在了哪个或哪些角色上，把代表该角色的弧线上相应年龄段涂上某种颜色，依此方法从 0 岁开始，一直画到 80 岁为止。你要始终牢记，画彩虹图的原则是根据你的每个年龄阶段来判断：在该年龄阶段中，你的主要时间和精力投入哪个或哪些角色中？

第三步：等你画完所有年龄、所有角色的"彩虹"之后，你就可以分析自己在某些角色上的时间精力投入是否符合你本身的期望。每个人的生涯彩虹图都是不一样的，因此它只能帮助你找到某一阶段你认为的最重要的事，但不能告诉你一个放之四海而皆准的做事法则。比如，在 30—40 岁阶段，某人的彩虹图显示其主要精力被投入到工作者和公民的角色上，因而在这个阶段，这几方面的事情对他来说就是最重要的，而作为子女的角色可能暂时不是那么重要。

画完之后请看看，你的选择和自己的实际行动是否一致？

二、克朗伯兹的生涯决定社会学习理论

克朗伯兹兼顾心理与社会的作用，认为外部环境和内在发展对个人生涯选择均有影响。一是"机会"因素在个人选择职业的过程中发挥着作用，这些"机会"因素包括社会经济地位、性别、种族、文化及教育机会等个体无法自主控制的变量；二是个体内在的发展也对个人生涯选择有影响，"非机会"变量包括个体的兴趣、价值、人格和能力倾向等因素。

克朗伯兹认为四类因素会影响到一个人的生涯决定，那就是遗传因素和特殊的能力、环境状况和事件、学习经验、工作取向的技能。

（一）遗传因素和特殊的能力

克朗伯兹认为，个人得自遗传的一些特质，在某种程度上限制了个人选择职业或学校教育的自由。这些因素包括种族、性别、外在的仪表和特征等。某些个人的特殊能力也会影响其在环境中的学习经验，伴随这些学习经验而来的兴趣与技能，与个人未来的职业选择将有相当密切的关系。个人的特殊能力包括智力、音乐能力、美术能力、动作协调能力等。比如音乐家的后代大多有比他人更强的音乐天赋。

（二）环境状况和事件

克朗伯兹认为，影响教育和职业选择的因素中，有许多来自外部环境，非个人所能控制。这些环境状况和事件可能来源于人类活动（如社会、文化、政治或经济的活动），也可能由自然力量引起（如自然资源的分布或自然灾害的发生）。这些因素具体包括：工作机会的数量和性质；训练机会的多寡和性质；职业选择训练的社会政策和过程；不同职业的投资报酬率；劳动基准法和工会的规定；自然环境的影响，如地震、洪水、干旱、台风等。

比如，汶川特大地震带动建筑规划类专业成热门，哥本哈根世界气候大会催生出生物能研究、气候学研究等，新冠肺炎疫情使电商行业、大健康产业获得了新的发展契机。

（三）学习经验

1. 克朗伯兹的社会学习理论

克朗伯兹认为，每个人独特的学习经验，在决定生涯路径时扮演着重要的角色。日常生活中，个体受到刺激与强化的类型、性质以及两者配合出现的时机常常错综复杂，因而没有一个理论能够很好地解释：这些不定的变量究竟是如何影响个人生涯偏好和生涯技能

发展的，又是如何影响生涯选择的。工具式学习与联结式学习，是克朗伯兹社会学习理论中最简约的形式，可用来说明学习经验对生涯决定的影响。

克朗伯兹的社会学习理论认为，凡是成功的生涯计划、生涯发展和职业表现，其所需技能均能够通过连续的工具式学习经验获得。

2. 联结式的学习经验

联结式的学习经验综合了班杜拉社会学习理论的观察学习和学习心理学中的古典学习理论，认为某些环境的刺激会引起个人情绪上积极或消极的反应。如原来属于中性的刺激与社会上使个体产生积极或消极情绪反应的刺激同时出现，这种伴随在一起的联结关系，会使中性的刺激也具有积极或消极的情绪作用。克朗伯兹指出，我们对于职业的刻板化印象，诸如"医生都是有钱人""军人和教师都是清苦的"等，都是通过这种联结式的学习经验而习得，对生涯选择有着深远的影响。

（四）工作取向的技能

前面提到的各种因素，如遗传因素、特殊能力、社会上的各种影响因素，以及不同的学习经验等，会以一种交互影响的方式使个人形成特有的工作取向的技能。这些工作取向的技能包括解决问题的能力、工作习惯、工作的标准与价值、情绪反应、知觉和认知的历程（如选择、注意、保留、符号知觉之类心理过程）等。

按照社会学习理论的看法，上述四类因素在不断地交互作用。交互作用的结果是形成个体对自我观察的推论、对世界观的推论、工作取向的技能和行动。

第一，对自我观察的推论。以过去的学习经验为基准，个人会对自己的表现做出评估与推论。评估的参照对象，可能是自己以往的成就，也可能是其他人的表现。

克朗伯兹等人认为，一般心理学家所测量的个人兴趣、工作价值，都是属于他们认为的"自我观察的推论"。在解释生涯决定方面，自我观察的推论的重要内容之一是"爱好"（preferences），比如喜欢教书而不喜欢做生意，或喜欢走入人群而不喜欢坐办公室，这些爱好是学习经验的重要结果，也是生涯决定的衡量标准。

第二，对世界观的推论。同样，基于自己的学习经验，个人也会对环境及未来的事务做出评估与推论，特别是在职业的前途与展望方面。世界观的推论和自我观察的推论一样，不一定完全正确，要视个人的学习经验是否丰富而定。

第三，工作取向的技能。前述在影响生涯决定的四类因素中已经提到工作取向的技能，所以，它既是"因"，又是"果"。在这里，工作取向的技能是个人所习得的各种认知与表现的能力，可应用在生涯决策的过程中。对个人来说，工作取向的技能随着环境变化，能用来解释这种变化同自我观察和世界观推论之间的关系，以及预测未来变化的方向。

第四，行动。个人的实际行动综合了以前所有的学习经验、自我与环境的推论以及具备的各种能力，并将这些引入未来事业发展的途径。生涯决定的社会学习理论所重视与关心的正是行动，它包括初步选定一种工作，选择一个特定的专业，接受一次职业训练的机会，接受升迁的职位，改变主修科目，等等。

一个组织为什么需要关心员工的职业生涯？更具体地，为什么管理者要把时间花在员工的职业发展上？因为着眼于职业发展，将促使管理当局对组织的人力资源具有一种长远的眼光。一个有效的职业发展计划将确保组织拥有必要的人才，并使每一名员工都获得成长与发展的机会。此外，它还能提高组织吸收和保留高素质人才的能力。

三、金斯伯格的职业生涯发展阶段理论

美国职业指导专家金斯伯格对职业生涯的发展进行过长期研究，对实践产生过广泛影响。1951 年，金斯伯格出版《职业选择》一书，对青少年职业选择的过程与问题做了深入的研究，提出职业发展的幻想阶段、尝试阶段、现实阶段三个发展阶段，认为职业在个人生活中是一个连续的、长期的发展过程。

（1）幻想阶段：11 岁之前的儿童时期。儿童对大千世界，特别是对于他们所看到或接触到的各类职业工作充满了新奇、好玩的感觉。此时期职业需求的特点是：单纯凭自己的兴趣爱好，不考虑自身的条件、能力水平，也不考虑社会需要与机遇，完全处于幻想之中。

（2）尝试阶段：11—17 岁，这是由少年儿童向青年过渡的时期。从此时起，人们的生理和心理在迅速成长、发育和变化，有独立的意识，价值观念开始形成，知识和能力显著增长和增强，初步懂得社会和生活经验。此阶段职业需求呈现出的特点是：有职业兴趣，并能客观地审视自身各方面的条件和能力；开始注意职业角色的社会地位、社会意义，以及社会对该职业的需要。但此时，由于青少年长期处于在学校学习的环境中，对社会、对职业的理解还不全面，对职业选择，主要考虑的还是个人的兴趣，具有理想主义色彩。

（3）现实阶段：17 岁以后的青年阶段。此时的人即将步入社会劳动，能够客观地把自己的职业愿望或要求同自己的主观条件、能力以及社会现实的职业需要紧密联系起来，寻找适合自己的职业角色。此阶段的人所追求的职业不再模糊不清，他们已经有具体的、现实的职业目标，表现出的最大特点是客观性、现实性和讲求实际。

金斯伯格把职业生涯的尝试阶段和现实阶段又分成若干个子阶段。

尝试阶段分为兴趣子阶段、能力子阶段、价值观子阶段和综合子阶段四个子阶段。

（1）兴趣子阶段：开始注意并培养自己对某些职业的兴趣，期盼着将来从事某些职业。

（2）能力子阶段：不仅仅考虑个人的兴趣，同时也注意到个人能力与职业的关系，注重衡量自己的能力，并积极参加各种相关的职业活动以检验自己的能力。

（3）价值观子阶段：个人的职业价值观逐步形成，能兼顾个人与社会的需要，以职业的价值性选择职业。

（4）综合子阶段：将上述三个阶段的职业相关资料综合考虑，以正确判定未来的职业生涯发展方向。

现实阶段分为试探子阶段、具体化子阶段和专业化子阶段三个子阶段。

（1）试探子阶段：根据尝试期的结果进行各种试探活动，试探各种职业机会和进一步的选择。

（2）具体化子阶段：根据试探子阶段的经历做进一步的选择，将职业目标具体化。

（3）专业化子阶段：依据自我选择的目标做具体的就业准备。

金斯伯格的职业发展理论主要研究的是个人进入职业前的一段时期职业观的变化及进入职业前的职业选择问题，对进入职业角色后如何调整与发展职业生涯研究得不够。

四、施恩的职业发展阶段理论

美国的施恩教授立足于人生不同年龄段面临的问题和职业工作的主要任务，将职业生涯分为九个阶段。

（一）成长、幻想、探索阶段

一般0—21岁处于这一职业发展阶段。主要任务如下：

（1）发展和发现自己的需要和兴趣，发展和发现自己的能力和才干，为进行实际的职业选择打好基础。

（2）学习职业方面的知识，寻找现实的角色模式，获取丰富的信息，发现和发展自己的价值观、动机和抱负，做出合理的受教育决策，将幼年的职业幻想变为可操作的现实计划。

（3）接受教育和培训，开发工作中所需要的基本习惯和技能。个人在这一阶段所充当的角色是学生、职业工作的候选人、申请者。

（二）查看工作世界

16—25岁步入该阶段。第一，个人查看劳动力市场，谋取可能成为一种职业基础的第一份工作；第二，个人和雇主之间达成正式可行的契约，个人成为一个组织的成员或从事一种职业，充当的角色是应聘者、新学员。

（三）基础培训

该阶段的年龄为16—25岁。与查看工作世界阶段不同，这一阶段的人要担当实习生、新手的角色，也就是说已经迈进职业或组织的大门。此时的主要任务一是了解、熟悉组织，接受组织文化，融入工作群体，尽快取得组织成员资格，成为一名有效的成员；二是适应日常的操作程序，应付工作。

（四）早期职业取得正式成员资格

此阶段的年龄为17—30岁。这一阶段的人取得组织的正式成员资格，面临的主要任务如下：

（1）承担责任，成功地履行第一次分配的有关工作。

（2）发展和展示自己的技能和专长，为增加或查看其他领域的横向职业成长机会打基础。

（3）根据自身才干和价值观，根据组织中的机会和约束，重估当初追求的职业，决定是否留在这个组织或这种职业中，或者在自身需要、组织约束和机会之间寻找一种更好的配合。

（五）职业中期

处于职业中期的正式成员，年龄一般在25岁以上。主要任务如下：

（1）选定一项专业或查看管理部门的工作机会。

（2）保持技术竞争力，在自己选择的专业或管理领域内继续学习，力争成为一名专家或职业能手。

（3）承担较大责任，确立自己的地位。

（4）开发个人的长期职业计划。

（六）职业中期危险阶段

处于这一阶段的是35—45岁的人。主要任务为：

（1）现实地估计自己的进步、职业抱负及个人前途。

（2）就接受现状或者争取看得见的前途做出具体选择。

（3）建立与他人的师承关系。

（七）职业后期

从40岁直到退休，可说是处于职业后期阶段，此时的职业状况或任务如下：

（1）成为一名良师，学会发挥影响，指导、指挥别人，对他人承担责任。

（2）扩充、发展、巩固技能，或者提高才干，以担负更大范围的、更重大的责任。

（3）如果求安稳，就此停滞，则要接受和正视自己影响力和挑战能力的下降。

（八）衰退和退休阶段

不同的人在不同的年龄会衰退或离职。在此期间主要的职业任务，一是学会接受权力、责任、地位的下降；二是基于竞争力和进取心的下降，要学会接受和发展新的角色；三是评估自己的职业生涯，着手退休。

（九）离开组织或退出职业——退休

在失去工作或组织角色之后，面临两大问题或任务：

（1）保持一种认同感，适应角色、生活方式和生活标准的急剧变化。

（2）保持一种自我价值观，运用自己积累的经验和智慧，以各种资源角色对他人进行传帮带。

需要指出的是，施恩虽然基本依照年龄增长顺序划分职业发展阶段，但并未囿于此，其阶段划分更多的是根据职业状态、任务和职业行为的重要性。又因为每个人经历某一职业阶段的年龄有别，所以，施恩只给出了大致的年龄跨度，并且各职业阶段所对应的年龄也有所交叉。

生涯小贴士

35 岁遭遇职场危机？尽早做准备！

"35 岁危机"是人才市场上存在的一种现象，不仅对求职者的影响很大，对那些企业在职员工也造成了不小的冲击。许多企业员工在过了 30 岁以后都不免有些担心：再过几年被公司裁掉了怎么办？

随着就业竞争激烈程度的日趋白热化，职场要完成新老更迭，就势必会出现一批精干的年轻者。老员工们会担心：他们如此年轻有精力，而自己还一无是处，在本行业继续干下去，肯定会被淘汰掉；但若想转行，肯定要从基础岗位做起，还是和一群刚毕业的年轻人重新竞争，用人单位肯定也倾向于用毕业生，即便有幸被录用，也很可能被比自己小的人领导。"35 岁危机"，真的是逃不开的吗？

其实，前期的规划和积淀如果能做好，不管 35 岁、45 岁还是 55 岁，自己这片职场小天地还是可以坐得比较安稳的。

在职业发展中，有一种观点叫作"趋势就业"，即除了国家垄断行业，其他各行业几乎是可以很深远地影响一个人的稳定发展。有什么样的大众生活需求，就会出现什么行业。比如，互联网行业成为目前当之无愧的热门行业，是因为大众对此需求度极高；而一些传统制造业逐渐衰退，就是因为大众需求度的降低或者有替代品出现。作为职场人，行业的衰退势必会影响到个人的发展，做职业选择时必须考虑到这一点。如果在朝阳产业中做着越老越吃香的工作，一直往上走，公司没理由拿新人顶替你。如果行业不幸选错，你也可以先以现在的身份换到想去的行业，再争取内部转岗的机会。比如，如果你现在在一家公司做运营，想去其他行业做项目管理，而现有项目管理知识和技能不够硬，直接去的话会比较困难。但是，如果你以运营身份去那个行业应聘，会容易很多，可以等进去之后再加紧"充电"，并寻找合适的机会内部转岗，去做项目与管理。

如果你入职之前的职业规划做得不是很到位，那可以一边工作，一边重新从兴趣入手探索。毕竟找到符合自己的兴趣点、价值观并且做起来得心应手的工作，能更快地突破。否则，最佳选择还是从能力入手。可以多听听身边朋友、家人关于你的认知，也可以听听专业咨询机构的建议。某些领域的工作，对专业以外的要求是比较宽松的，比如会计、策划、心理咨询师等，企业对于年龄、毕业院校等不会要求太多。像策划这种职业，如果之前工作经历丰富，反倒会给自己加分。销售人员的"门槛"相对低，更侧重销售能力和人际交往能力等因素，所以切入较容易。如果你所选的行业和之前的行业相关，中间的过渡就更能顺畅地展开了。

从技巧层面来看，想要转行成功，迈出求职第一步很关键，但不少人投了简历却几乎没有面试反馈；即便是有了面试反馈，也会因为缺乏经验而被拒绝。这种情况下，建议简历和面试内容都重点突出岗位优势，而不是罗列之前的工作经验。比如，你是技术岗转管理岗，那就把侧重点放在那些可以彰显你管理才能的项目上，而不是给面试官罗列之前做的各种技术项目。

篇章二

自我认知
职业探索

第三章
自我探索

站在生命的高岗上，勇敢迈向自我探索之路。全世界最珍贵的宝藏，就在我们隐秘的内心世界。内在丰盛、外在富足的人生画卷就此展开。

——维琴尼亚·萨提亚

本章概述　自我探索是大学生职业生涯规划的前提和基础，是正确进行职业生涯探索的重要环节，在大学生职业生涯规划中有着重大的现实意义。只有对自己进行全面、理性的认知和评价，才能为做出正确的职业生涯决策打下坚实的基础。自我探索包括大学生对自身个性、兴趣、技能和价值观等方面的探索。本章从性格探索、兴趣探索、能力探索、价值观探索四方面入手，引导学生认识真正的自我，为接下来的学习和规划做准备。

知识目标　1. 熟悉性格与生涯发展的关系。

2. 熟悉 MBTI 性格评估与职业选择。

3. 了解霍兰德的兴趣类型理论。

4. 了解职业能力的基本框架。

5. 掌握澄清自身核心价值观的方法。

能力目标　1. 能结合所学专业相关职业群对职业性格的要求，对自己的性格特征与职业相适应的程度进行分析判断。

2. 能重新认知自身职业兴趣，进行职业分析和选择。

3. 掌握能力的分类，从而清楚自己具备什么样的能力、职业又要求什么样的能力，寻求个人能力和职业技能要求相适配。

思政目标　1. 通过对个人兴趣进行自我探索，在职业目标确定过程中将个人兴趣与岗位职责相匹配，必要时根据社会需要培养自己的职业兴趣。

2. 通过学习，重新树立自身的价值观、职业观，使自身职业观与时代使命相适应、与社会主义核心价值观相适应。

本章结构

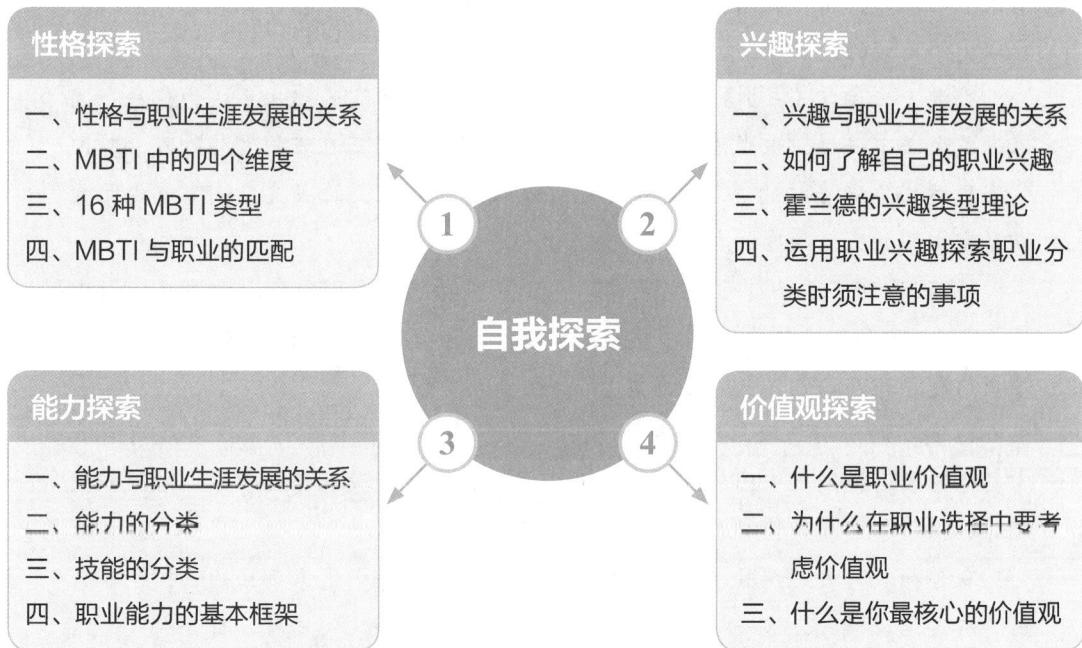

性格探索

一、性格与职业生涯发展的关系
二、MBTI 中的四个维度
三、16 种 MBTI 类型
四、MBTI 与职业的匹配

兴趣探索

一、兴趣与职业生涯发展的关系
二、如何了解自己的职业兴趣
三、霍兰德的兴趣类型理论
四、运用职业兴趣探索职业分
    类时须注意的事项

自我探索

能力探索

一、能力与职业生涯发展的关系
二、能力的分类
三、技能的分类
四、职业能力的基本框架

价值观探索

一、什么是职业价值观
二、为什么在职业选择中要考
    虑价值观
三、什么是你最核心的价值观

生涯指引

"我们应积极倡导全人类共同价值"

2021 年 12 月 4 日，"民主：全人类共同价值"国际论坛在北京开幕。120 多个国家和地区、20 多个国际组织的 500 余名嘉宾线上线下参会。与会嘉宾认为，民主的实现形式是多种多样的，没有放之四海而皆准的唯一模式。各国应在相互尊重、平等相待基础上就民主问题开展交流对话，共同为全人类进步作出贡献。

智利前总统爱德华多·弗雷表示："民主就意味着相互包容和理解，就意味着在多样性中共同发展。无论时代怎样变化，公平、正义、相互尊重等，始终是人类最基本的价值理念。"

日本前首相鸠山由纪夫认为，虽然各国社会体制不同，但都应着眼于和平、发展、公平、正义、民主、自由的全人类共同价值。当今世界，一些国家企图通过攻击他国价值观，来回避自身价值观所面临的混乱。"我们应积极倡导全人类共同价值。"

"我们应该本着人类命运共同体所倡导的价值理念，恪守联合国宪章精神，为人类和平与发展共同努力。"西班牙共产党主席何塞·路易斯·森特利亚说，只有秉承共同的价值，和谐共处、协商对话，才能战胜诸多全球性挑战，为全人类争取更加美好的未来。

香港中文大学（深圳）全球与当代中国高等研究院院长郑永年认为，每个国家的民主都不一样，追求民主的方式也不同。同一个国家在不同发展阶段，其民主表现方式也是多样的。"中国今天之所以取得如此巨大的成就，一个重要因素就是有中国的民主制度作支撑。"

"中国找到了适合自己的发展道路，正在成功践行中国特色社会主义。新中国成立70多年来，中国共产党一直自信而有效地领导着这个大国向前发展。"俄罗斯前副总理谢尔盖·沙赫赖说。

白俄罗斯前副总理阿纳托利·托济克说："中国共产党对于国家发展有着非常具体的长远规划。中国的发展离不开世界，世界的繁荣也需要中国。中国积极倡导并携手各国践行构建人类命运共同体理念。"

联合国教科文组织驻华代表处代表夏泽翰表示，每个国家都必须选择适合自己的特定治理模式，这一模式应该充分适应自身社会和文化发展，符合人民的需求。"中国在这方面做得非常成功。"

"民主：全人类共同价值"国际论坛由中共中央宣传部、国务院新闻办公室主办，中国社科院、中央广电总台、中国外文局承办，12月4日至5日、9日至10日、14日至15日分3个阶段在北京举行。

（来源：王莉《"我们应积极倡导全人类共同价值"》，《人民日报》2021年12月7日第3版）

|生涯之思|

不同文明即使在相互隔绝的情况下，也会产生相似的价值观念，共同价值的存在真实地反映了人类生存和发展的一个基本特征。我国积极推动构建人类命运共同体，推进人类和平与发展的崇高事业。面对伟大时代赋予的伟大使命，青年人责无旁贷。新时代中国青年应形成全球视野，在学习中不断积淀，提升自己的科学思维能力，坚定践行构建人类命运共同体的理念；要有家国意识，也要有人类情怀，顺应时代发展大势，争取每个人都能在生涯中实现创造性发展。

案例导入

人人皆可成才

一、天生我材必有用

据传在一次商界聚会中，有位企业经营者扬言要将自己手下三名不成才的员工"炒"掉。他们是整天吹毛求疵的王五，老是杞人忧天、害怕工厂出事的赵六，喜欢神侃海聊的李七。另一位听后莞尔一笑，说："你就把他们三个让给我吧！"前一位老板慨然应允。几天后，三人到新公司报到。这位新领导吩咐："你们三个人，王五负责质量管理，赵六负责公司安全保卫，李七到外面去搞商品宣传。"三人一听欣然受命，兴冲冲走马上任。由于三人创造性的工作，不久，公司盈利便直线上升。让猴爬树，果然游刃有余；让虎镇山，当真山林茂盛。位置安排适当，兴趣找得对口，一个人的劣势就会转化为优势。

二、朽木也能成良才

奥托·瓦拉赫是诺贝尔化学奖得主，他的成才之路也是对自我探索的一个极好的诠释。瓦拉赫读中学时，父母让他学文学。不料一个学期结束，老师给他的评语是："瓦拉赫很用功，但过于拘泥。这样的人即使有完美的品格，也绝不可能在文学上发挥出来。"父母无奈，让儿子改学油画，可瓦拉赫既不善于构图，也不善于润色，对艺术的理解力差，成绩在班上倒数第一。面对如此"笨拙"的学生，老师们都认定他是朽木一根，成材无望。此时此际，只有化学老师慧眼独具，认为他做事一丝不苟，适合做化学实验，于是建议他改学化学。这一次，瓦拉赫的智慧火花迸发不息，文学、艺术方面的"朽木"一下子成了化学方面的"良材"，成绩遥遥领先。

|简析|

这世上没有一无是处的人，也没有尽善尽美的人。人的体能、技能、智能的发展是不均衡的，每个人都有其强项和弱项、优势和劣势、长处和短处。在生命进程中，人一旦找准了自己的强项、优势和长处，并千方百计使之得到充分发挥，便可望获得惊人的成就。这个道理如果借用一句格言来表述，那就是：给猴子一棵树，给老虎一座山。

第一节
性格探索

性格也称为人格特质，是一个人在生活中对他人、对事、对自己、对外在环境所表现出来的一致性因应方式。每个人在成长经历中，可能受到生理条件、家庭教养、文化、学习经验等因素的交互作用，从而形成自己的独特个性，在不同的情境中表现出特定的气质。

一、性格与职业生涯发展的关系

性格影响气质，还对能力的形成和发展起制约作用。性格中工作态度的成分，往往会影响到职业的选择和成就。我们天生有自己擅长的一面，也有自己不擅长的一面。职业性格不是指一个人显性的智商、专业水平、工作经验等，而是受一个人先天、内在、稳定的心理条件的影响，在职业的岗位匹配、环境适应性、工作业绩和成就上表现出的一系列无法改变或者说至少是难以培育的非智力决定因素。职业心理学的研究表明，每一类性格都有与之相适应的职业范围。不同的职业需要不同性格的从业者。

从事与自己性格不匹配的工作，个人才能的发挥就会受到阻碍，个人的潜能也往往得不到开发。如果让一个性格暴烈的人去搞公关、谈生意或做服务工作，让一个性格怯懦柔弱的人去搞刑侦破案，让做事大大咧咧、马马虎虎的人去当医生或会计，将会出现什么样的后果？一个人能力不足，可以通过培训提高；但若一个人的性格与职业或岗位不吻合，要改变性格则非常困难。成功者大都不是天才，他们只是一些有着普普通通品质的人，但他们在适合自己性格的工作中充分发挥了这些普普通通的品质，从而达到了一个不一般的高度。

二、MBTI 中的四个维度

MBTI（Myers-Briggs Type Indicator）性格评估测试的理论基础是瑞士心理学家荣格有关知觉、判断和人格态度的观点，由布里格斯（Briggs）和她的女儿迈尔斯（Myers）研究发展为一种心理测评工具，因此得名。

MBTI 有许多研究数据的支持，属于信度、效度都较高的心理测评工具。它的用途非常广泛，被用于自我探索、职业发展、人才选拔、团队建设、管理培训、恋爱与婚姻咨询、教育（学业）咨询及多元文化培训中。

MBTI 衡量的是个人的类型偏好（preferences），或称作倾向。所谓"偏好"，是一种天生的倾向性，是一种特定的行为和思考方式。这些偏好无优劣之分，却形成了人与人之间的不同。它们各自识别了一些人类正常和有价值的行为，也可能成为误解和偏见的来源。MBTI 用四维度偏好二分法来评估一个人的类型偏好，每个维度的偏好二分法均由两极组成。

在 MBTI 测评结果中，一个人在每个维度上只能是一种偏好，比如一个人是内倾的就不可能是外倾的，是知觉型的就不会是判断型的。但是，这并不代表一个人是内倾的就没有丝毫外倾的特征，这就好像右利手的人的左手不是完全没有用处的，很多时候需要左右手配合。性格也是如此，一个人如果是内倾的，就意味着在绝大多数情况下其自然反应是内倾的，但是也有外倾的时候。在特别的情境下，甚至可能主要表现为外倾。所以，不要绝对地看待测评的结果。

（一）E-I（外倾—内倾）维度

外倾的人习惯于外界活动，愿意与人打交道；而内倾者则多安静、保守，喜欢独处或一对一的人际交往。一个外倾的人需要通过参加外界活动或与不同的人打交道积蓄能量；而内倾者则只有独处后能量才会更足。下面是一些典型的表现。

外倾者：

"平日里要是有人突然问我对某人或某事的看法，我可能会回答得非常宽泛，甚至不会回答。因为在我的脑海中确实没有对该事的任何想法。我的观点往往是在交谈中形成的。"

"我总是精力充沛，并随时准备帮助任何一个遇到麻烦的人。我喜欢结交朋友，我不喜欢独自工作，喜欢和朋友们待在一起。"

"我喜欢有人气的生活，即使和一群人在一起说话我也乐意。所以在生活中，一般情况下我不会独自出去逛街购物，除非那些东西我很急用。"

内倾者：

"我从来就不爱主动地表现、交往，也不喜欢参加特别多的活动。当然与知心朋友在一起，那是另一回事。我喜欢小范围、知心地交流。"

"在多数情况下，我更关注自己的内心想法和感受，我可以沉浸在自己的世界里大半天，而对周围的世界毫无感觉。以前经常有同学很生气地问我为什么在路上碰到他们却不理睬，我也只得一遍一遍跟他们解释我在想其他事，最后他们也就将信将疑地默认了。但这并不表示我忽略别人。我也会站在别人的立场上来考虑事情，也在乎他们的喜怒哀乐，并容易受他们的影响。如果你在路上遇见我，你总会看见一张似乎永远那么平静的、毫无表情的脸。"

在工作中，和人打交道的事情往往让外倾的人更有活力，安静独处的时间则令内倾的人更好地发挥才能。需要注意的是，MBTI 中所讲的"内倾"和"外倾"不同于我们日常所说的"内向"和"外向"。在习惯中，人们认为外向的人善于和人打交道，能言善辩；内向的人不善言辞，缺乏交际能力。MBTI 中所谈的外倾、内倾，是以能量朝向角度来区分的，内倾者并非不能说，只是他们谈话的内容更多朝向内而已。MBTI 是从性格角度出发的。例如，内倾者不愿意和不同的人打交道，但不代表他们人际交往能力差。所以，在进行内倾、外倾探索时，应当注意区别这些不同。

> **讨论与观察**
>
> **课堂活动**
>
> 全班以六人为一组，在小组中分享自己偏向内倾还是外倾，并说出为什么如此判断。通过对讨论过程的观察，判断哪些同学可能是外倾，哪些同学可能是内倾，以及为什么。
>
> 外倾的同学和内倾的同学分别作为一组，坐在教室的两侧，相互说一说通常对对方的印象是什么，相处的时候需要对方做一些什么，自己应注意些什么，能从对方身上学习些什么。

（二）S-N（感觉—直觉）维度

感觉和直觉是我们获取信息的两种方式。感觉型的人倾向于用自己的五官来获取信息；直觉型的人则习惯于通过想象、无意识等所谓的"第六感"来获取信息，他们更注重事情的含义、象征意义和潜在意义。

感觉型和直觉型的人之间感知方式的不同，造成他们在工作上可能会有冲突。感觉型的人更关注事情的细节和事实，擅长应用类的工作；而直觉型的人更喜欢新的问题和可能性，擅长理论类的工作。感觉型的人可能会觉得直觉型的人太富于幻想、不切实际；而直觉型的人则会认为感觉型的人太保守、抵触革新。其实二者在工作中各有所长，可以很好地配合：直觉型的人因为较重远景和全貌，适合做策划类工作；而感觉型的人注重细节和现实，适合做实施执行类工作。

（三）T-F（思考—情感）维度

思考和情感反映的是人们如何处理所获取的信息。思考型的人习惯于通过分析数据、权衡事实来做出符合逻辑的、有目的的结论和选择；而情感型的人则习惯于通过自己的价值取向来决定，他们通常会对信息做出个人的、主观的评价。思考型的人通常是直接的、分析性的，用大脑做决定；而情感型的人更坚信自己的价值观，并习惯于用心灵来做决定。但需要特别注意的是，此处的"情感"并不等于"情绪化"，它也可以是符合逻辑的，只是依据不同而已。

在工作中，情感型的人很看重所做事情的价值是否符合自己的价值观，愿意追求心灵层面的东西，他们更喜欢和谐的工作环境，并乐意为他人服务；思考型的人讲究逻辑性，他们更喜欢分析、解决问题，尤其愿意和数字、概念或者具体事物打交道，找到客观的标准和原则是他们的乐趣。

课堂活动

你该如何决策？

某所军校规定，学员被发现吸烟三次就要勒令退学。假如你是这所军校主管学生工作的老师，有一名学生已经两次被发现吸烟，你和他认真地谈了一次话，警告他如果再有第三次将被开除。现在，这名学生在即将毕业的时候第三次吸烟被发现。你会怎么办？为什么？

请同学们分别说说自己的"决定"和想法。认真倾听每位同学的想法，判断哪些同学可能是思考型的，哪些同学可能是情感型的，自己又是什么类型的。

（四）J-P（判断—知觉）维度

判断和知觉反映的是人们在与外界发生关系的过程中是如何做决定的。判断型的态度意味着这样的人会通过思考和情感去组织、计划和调控自己的生活；而知觉型的态度意味着这样的人倾向于用感觉和直觉的方式对事物做决定，他们的态度通常是灵活的、开放的。判断型的人喜欢将事情管理得井井有条，习惯过一种井然有序的生活。当他们做决定时，他们会做明确的计划，并考虑不同观点。而知觉型的人喜欢自发、随意地处理问题，愿意保持开放的思想。

在工作中，知觉型的人可能会接受太多任务却难以完成，但往往能够很灵活，善于抓住机会。对他们来说，适应和理解新的环境或情境远比管理信息有趣。而判断型的人常拘泥于计划和秩序，如果计划被打乱，他们会非常烦躁。在他们眼中，有系统性的工作和秩序是最重要的。

课堂活动

你会去吗？

假如后天要开始期末考试，忽然有一个久违的好友从外地赶来，约你晚上去吃饭，你去还是不去？

请同学们说说自己的想法，认真倾听每位同学的发言，判断哪些同学可能是判断型的，哪些同学可能是知觉型的，自己又是什么类型的。

关于以上四种维度，更具体的解释如表 3-1 所示。

表 3-1 MBTI 维度及解释

划分依据	维度及解释	
能量倾向：你更喜欢将自己的注意力集中于何处？你从何处获得活力？ E-I 维度	**外倾（E，extroversion）** 注意力和能量主要指向外部世界的人和事，从与人交往和行动中得到活力 （1）关注外部环境 （2）喜欢用谈话的方式进行沟通 （3）通过谈话形成自己的意见 （4）用实际操作或讨论的方式能学得最好 （5）兴趣广泛 （6）好与人交往，善于表达 （7）先行动，后思考 （8）在工作和人际关系中都很积极主动	**内倾（I，introversion）** 注意力和能量集中于自己的内心世界，从思想、回忆和对情感的反思中得到活力 （1）关注自己的内心世界 （2）更愿意用书面形式沟通 （3）通过思考形成自己的意见 （4）用思考、在头脑中"练习"的方式学得最好 （5）兴趣专注 （6）安静而显得内向 （7）先思考，后行动 （8）当情境或事件对他们具有重要意义时会采取主动
接收信息：你如何获取信息？ S-N 维度	**感觉（S，sensing）** 用自己的五官来获取信息，喜欢收集实实在在的、确已出现的信息；对周围所发生的事观察入微，特别关注现实 （1）着眼于当前的实际情况 （2）现实、具体 （3）关注真实的、实际存在的事物 （4）观察敏锐，并能记住细节 （5）经过仔细周详的推理一步步得出结论 （6）通过实际运用来理解抽象的思维和理论 （7）相信自己的经验	**直觉（N，intuition）** 通过想象、无意识等超越感觉的方式来获取信息；喜欢看整个事件的全貌，关注事实之间的关联；想要抓住事件的模式，特别善于看到新的可能性 （1）着眼于未来的可能 （2）富于想象力和创造性 （3）关注数据所代表的模式和意义 （4）当细节与某一模式相关时才能够记得 （5）靠直觉很快得出结论 （6）希望在应用理论之前能对之进行澄清 （7）相信自己的灵感
处理信息：你是如何做决定的？ T-F 维度	**思考（T，thinking）** 通过分析某一行动或选择的逻辑后果来做决定；会将自己从情境中分离出来，对事件的正反两方面进行客观的分析；从分析和确认实践中的错误并解决问题的过程中获得活力；目标是要找到一个能应用于所有相似情景的标准或原则 （1）好分析 （2）运用因果推理 （3）以逻辑的方式解决问题 （4）寻求一个合乎真理的客观标准 （5）爱讲理 （6）可能显得不近人情 （7）认为公平意味着每个人都能得到平等的待遇	**情感（F，feeling）** 喜欢考虑对自己和他人来说什么是重要的；会在头脑中将自己放在情境所牵涉的所有人的位置上并试图理解别人的感受，然后在此基础上根据自己的价值判断做出决定；从对他人表示赞赏和支持中获得活力；目标是创造和谐的氛围，把每一个人都当作独特的个体来对待 （1）善于体贴他人，感同身受 （2）受个人价值观的引导 （3）衡量决策对他人产生的后果和影响 （4）寻求和谐的气氛和积极的人际关系 （5）富于同情心 （6）可能会显得心肠太软 （7）认为公平意味着每个人都被作为独特的个体来对待

续表

划分依据	维度及解释	
行动方式：你如何与外部世界打交道？ J-P 维度	判断（J，judging） 喜欢将事情管理得井井有条，过一种有计划的、井然有序的生活；喜欢做出决定，完成后继续下面的工作；生活通常会比较有规划、有秩序，喜欢把事情敲定下来；照计划和日程安排办事对他们来说很重要；从完成任务中获得能量 （1）有计划 （2）喜欢组织管理自己的生活 （3）有系统的计划 （4）按部就班 （5）爱制订短期和长期计划 （6）喜欢把事情落头敲定 （7）力图避免最后一分钟才做决定或完成任务的压力	知觉（P，perceiving） 喜欢以一种灵活、自发的方式生活，更愿意去体验理解生活而不是去控制它；详细的计划或最后决定会使他们感到被束缚；愿意对新的信息和选择保持开放，直到最后一分钟；足智多谋，善于调节自己以适应当前场合的需要，并从中获得能量 （1）自发的 （2）灵活 （3）随意 （4）开放 （5）适应、改变方向 （6）不喜欢把事情确定下来，为改变的可能性留有余地 （7）最后一分钟的压力会使他们感到活力充沛

在完成了 MBTI 四个维度的练习后，你是否已经能初步判断出自己在每个维度上的偏好是什么？你可以再次对照表 3-1 中对每个偏好的解释，然后在下面写下自己的 MBTI 类型。

我的 MBTI 类型
能量倾向： 接收信息： 处理信息： 行动方式：

三、16 种 MBTI 类型

从单一维度去理解一个人是错误的。人的性格非常复杂，每个维度都会彼此影响，将四个维度结合起来才是正确理解一个人的方法。在 MBTI 中，四个维度中的两级正好组合成 16 种性格类型。

ISTJ
沉静，认真，贯彻始终、得人信赖而取得成功；讲究实际，注重事实，能够合情合理地去决定应做的事情，而且坚定不移地把它完成，不会因外界事物而精神涣散；以做事有次序、有条理为乐——不论在工作上还是生活上；重视传统和忠诚

ISFJ
沉静，友善，有责任感，谨慎；能坚定不移地承担责任；做事贯彻始终、不辞辛劳和准确无误；忠诚，替人着想，细心；往往记着他所重视的人的种种微小事情，关心别人的感受；努力创造一个有秩序、和谐的工作和居家环境

ISTP
容忍、有弹性；是冷静的观察者，但当有问题出现，便迅速行动，找出可行的解决方法；能够分析哪些东西可以使事情进行顺利，又能够从大量资料中找出实际问题的重心；很重视事件的前因后果，能够以理性的原则把事实组织起来，重视效率

ISFP
沉静，友善，敏感而仁慈；欣赏目前和他们周遭所发生的事情；喜欢有自己的空间，做事能把握自己的时间；忠于自己所重视的人；不喜欢争论和冲突，不会强迫别人接受自己的意见或价值观

ESTP
有弹性，容忍；讲求实际，专注即时的效益；对理论和概念上的解释感到不耐烦，希望以积极的行动去解决问题；专注于"此时此地"，喜欢主动与别人交往；喜欢物质享受的生活方式；能够通过实践达到最佳的学习效果

ESFP
外向，友善，包容；热爱生命，热爱人，热爱物质享受；喜欢与别人共事；在工作上，能运用常识，注意现实的情况，使工作富有趣味性；富于灵活性、即兴性，易接受新朋友和适应新环境；与别人一起学习新技能可以达到最佳的学习效果

ESTJ
讲求实际，注重现实，注重事实；果断，能很快做出实际可行的决定；能够安排计划和组织人员以完成工作，尽可能以最有效率的方法达到目的；能够注意日常例行工作的细节；有一套清晰的逻辑标准，会有系统地跟着去做，也想跟着别人去做；会以强硬态度去执行计划

ESFJ
有爱心，尽责，善合作；渴望和谐的环境，而且有决心营造这样的环境；喜欢与别人共事以准确地、准时地完成工作；忠诚，即使在细微的事情上也如此；能够注意别人在日常生活中的需要而努力满足他们的需要；渴望别人赞赏他们和欣赏他们所做的贡献

INFJ
探索意念、人际关系和事物拥有的意义以及它们之间的关系；希望了解什么可以激发人们的推动力，对别人有洞察力；尽责，能够践行他们坚持的价值观念；有一个清晰的理念以谋求大众的最佳利益；能够有条理地、果断地去实践他们的理念

INTJ
有具创意的头脑、有很大的冲劲去实践他们的理念并达到目标；能够很快掌握事情发展的规律，从而想出长远的发展方向；一旦做出承诺，便会有条理地开展工作，直到完成为止；有怀疑精神，独立自主；无论为自己或为他人，有高水准的工作表现

INFP
理想主义者，忠于自己的价值观念及自己所重视的人；外在的生活方式与内在价值观相符；有好奇心，能很快看到事情的可行与否，能够加速对理念的实践；试图了解别人，协助别人发展潜能；适应力强，有弹性；如果和他们的价值观没有抵触，往往能包容他人

INTP
对任何感兴趣的事物，都要探索一个合理的解释；喜欢理论和抽象的事情，喜欢理念、思维多于社交活动；沉静，满足，有弹性，适应力强；在他们感兴趣的范畴内，有非凡的能力去专注而深入地解决问题；有怀疑精神，有时喜欢批评，常常善于分析

ENFP
热情而热心，富于想象力；认为生活充满很多可能性；能够很快找出事件和资料之间的关联性，而且有信心地依照他们所看到的模式去做；很需要别人的肯定，又乐于欣赏和支持别人；即兴而富于弹性，时常信赖自己的临场表现和流畅的语言能力

ENTP
思维敏捷，机灵，能激励他人，警觉性强，勇于发言；能随机应变去应付新的和富于挑战性的问题；善于引出在概念上可能发生的问题，然后很有策略地加以分析；善于洞察别人；对日常例行事务感觉到厌倦；甚少以相同方法处理同一事情，能够灵活地处理接二连三的新事物

ENFJ
温情，有同情心，反应敏捷，有责任感；高度照顾别人的情绪、需要和动机；能看到每个人的潜质，要帮助别人发挥自己的潜能；能够积极协助每个人和组织的成长；忠诚，对赞美和批评都能做出很快的回应；社交活跃，在一组人当中能够惠及别人，有启发人的领导才能

ENTJ
坦率，果断，乐于作为领导者；很容易看到不合逻辑和缺乏效率的程序和政策，从而开展和实施一个能够顾及全局的制度，去解决一些组织上的问题；喜欢有长远的计划，喜欢有一套目标；往往是博学多闻的，喜欢追求知识，又能把知识传给别人；能够有力地提出自己的主张

四、MBTI 与职业的匹配

知道了自己的 MBTI 类型，有助于你了解自己的职业倾向。有研究数据表明，S-N 和 T-F 两种维度组合成的 ST、SF、NF、NT 类型与职业的选择更为相关。

ST 型的人更关注通过有实效和实际的方式，应用详细资料，擅长的职业如商业领域。例如，一位 ST 型的心理咨询硕士将会成为心理测评和应用方面的专家。

SF 型的人喜欢通过实践的方式帮助别人，擅长的职业如健康护理和教育领域。例如，一位 SF 型的心理咨询硕士将关注自己的管理、督导技能，以发展和促进同事之间有效的工作关系。

NF 型的人希望能通过在咨询、艺术等领域的工作来帮助人们。例如，一位 NF 型的心理咨询硕士将成为临床专家来帮助人们成长、发展并学习如何更好地了解自己和他人。

NT 型的人更关注理论框架，擅长的职业类型如科学、技术和管理，喜欢挑战。例如，一位 NT 型的心理咨询硕士将运用他的战略重点和管理技巧，成为人力资源领域的管理者。

工作安全感则受 IJ、IP、EP、EJ 的影响最大，其中 EJ 类型的人最易有工作安全感，而 IP 类型的人常常对组织、未来等缺乏安全感。

MBTI 16 种性格类型的职业倾向如下。

ISTJ 管理者、行政管理、执法者、会计或者其他能够让他们利用自己的经验并对细节任务逐一完成的职业	**ISFJ** 教育、健康护理（包括生理、心理方面）或者其他能够让他们运用自己的经验亲力亲为帮助别人的职业，这种帮助是协助或辅助性的	**INFJ** 咨询服务（包括个人、社会、心理等方面）、教导/教学、艺术或者其他能够促进他们情感、智力或精神发展的职业	**INTJ** 科学或技术领域、计算机、法律或者其他能够让他们运用智力创造和技术知识去构思、分析进而完成任务的职业
ISTP 熟练工种、技术领域、农业、执法者、军人或者其他能够让他们动手操作、分析数据或事情的职业	**ISFP** 健康护理（包括生理、心理方面）、商业、执法者或者其他能够让他们运用友善特质、专注于细节的相关职业	**INFP** 咨询服务（包括个人、社会、心理等方面）、写作、艺术或者其他能够让他们运用创造性和自身价值观的职业	**INTP** 科学、技术领域或者其他能够让他们基于专业技术知识独立、客观分析问题的职业
ESTP 市场营销、熟练工种、商业、执法者、应用技术或者其他能够让他们利用行动关注必要细节的职业	**ESFP** 健康护理（包括生理、心理方面）、教学/教导、儿童保育、熟练工种或者其他能够让他们利用外向的天性和热情去帮助那些有实际需要的人们的职业	**ENFP** 咨询服务（包括个人、社会、心理等方面）、教学/教导、艺术或者其他能够让他们利用创造和交流去帮助促进他人成长的职业	**ENTP** 科学、管理、技术、艺术或者其他能够让他们有机会不断应对新挑战的职业
ESTJ 管理、行政管理、执法者或者其他能够让他们运用对事实的逻辑分析和组织能力完成任务的职业	**ESFJ** 教育、健康护理（包括生理、心理方面）或者其他能够让他们运用个人关怀为他人提供服务的职业	**ENFJ** 艺术、教学/教导或者其他能够让他们帮助别人在情感、智力和精神上成长的职业	**ENTJ** 管理者、领导者或者其他能够让他们运用实际分析能力、战略计划和组织能力完成任务的职业

在运用 MBTI 性格类型时，我们应该注意：性格类型没有哪种更好、哪种更坏，更没有对错之分，每种类型都是独特的，每种类型的人都会在适合自己的环境中发挥自己的优势。认识自己的性格类型，可以让你更好地了解自己，理解自己的行为特点，根据自己的特点学习、工作和解决问题，但这并不意味着它可以成为你不做某事或不选择某种事业的借口。世界上没有百分之百适合某种性格的职业，也没有百分之百不适合某种性格的职业，懂得用己所长、整合资源，才是问题解决之道。哪一种性格类型最符合你，是由你自己来做最后判断的。只有你自己才知道你真正的性格类型。

对自己性格的了解，不要局限于借助 MBTI 或其他的性格测评工具。你身边有很好的资源帮助你认识自己。尤其是当你得出的 MBTI 类型描述与自身不符合时，或许借助身边的资源可以更好地认识你自己。

课堂活动

他人眼中的我

写下自己的五个特质，分别找同学、朋友、家人等熟悉自己的人，请他们也列出你的五个特质，看看他们对你的认识和你对自己的看法有什么异同，并和他们讨论这些异同。

案例链接

小李的职业选择

小李是某职业技术学院材料工程专业学生，性格开朗、积极乐观、自信心强、喜欢与人沟通，在校期间曾担任过班长、系学生会主席，具备一定的组织管理能力、语言表达能力和交流沟通能力，喜欢从事管理、领导工作，喜欢被老师、领导赞许和肯定。他希望能从事营销工作，但他的专业是材料工程，缺乏营销专业的相关知识。

在对自己今后的出路举棋不定时，恰好学校邀请往届生回校做职业生涯分享。抱着拓展思路的想法，小李去参加了。恰巧其中一位学长也是材料工程专业的，现在在一家新材料科创企业任职。这位学长介绍说，新材料是指新发现的、通过人工新合成的或通过传统材料改性处理而产生的具有优异性能和特殊性能的材料。与传统材料产业进行比较，新材料产业具有技术密集、研发资金投入量大、产品附加值高等特点。新材料是传统产业升级和战略性新兴产业发展的基石，作为关键资源投入，推动着技术革命的进步。近年来，全球新材料产业快速发展，但我国目前上游关键材料及设备发展仍存在诸多"卡脖子"环节，国产替代品需求迫切、市场巨大、进程加速。另一方面，在中国经济发展模式转变的过程中，大力发展节能环保、新能源等战略型新兴产业离不开新材料的开发和应用。新材料被国家定位为"战略性新兴产业"……

听了学长的介绍，小李动心了。原本在兴趣的驱动下，自己的专业知识就学得很扎实，实习时也因牢靠的技术而受到了组长的好评。在对口专业从技术工人做起，再慢慢凭资历与人脉往上走，似乎是个不错的选择。结合个人性格、求职意向和家庭情况，他确定自己毕业后首选从事新材料生产一线技术员工作，远期目标为部门主管，并把新材料产品营销员作为自己的备选职业。毕业工作不到三年，小李由于在一线工作踏实有激情，再加上人际关系处理较好，顺利被公司破格提拔为生产主管助理，发展空间从此打开。

小李在校期间就能根据自己的性格特点、专业知识以及行业特点等合理定位，最终确定了自己的职业目标。这样的职业选择切合实际，当然比较容易取得成功。

第二节
兴趣探索

兴趣是个人探索某种事物的积极程度和认识倾向，是人们认识事物所需要的情绪表现和动机。

一、兴趣与职业生涯发展的关系

（一）兴趣可以开发智力

兴趣是种强大的精神力量，可以使人集中精力去获得知识，并创造性地开展工作。古今中外著名的科学家、艺术家，将他们的创造兴趣和他们对事业的责任感相结合而凝成一股强大力量，推动他们不懈努力而取得成功。当一个人对某件事情产生兴趣时，就能激发整个身心的积极性。

（二）兴趣可以提高人的工作效率

据研究，如果一个人对某一工作有兴趣，就能发挥他全部才能的 80%~90%，并且长时间保持高效率工作而不感到疲倦；而对工作没有兴趣的人，只能发挥他全部才能的20%~30%，并且容易筋疲力尽。

（三）兴趣是行动的动力

在学校里被人骂为"傻瓜""低能儿"而被勒令退学的爱迪生，却在发明王国里显示了异常的聪明和敏锐；达尔文小时候整天玩弄小动物，父亲对他极端失望，他最后却成为生物进化论的奠基人。是兴趣使他们由"愚蠢"变得聪明了。对一个人来说，对工作感兴趣就有钻劲，有钻劲就会出成就。

课堂活动

> **兴趣与专业、职业**
>
> 想一想，你的兴趣可以和哪些职业相联系？这些兴趣有可能与你的专业相结合吗？如果你自己做这个练习感到有困难，可以就这个问题请教一下你的老师、父母、同学、有相同爱好的朋友，或与同专业的前辈交流……集思广益，或许会对你有所启发。

二、如何了解自己的职业兴趣

（一）兴趣倾向表达法

盘点过去，回答问题，并将答案和所有闪过的想法列入清单，再把清单项目整理、归类、分析，得出自己的兴趣倾向。

我的职业兴趣

请回答下列问题，并记录所有的答案和想法。

（1）我的白日梦：请列举出三种你曾经非常感兴趣的职业（摒除所有现实的考虑）。这些工作中的哪些特征吸引着你？

（2）你喜欢谈论什么话题？试问自己：如果孤立无援的你被放逐到一个荒无人烟的岛上，与你同行的是一名只通晓某个专业的人士，那么你希望该专业是什么？

（3）你喜欢阅读什么类型的杂志？如果你正在书店里浏览，你倾向于停留在书店的哪类书架前？

（4）你喜欢浏览什么网站或网站的哪些板块？这些网站实际上属于哪个专业？

（5）如果看电视，你会选择哪类节目？节目中的什么吸引着你？

（6）你真正感兴趣的是哪个（哪些）科目？为什么喜欢它（们）？

（7）如果你要写一部书，不是你的自传也不是别人的传记，你会写哪方面的书籍？

（8）我们生活中都有过一些时刻，因为专注于工作，可能忘记了休息时间。如果这种事情发生在你身上，会是什么工作让你如此全神贯注、废寝忘食？

（9）你的答案里面有什么共同点吗？是否可以归纳为什么主题或者关键词？这些主题或关键词可能和霍兰德兴趣类型（见第74页）中的哪些类型相对应？你如何能够让这样的主题在你今后的生活中得到更充分的彰显？

（二）职业兴趣测试法

职业兴趣测试法是一种科学、简便又易于普及的认知自己职业兴趣的方法，即摆出一系列的问题，如有关学习、娱乐、社交、劳动等方面的问题，要求你回答是否喜欢，以及喜欢或不喜欢的程度，再根据你的答案进行评估和汇总，最后分析得出你的兴趣倾向或兴趣类型。如常用的霍兰德职业兴趣测试。

（三）自我行为观察法

回忆并观察自己平时的生活行为习惯和参加各项活动的情景，从中推测自己的兴趣倾向。如，连续一段时间内，你每天的日程是怎么安排的？什么活动时间安排最多？什么活动是你最喜欢的？

（四）职业知识测验法

通过对不同职业知识的测验，测量出自己对不同职业必须掌握的信息、词汇等内容的得分，来对比和评估自己的兴趣倾向。

三、霍兰德的兴趣类型理论

美国心理学家、职业指导专家约翰·霍兰德自 20 世纪 70 年代以来，提出了具有广泛社会影响的"个性—工作适应性理论"，也提出了一系列的研究假设。他认为：①职业选择是人格的一种表现，某一类型的职业通常会吸引具有相同人格特质的人，这种人格特质反映在职业上就是职业兴趣。②大多数人的职业兴趣可以归纳为六种类型，即现实型（realistic type，简称 R）、研究型（investigative type，简称 I）、艺术型（artistic type，简称 A）、社会型（social type，简称 S）、企业型（enterprising type，简称 E）、常规型（conventional type，简称 C）（见表 3–2）。③个人的职业兴趣往往是多方面的，很少单一地集中在某一种类型上。因此，为了比较全面地描绘个人的职业兴趣，通常用最强的三种兴趣的字母代码来表示一个人的兴趣，这个代码就称为"霍兰德代码"。这三个字母间的顺序代表了兴趣的强弱程度。比如，SAI 和 AIS 的人具有相似的兴趣，但他们对这些类型的事务的兴趣强弱程度是不同的。

表 3–2　霍兰德职业兴趣类型

类型	特点	职业
现实型（R）	（1）愿意使用工具，从事操作性工作，喜欢独立做事 （2）动手能力强，做事手脚灵活，动作协调 （3）不善言辞，不善交际，谦虚	主要是各种工程技术工作、农业工作，要求具备机械方面才能，体力充沛，或从事与物件、机器、工具、运动器材、植物、动物相关的职业 具体职业：工程师、技术员，机械操作/维修/安装工人、矿工、木工、电工、鞋匠等，司机、测绘员、描图员，农民、牧民、渔民，等等

续表

类型	特点	职业
研究型（I）	（1）抽象思维能力强，求知欲强，肯动脑，善思考，不愿动手 （2）喜欢独立的和富有创造性的工作，考虑问题理性，做事喜欢精确，喜欢逻辑分析和推理 （3）知识渊博，有学识和才能，不善于领导他人	主要是科学研究和科学实验工作 具体职业：自然科学和社会科学方面的研究人员、专家，化学、冶金、电子、无线电、电视、飞机等方面的工程师或技术人员，电脑编程人员、医生、系统分析员，等等
艺术型（A）	（1）有创造力，乐于创造新颖、与众不同的成果，渴望表现自己的个性 （2）做事理想化，追求完美，不重实际 （3）具有一定的艺术才能和个性，善于表达，怀旧，心态较为复杂	主要是各类艺术创作工作 具体职业：艺术方面（演员、导演、艺术设计师、雕刻家、建筑师、摄影家、广告制作人），音乐方面（歌唱家、作曲家、乐队指挥），文学方面（小说家、诗人、剧作家），等等
社会型（S）	（1）喜欢与人交往，不断结交新的朋友，善言谈，愿意教导别人 （2）喜欢参与解决人们共同关心的社会问题，渴望发挥自己的社会作用 （3）比较看重社会义务和社会道德	主要是各种直接为他人服务的工作，如医疗服务、教育服务、生活服务等 具体职业：教师、保育员、行政人员，医护人员，衣/食/住/行服务行业的经理、管理人员和服务人员，福利人员，等等
企业型（E）	（1）精力充沛，自信，善交际，具有领导才能 （2）喜欢竞争，敢冒风险，有野心，有抱负 （3）看重权力、地位和物质财富	主要是那些组织并影响他人共同完成组织目标的工作 具体职业：企业家、职业经理人、政府官员、商人，行业部门和单位的领导者、管理者，等等
常规型（C）	（1）尊重权威和规章制度，喜欢按计划办事，细心、有条理，习惯接受他人的指挥和领导 （2）不喜欢冒险和竞争 （3）工作踏实，忠诚可靠，遵守纪律	主要是与文件档案、图书资料、统计报表等相关的各类科室工作 具体职业：秘书、办公室人员、记事员、会计、行政助理、图书馆管理员、出纳员、打字员、投资分析员，等等

我的岛屿计划

课堂活动

　　恭喜你获得了一次免费度假游玩的机会。你有机会去下列六个岛屿中的一个，唯一的要求是你必须在这个岛上待满至少半年的时间。请不要考虑其他因素，仅凭自己的兴趣按一、二、三的顺序挑出你最想前往的三个岛屿。

岛屿 R：自然原始的岛屿。岛上自然生态保持得很好，有各种野生动物。居民以手工见长，自己种植果蔬、修缮房屋、打造器物、制作工具，喜欢户外运动。

岛屿 I：深思冥想的岛屿。岛上人迹较少，建筑物多僻处一隅。有多处天文馆、科技博览馆及图书馆。居民喜好观察、学习，崇尚和追求真知，常有机会和来自各地的哲学家、科学家、心理学家等交换心得。

岛屿 A：美丽浪漫的岛屿。岛上充满了美术馆、音乐厅，随处可见街头雕塑和街边艺人，弥漫着浓厚的艺术文化气息。居民保留了传统的舞蹈、音乐与绘画，许多文艺界的朋友都喜欢来这里找寻灵感。

岛屿 C：现代、井然有序的岛屿。岛上建筑十分现代化，是进步的都市形态，以完善的户政管理、地政管理、金融管理见长。岛民个性冷静保守，处事有条不紊，善于组织规划，细心高效。

岛屿 E：显赫富庶的岛屿。居民善于企业经营和贸易，能言善辩。经济高度发展，处处是高级饭店、俱乐部、高尔夫球场。来往者多是企业家、经理人、政治家、律师等。

岛屿 S：友善亲切的岛屿。居民个性温和、友善、乐于助人，社区均自成一个密切互动的服务网络，人们重视互助合作，重视教育，关怀他人，充满人文气息。

请同学们按照自己的第一选择分为六个小组。选择同一岛屿的人交流一下自己为什么选择这个岛屿，看看大家有什么共同的兴趣爱好，将这些兴趣爱好归纳为关键词。根据大家的交流，给自己的小组命名并选取一个标志物（logo），在大白纸上制作一幅本小组的宣传图。每个小组请一位代表用两分钟时间展示自己小组的图，并在全班分享一下自己小组成员共同的特点。

我最想前往的三个岛屿：

我们的岛屿的名称：

岛屿标志物及其含义：

岛屿关键词：

说明：这六个岛屿实际上代表着霍兰德提出的六种类型。做完这个活动后，你应当能得出自己最相符的前三种类型，即你的霍兰德代码，并对六种类型的基本特征有所了解。需要注意的是，这只是对你兴趣类型的一个初步判断。

四、运用职业兴趣探索职业分类时须注意的事项

不同的研究者对职业兴趣的分类有所不同，但这些分类都是立足社会、与社会需求和发展紧密联系的，都可以为求职者认识自己和探索职业提供帮助。世界上每个正常人都不是思想单一、孤立呆板的个体，都有丰富的情感，绝大多数人不止有一种职业兴趣，所以，我们根据职业兴趣了解职业分类和职业选择时要注意以下几点：

（1）一个人可能同时具有几种职业兴趣类型。如，你的兴趣倾向既愿与人接触，又愿做领导和组织工作。这就需要你根据职业实际、自身情况和兴趣强度差别来确定自己的职业中心兴趣，由此来进行职业选择。

（2）一种职业可能会与几种职业兴趣类型都有联系，不能把它们分开。以库德职业兴趣量表[①]的分类为例，一名大型石雕工艺师要具备艺术型的兴趣（创造精神），还要热爱户外活动（大型石雕大部分在室外工作），又要愿意与机械、工具打交道（能熟练、准确、灵巧地使用各种器械进行雕刻）。

（3）职业兴趣只是认识自我的一部分，不能以偏概全，还应结合自身的其他特征综合分析。每个人职业兴趣空间的不同、职业兴趣稳定的差距、职业兴趣效能的差别都对职业选择有一定的影响。这些兴趣倾向的差异很大程度上促成了人们对不同职业的选择。

生涯小贴士

兴趣无的放矢？来看看新兴领域

人工智能（Artificial Intelligence，AI）是研究、开发用于模拟、延伸和扩展人的智能的理论、方法、技术及应用系统的一门新的技术科学。在科技高度发展的今天，人工智能的诞生又会改变些什么呢？AI已从概念时代进入应用时代，各行各业迎来应用 AI 的最佳机遇，我们更应该关注如何应用 AI，以及应用 AI 过程中的新挑战。

以下跨部门的人工智能领域正在引领市场。

（1）Siri 和 Alexa。语音助理在商业运营中扮演着越来越重要的角色，它们面临的挑战是需要真正理解人类的语言，然而更难的是需要真正了解人类。

---

① 库德职业兴趣量表是美国心理学家库德在 1934 年编制的。库德将职业兴趣分为十类，即户外活动的兴趣、对机械的兴趣、对计算的兴趣、对科学的兴趣、对宣传的兴趣、对艺术的兴趣、对写作的兴趣、对音乐的兴趣、对社会服务的兴趣和对文书的兴趣，然后确定与之相应的十个同质性量表。受试者的测试结果按这十个量表计分，通过得分高低决定重要的兴趣领域。

这就是人工智能的用武之地。虽然人工智能系统工程师可以构建这些语音助理，但他们无法在发布时将大量的人类特质嵌入其中。因此，人工智能系统需要大量使用机器学习技术，以便能够更好地完成人机界面这一异常复杂的任务。有了人工智能，语音助理将越来越有能力搜索网络，帮助人们购物，提供导航。人们期待这项语音技术在家庭助理中发挥重要作用，帮助照顾老人。这是人工智能语音识别的无数例子之一。

（2）在线商务。响应客户输入的系统概念本身并不是人工智能的一个例子。例如，那些检测到用户了解衬衫产品之后在网上推荐衬衫广告的应用程序，不一定是高级的人工智能应用程序。

但以亚马逊的推荐系统为例，它是一个交易性人工智能平台的强大引擎。人们可能已经观察到它的能力，这个系统可以不断学习。本质上，大批购物者正在"教导"亚马逊人工智能系统，以便更好地展示可能出售的商品。也就是说，将一件商品与过去展示的另一件商品相匹配将促进销售，可以将半关联的概念联系起来（例如灯架与摄影设备）。

这种高端的人工智能系统需要庞大的计算平台来处理所有这些数据。对于使用小型服务器的用户来说，很难为此类系统提供支持。显然，亚马逊网络服务公司拥有世界领先的计算平台。

（3）Pandora。对于那些认为人工智能将会取代人类工作的人们来说，Pandora人工智能系统就是一个与人类合作的例子。首先，Pandora通过音乐专业人员的帮助来分析和分类歌曲。Pandora根据歌曲从声乐风格到节奏感的450种属性进行分类。

当Pandora人工智能算法工作时，根据大量用户对其歌曲库的响应，结合了来自用户的大量推荐。然后，人工智能系统可以批量分组和呈现对用户具有意义的歌曲。

（4）Cogito。这无疑是人工智能非常活跃的领域之一：在销售和客服电话中使用人工智能，可以增强与客户的情感联系。具体地说，使用人工智能互动比人类更具移情能力。当然，这是人工智能使用的一个前沿领域。

"Cogito"在拉丁语中的意思是"自我意识"。这款软件使用了人类互动的关键真理：它不仅仅是词语表达的意义，而且是词语的表达方式、情绪、节奏和感觉。

Cogito软件可以实时分析对话，提供有关正确和错误的线索和提示。当对话者可能切入太多主题时，软件或者反应不够快。该软件可以分析数百条线索，以确定对话的情感质量。

（5）Nest。推动人工智能发展的关键因素之一是资金雄厚的厂商之间的竞争，它们希望在早期获得市场份额。以谷歌公司旗下的家用恒温器 Nest 为例，其部分目标是将谷歌公司的人工智能构建到设备中，用来应对苹果 Siri 和亚马逊 Alexa 的不断发展。

Nest 使用人工智能来适应人类的行为模式，获得恒定的输入线索，并在家庭工作中做出更准确的反应。在业主设置系统一段时间之后，Nest 可以自己整合输入。

无论如何，智能家庭设备（物联网设备）无疑是争夺人工智能市场支配地位的关键战场。让一整组智能家庭设备协同行动，它们可以响应家庭成员的指令，并根据其行为学习，这显然是人工智能在家庭应用中的未来。

（6）Boxever。总部位于爱尔兰的 Boxever 公司推出其"Boxever 个性化平台"，主要目标是旅游业。这一基于云计算的平台允许旅游公司创建一个单一的客户视图，从而为客户提供更有效的营销。它的目标是通过单独针对客户来改进销售过程。如果人工智能可以在一对一的基础上定制交互过程，理论上它可以更有效地服务（并销售给）客户。

（7）AI Robotics、Humanoid 和其他。人工智能为机器人的应用提供动力，其中包括加州大学伯克利分校的 BRETT 和麻省理工学院的 MIT dog。Sophia 就是一个受到媒体热捧的人工智能机器人的例子，它和 NBC 电视台主持人吉米·法隆在"今夜秀"上聊天和唱歌。

除了流行文化的喧嚣之外，还有各种规格和大小的人工智能机器人。例如 iRobot 公司的 Room BA 980 吸尘器采用了人工智能技术，可以在家中完成各种清扫工作。该公司声称，已售出 1000 多万台 Room BA 980 吸尘器。

（8）Lyft 和 Uber。没有人工智能和机器学习技术，共享单车是不可能存在的。具体来说，票价、预计到达时间以及车将要走的路线：这些都是人工智能计算出来的。

人工智能即时进行大量计算。如果没有一个分析情况的机器学习系统，以及将结果数据传输到用户和驱动程序的应用程序，这些计算的数量和复杂性将是不可能实现的。当然，Lyft 和 Uber 公司将其记录在自己的系统上，这两家公司拥有关于用户模式的大量数据。

在未来，这些服务预计将带来无人驾驶汽车的时代。如果没有人类驱动程序的元素，运行系统的过程将成为更纯粹的"机器学习逻辑计算"。从理论上说，这将带来共享乘车服务的成本下降，甚至可以节省聘用驾驶员的成本。

（9）社交网络。主要的社交网络是人工智能发展的核心驱动力。特别是"脸谱"公司似乎采用了人工智能的各方面功能。例如，其算法定义了用户的时间轴，决定是否在其时间轴上显示或不显示其朋友的某些帖子。"脸谱"公司知道，如果某个用户的每位朋友都被展示出来，那么时间表就将变得很混乱，以至于让人感到厌烦。因此，时间轴算法可以了解用户与谁进行交互以及其通常忽略的对象。

对于"脸谱"而言，最重要的是，社交网络使用人工智能来帮助实现对用户个性化的广告提供方式，因此它具有一定程度的广告显示相关性。需要注意，"脸谱"允许用户评论广告与时间轴的相关性，每条用户评论都有助于系统学习并使之更精细。由于他们使用人工智能微调显示系统的方式，"脸谱"和谷歌在整个网络广告市场的份额非常高。

此外，"脸谱"使用图像识别人工智能技术来识别照片中的人脸，因此它可以邀请用户为其添加标签。毫不奇怪，考虑到照片对"脸谱"的重要性，"脸谱"在面部识别技术上投入了大量资金。采用机器"读取"照片是当今人工智能时代最为显著的进步之一。

[摘自詹姆斯·马奎尔（James Maguire）《人工智能的 12 个典型案例》，原载于企业网，第一段为引者所加]

第三节
能力探索

一、能力与职业生涯发展的关系

能力是指顺利、有效地完成某种活动所必须具备的心理条件，是人格的一种心理特征。人的能力是在活动中形成和发展起来的，有个体差异，并在活动中得以表现。职业能力是指在从事某种职业活动的过程中必须具备的各种能力。

心理学家罗圭斯特与戴维斯在对个体的工作适应问题进行多年研究以后，提出了明尼苏达工作适应理论。他们认为：当工作环境能够满足个人的需求时，个人会感到"内在满意"；而当个人能够满足工作的要求时，个人能够达到"外在满意"（即令自己的雇主、同事感到满意）；当个人能够同时达到"内在满意"和"外在满意"时，个人与环境之间的关系就比较协调，个人的工作满意度会比较高，在该工作领域也能持久发展。

而在对"内在满意"和"外在满意"这两个指标的衡量当中，能力都占有很重要的地位。每一个人都有不同的能力倾向。充分发掘自己的能力，在合适的职业上发挥自己的天赋，将会使你事半功倍。如，编辑工作者需要坚实的文字表达能力，营销策划人员需要敏锐的市场信息判断能力，公关职业人员需要良好的人际交往能力，一定的职业能力是从事某种职业活动必需的条件和保证。又如，短跑运动员必须具备良好的步伐和步频能力，如果你不具备这些条件，你就很难成为一名专业的短跑运动员。但是，你有敏锐的数字判断力、良好的财务分析力，虽然当不成一名合格的短跑运动员，却具备从事财务活动的有利条件，这些能力能够使你顺利有效地完成财务工作。

二、能力的分类

当一个人的能力和工作的要求相匹配时，最容易发挥自己的潜能，并且获得一种满足感。相反，当一个人去做自己力所不及的工作时，就会感到焦虑，甚至产生挫败感。而当一个人的能力超出工作要求太多时，又容易感到工作缺乏挑战、比较乏味。因此，在选择职业时，我们要寻求个人能力和职业技能要求的适配。我们需要清楚能力有哪些分类，从而清楚自己具备什么样的能力，职业又要求什么样的能力。

课
堂
活
动

夸夸我自己

请在 5 分钟内尽可能多地写下自己所拥有的能力。与你的同伴分享，看看谁写得多。大家写的一样吗？有什么不同？汇总大家所写的能力，可以将它们分类吗？可以分成几类？

能力按照获得方式（先天具有与后天培养）可以分为"能力倾向"和"技能"两大类。能力倾向是指每个人天生具有的特殊才能，如音乐能力、运动能力等。它是与生俱来的，不过也有可能因未被开发而荒废。技能则是指经过后天学习和练习培养而成的能力，如阅读能力、人际交往能力、表达能力等。人从什么也不会做的小婴儿成长为一个能够看、听、说、行走、阅读、写字，能够独立生活的普通成年人——其实我们每个人都在成长过程中学会了无数的技能。

在现实生活中，个人的能力水平往往是能力倾向和技能两方面的结果。与能力相关的另一个重要概念，就是自我效能感。所谓自我效能感，是指个人对自己的能力以及运用该能力将得到何种结果所持的信心或把握程度。研究发现，在实际生活和工作中，对个人行为起决定作用的往往不是个人实际能力的高低，而是个人的自我效能感。比如，成人学习人际交往技能或学习英语并不比孩子学走路或学汉语更难，唯一的区别可能只在于：我们从来不会认为有哪一个孩子学不会走路或说汉语，但我们却常常怀疑自己能否学会与人交往或娴熟地使用英语。

三、技能的分类

对个人技能的认识建立在对技能分类的了解上。辛迪·梵和理查德·鲍尔斯将技能分为三种类型：①知识技能；②自我管理技能；③可迁移技能（或称通用技能）。通常人们比较容易想到自己所具有的知识技能，但实际上后两种技能更为重要。它们使我们有可能不局限于自己所学的专业，可以在更广的范围内选择职业；它们对于我们在竞争中胜出具有关键性的作用，并且使我们能够在工作中得以更长久地发展。

（一）知识技能

知识技能是指那些需要通过教育或者培训才能获得的特别的知识或能力，也就是个人所学习的科目、所懂得的知识，比如外语、电脑编程或化学元素周期表等知识。知识技能一般用名词表示。知识技能不可迁移，必须经过有意识的、专门的培训才能掌握。它们常常与我们的专业学习或工作内容直接相关。

知识技能并非只有通过正式的专业教育才能获得。许多公司为新员工提供相关的上岗培训。如某会计师事务所在对新员工的培训中，第一年的主要内容就是针对非专业员工补充财会基础知识。由此可见，即使是一些专业要求较高的职业，专业技能也可以在入职后的培训中获得。实际上，越是大公司，越是看重个人的综合素质（也就是自我管理技能与可迁移技能）。

需要注意的是，技能的组合更为重要。通常所说的"复合型人才"，正是指具有不同知识技能的人。技能的组合使我们在人才市场上更具竞争力，也更有可能将工作完成好。如，一个辅修平面设计专业的心理学专业学生，更有可能在进行设计工作时运用自己的消费心理学知识与客户进行充分的沟通，令客户更加满意。从这个角度来说，无论你现在学习的专业是否是你所喜爱的，或是你将来要从事的，你从中获得的专业知识在某个时候都有可能派上用场。甚至一些并非你所学专业的、看上去不那么起眼的知识，都有可能使你在面试和工作的时候显得与众不同，比他人略胜一等，比如小时候学的绘画可能会使你更具创意和美感。

知识技能的组合

课堂活动

想一想，上一个活动中你所列出的知识技能之间可以相互组合吗？它们的组合能够使你更好地完成什么样的工作？

我的知识技能组合：

_____

_____

_____

_____

与你的同学相比，除了你们共同的专业，你还掌握什么其他的知识是他们所没有的？你有特别擅长的知识技能吗？无论这些知识技能是大是小，都请不要忽略它们，因为也许就是这小小的一点独特之处，将有助于你在竞争中胜出。思考一下：这些知识技能是否有可能应用在你将来的专业工作中。

我独特的知识技能：

_____

_____

_____

_____

_____

（二）自我管理技能

自我管理技能经常被看作个性品质而非技能，因为它们被用来描述或说明人具有的某些特征。良好的自我管理技能能够帮助个体更好地适应周围的环境、应对工作中出现的问题，因此，它也被称为"适应性技能"。一个人是如何使用自己的专业知识的、是以什么样的态度从事工作的，这甚至比工作内容本身更为重要。正是这样一些品质和态度将个体与其他许多具有相同知识技能的候选人区别开来，使自己最终得到一份工作，并能够适应新的环境和规则，在工作中取得成就，获得加薪和晋升的机会。因此，有人称这种品质和态度为"成功所需要的品质、个人最有价值的资产"。

自我管理技能无论是一个人先天具有的还是后天习得的，都需要练习。它们可以从非工作（生活）领域迁移转换到工作领域。例如，耐心、负责、热情、敏捷这些技能并不是通过专门的课程学到的，而是在日常生活中随时随地培养的。

课堂活动

我愿意与……的人共事

请列出你愿意与之共事的人的特质，并在小组中进行讨论，看看大家最重视的特质都有哪些。

请思考：我是这样的人吗？符合大家所描述的理想同事吗？我的个性特征会怎样影响到我的生涯发展？

（三）可迁移技能

可迁移技能就是一个人会做的事，比如教学、组织、设计、安装等。可迁移技能的特征是它们可以从生活中的方方面面，特别是工作之外得到发展，却可以迁移应用于不同的工作之中。它也是个人最能持续运用和最能够依靠的技能。二三十年前，人们对手机、计算机还几乎闻所未闻，但如今它们却在人们的生活中占据了极其重要的位置，而与它们相关的行业知识也都是近些年来才出现，并且处于飞速发展变化中。正因为如此，当今的时代越来越强调"终身学习"。"学习能力"（可迁移技能）已经比拿到某个专业的硕士学位（知识技能）更为重要。

与知识技能相比，可迁移技能无所谓更新换代，而且无论你的需求和工作环境有什么样的变化，它们都可以得到应用。随着我们工作经验和生活阅历的增加，可迁移技能还会得到不断的发展。既然它们在许多工作中都会用到，它们的重要性就不容忽视了。而且，知识技能都是在可迁移技能的基础之上得以运用的。

课堂活动

撰写成就故事

回忆一下自己取得的成就，也就是那些自己做过的、自认为比较成功或是感觉很不错的事情。这些事情不一定是工作上的或学业上的。它们可以是在课外活动、家庭生活中发生的。成就也不一定是惊天动地的大事，它也可能只是一次"悄无声息的胜利"，比如筹划一次班级同学聚会、为家人出谋划策、修理好某个电器装置、及时地帮助他人等。只要它符合以下两条标准，就可以被视为"成就"：①你喜欢做这些事时体验到的感受；②你为完成它所带来的结果感到自豪。如果同时你还获得了他人的认可和表扬，那就更好了，不过这并不重要。

在撰写成就故事时，每一个故事都应当包含以下要素：

你想达到的目标，即需要完成的事情；

你面临的障碍、限制、困难；

你的具体行动步骤：如何一步步克服困难、达成目标；

对结果的描述：你取得了什么成就；

对结果的量化评估：可以证明你成就的任何衡量方法或数量。

至少写出七个故事（越多越好）。如果有条件的话，请和两三个同伴一起逐一进行分析讨论：在其中你都使用了一些什么样的技能。最后看看在这些故事中是否有重复出现的技能，它们就是你喜爱施展也擅长的技能。将这些技能按优先次序加以排列。

美国劳工部及美国国家职业发展协会对雇主进行的一份调查结果显示：雇主们非常重视员工的自我管理技能和可迁移技能。具体如下：

（1）善于学习；

（2）有读、写、算的能力；

（3）有良好的交流能力，包括听、说能力；

（4）有创造性思维和解决问题的能力；

（5）自尊，积极，有奋斗目标；

（6）有个人和事业开拓能力；

（7）有交际、谈判能力及团体精神；

（8）有良好的组织和领导能力。

事实上，中国的企业领导者所看重的同样是这些能力。许多企业在招聘人才时不仅看其学习成绩，更重视综合能力，如良好的沟通、表达能力，较强的分析、组织能力及领导能力，尤其重视团队精神。

四、职业能力的基本框架

不同类型职业人员的能力体系不同，职业对录用人员的素质要求不一样。现分别就科研型、管理型、事务型、工程型、文化型和社会型职业人员的素质要求做出解释。

（一）科研型职业应具备的素质

科研型职业包括自然科学研究和社会科学研究两大类。科研工作是一种创造性劳动，科研型人员应具备以创造力为核心的知识结构。具体来说有以下几点：

（1）在知识结构方面，应具备宽厚扎实的基础知识和较强的外语交流能力，既要有专长又要有较广博的知识，达到专与博的有效结合。

（2）应具备创造性，有熟练的基本技能，熟悉专业理论及应用，还有把这三者融会贯通、协调起来的能力。

（3）应具备独立思考、勤于实践、不怕挫折的良好心理素质。

（二）管理型职业应具备的素质

管理型职业主要包括国民经济管理、企业管理、金融管理、财政管理、外贸管理、行政管理等工作。从事管理型职业的人员应具备的素质主要包括以下几点：

（1）坚持贯彻国家的方针政策并能灵活运用，有高度的公众意识。

（2）具备坚实的管理专业理论和实务知识，同时具有较广博的自然科学知识和社会科学知识。

（3）具备一定的领导、组织、协调能力和社会才能，以及中外语言文字表达能力。

（4）具有充沛的精力以应付千头万绪和千变万化的工作。

（三）事务型职业应具备的素质

事务型职业是指与组织机构内部日常的制度性、规范性事务的处理及信息传播等有关的职业活动，如档案管理员、办事员、秘书、图书管理员、法院书记等。事务型职业一般有以下要求：

（1）在知识方面侧重于基础文化知识。

（2）对于职业技术的专门知识有较具体的了解，要懂得统计，懂得档案管理知识，熟悉专门法规和规章条例。一些涉外单位对外语也有较高的要求。

（3）员工严守纪律，保守秘密，有的还需要礼仪方面的特殊要求。

（4）具有较强的社交能力、语言表达能力和干练的办事能力等。

（四）工程型职业应具备的素质

工程型职业主要是指工业、建筑业等行业的工程技术人员。从事工程型职业应具备的素质要求如下：

（1）要有不辞劳苦、艰苦奋斗的创业精神和严肃认真、一丝不苟的工作态度。

（2）要谦虚谨慎，深入工作第一线，能和同事密切合作。

（3）在牢固掌握专业知识的基础上对相近专业的知识要比较了解，并有较高的外语水平、计算机应用能力、语言表达能力和理论的实际应用能力。

（五）文化型职业应具备的素质

文化型职业，如作家、服装设计师、音乐家、舞蹈家、摄影师、书画雕刻家、广告设计师等，在知识和能力上对从业者的素质要求如下：

（1）能博采众长和广泛涉猎。

（2）具有敏锐的观察力。

（3）具有丰富的想象力。

（4）具有坚强的毅力。

（5）具有得天独厚的艺术天赋。

（6）具有持续不断的创新精神。

（六）社会型职业应具备的素质

社会型职业包括教书育人、救死扶伤、提供公共服务、协调人际关系、为人民提供生活便利的工作，如教师、医生、律师、法官、广播电视工作者等社会公共服务人员。从事社会型职业应具备的素质如下：

（1）在知识素质方面，应具有基础的科学文化知识，尤其是应该具备广泛的知识面和职业要求的专业知识。

（2）在能力素质方面，要有一定事实上的理解能力、社会活动能力、组织协调能力、自身形象设计能力和文字表达能力等。

此外，随着经济的全球化和人才竞争的国际化，中外语言的表达能力和计算机操作使用技能已成为各种职业类型所要具备的基本技能。

生涯小贴士

职业教育 1+X 证书制度来了

2019 年 4 月，教育部、国家发展改革委、财政部、市场监管总局联合印发了《关于在院校实施"学历证书 + 若干职业技能等级证书"制度试点方案》（简称"试点方案"），部署启动"学历证书 + 若干职业技能等级证书"（简称"1+X 证书"）制度试点工作。

试点方案明确自 2019 年开始，稳步推进 1+X 证书制度试点工作。试点院校以高等职业学校、中等职业学校（不含技工学校）为主，本科层次职业教育试点学校、应用型本科高校及国家开放大学等积极参与。

"1"为学历证书，"X"为若干职业技能等级证书。学历证书反映的是学校教育的人才培养质量；职业技能等级证书则是毕业生、社会成员职业技能水平的凭证，反映职业活动和个人职业生涯发展所需要的综合能力。"1"是基础，"X"是"1"的补充、强化和拓展。

职业教育发展的重要使命之一，就是能够为经济社会发展提供满足其需求的实用性人才，并使这些人才具备可持续发展的能力。书证相互衔接融通正是 1+X 证书制度的精髓所在。

"X"证书的培训内容与专业人才培养方案的课程内容相互融合，将其培训内容有机融入学历教育专业人才培养方案，与学历教育专业教学过程统筹组织、同步实施。

职业技能等级证书最终是要满足企业需求和个体就业需求，有利于用人单位对从业者工作任务完成质量的评价，也就有利于就业者个体的成长。截至 2020 年 12 月 31 日，教育部已公布了四批 1+X 证书制度试点名单，重点面向现代农业、智能制造、新一代信息技术、现代交通运输等急需产业领域，养老、家政、托幼、健康、旅游等社会服务领域以及技术技能人才紧缺的其他领域。

作为高职学生，"X"这个技能证书是毕业找工作的有利条件，也就是你的一技之长。现在这种新的职业教育模式，一方面保证了学生的基础文化知识，另一方面也给学生带来更多的选择机会。将兴趣爱好作为出发点，培养、发展成为一门成熟的技艺，既能够为国家、为他人贡献自己的一份力量，也能使个人能力得到更好的提升，何不抓住机遇，将自己的技术认真打磨一番呢？

（参考《职业教育 1+X 证书制度来了！》，中国政府网，2019-04-17）

第四节
价值观探索

价值观就是我们在生活和工作中所看重的原则、标准或品质。它指向我们一生中最重要的东西，因此它也是一套自我激励机制。

一、什么是职业价值观

生涯大师舒伯认为，职业价值观是个人追求的与工作有关的目标，即个人在从事满足自己内在需求的活动时所追求的工作特质或属性，它是个体价值观在职业问题上的反映。职业价值观是价值观体系中一个主要的组成部分，是个人对待某一职业的信念和态度，是个人希望从事某项职业的态度倾向。它直接影响和决定个人的奋斗目标、追求方向、理想信念、言语行动，表明了一个人通过工作追求的理想是什么。

<table>
<tr><td rowspan="2">课堂活动</td><td>

有关"工作"的 1 分钟联想

请在纸上写下"我希望做……工作"。在 1 分钟的时间内尽可能地写下你头脑中所联想到的任何短语。

请思考：你在工作中寻找的是什么？你判断工作"好""坏"的标准是什么？

请将你所写的内容、你的思考与同伴分享。
</td></tr>
</table>

二、为什么在职业选择中要考虑价值观

价值观是人们在考虑问题时所看重的原则和标准，是人们内在的驱动力。因此，价值观在人们的生涯发展中往往起到极其重要的、决定性的作用，其重要性甚至可能超过了兴趣和性格对个人的影响。日常生活中经常可以看到价值观对我们施加的影响。比如，你的父母是不是常常用他们的价值观标准来影响你在专业、职业方面的选择？而当你的观点与他们的意见发生分歧的时候，这种冲突是不是不同价值观之间矛盾冲突的体现？

价值观对我生活的影响

　　请你回顾在以往生活中所做出的重大决策，以及做决策之前围绕这一事件所产生的不同意见（来自自己、父母、师长、朋友或其他重要的人的意见）。想一想：在这些意见的背后，是否体现着不同的价值观？试着把这些价值观写下来。

三、什么是你最核心的价值观

　　由于价值观的首要性，它对人的情绪具有超乎寻常的影响力，它能把众人凝聚在一起。

（一）影响职业价值观的因素

　　（1）个人发展因素：如兴趣爱好倾向，特长技能，各种机会、竞争或挑战，发展空间，等等。

　　（2）社会待遇因素：如工资福利好，保险全，职业稳定，工作环境优美，交通便捷，生活方便，等等。

　　（3）职业声望因素：如单位知名度高，单位规模大，单位行政级别高，单位有较高社会地位，等等。

（二）怎样澄清自己的核心价值观

　　（1）自我解剖法——分清终极型价值观和工具型价值观。根据自己追求的目标，思考各种实现价值观的途径所产生的后果，把它表述出来并记录对比，分清哪些是藏在工具型价值观背后但又是我们真正追求的终极型价值观。要尽可能在广泛的范围内自由选择。

我的职业价值观清单

　　请大家在纸上按照"我的工具型价值观"和"我的终极型价值观"写下自己的职业价值观清单。

_____

_____

_____

_____

（2）自我竞价法——分清追求型价值观和逃避型价值观。心理学家认为，一个人行为的动机归根结底在于追求或逃避。自我竞价法就是通过把心中想要的和不想要的对象进行排序和标价，从而澄清自己的价值观。

自我竞价

首先，请把你想要追求的对象称为"追求型价值观"，如快乐、健康、美貌、信心、成功、爱情、激情、友情、权威、幽默、幸福、细腻、受人爱戴、创新等，把你不愿意接触或拥有的东西称为"逃避型价值观"，如压力、嫉妒、忧郁、悲伤、恐惧、不被信任、懦弱、愤怒、被拒绝、被排斥、被欺骗等。接着，把这些要素按照自己的理解排出先后顺序或上下层次，并分别标上你心中的价值，如最高价值为 1 000 000 元，最低价值为 0 元。

序号	我的追求型价值观	价值	我的逃避型价值观	价值

价值观拍卖

假设你正在参加一次有关工作、生活价值观的拍卖活动。所有拍卖物品的底价都是 500 元，每次竞拍报价需要以至少 100 元但不超过 1000 元的幅度上升。每种物品只能由一个人购得。现在你手里有 5000 元。请浏览以下的拍卖品清单，然后决定你将如何参与竞拍。请好好把握这一生仅有的一次机会。

生活价值	为此项分配的金额	最高报价	成交价
家庭			
健康			
自由			
安全感			
成功			
爱			
和谐			
探险			
自然			
创造价值			
信仰			
工作价值	为此项分配的金额	最高报价	成交价
物质保障			
成就			
名誉			
独立自主			
服务他人			
多样性			
创造性			
挑战性			
人际交流			
担负责任			
发展与成长			

（3）自我培养法——树立多元化的职业成功价值观。拥有成功是每个人追求和希望的。当今社会在某种程度上有个思维惯性：学校看成绩，工作看业绩，社会看名利，更多的还是以你的个人财富来判断你成功与否。事实上，对成功的评价应该是多元化的，不能用一种标准来评判。职业成功没有唯一标准，不同的人对成功的认识也不同。但无论如

何，成功在不同领域或地域，都是通过个人奋斗实现对自己、对社会都有利有益的目标。

成功价值的体现不仅包括事业的成就，还包括身心的健康、家庭的和谐、财富的拥有等许多方面，是一种社会和个人的平衡状态。当然在职业活动中，许多东西没有可比性，没有统一性，每个人都有自己的核心价值观，关键是既不能过分追求单一的成功，也不强调成功要面面俱到。成功的价值要让自己的内心认可，也要让社会认可。

但是，由于时代的巨大变迁、多元价值体系的冲击以及个人的成长和发展所带来的变化，个人的价值观常常变得混乱，所以，个人需要对自己的价值观进行探索。一个人越清楚自己的价值观，越了解自己在工作和生活中想要寻求什么、什么对自己来说是最重要的，他的生涯发展目标也就越清晰。而当现实环境与理想发生冲突、鱼与熊掌不可得兼时，他也更容易做出决策，因为他清楚哪些是可以放弃的，哪些是不可或缺的。不同的价值观会产生不同的行动选择。而价值观不清晰的人，往往会陷入混乱，难以抉择。

案例链接

忘我奉献——扎根深山的张桂梅

张桂梅，女，满族，1957年6月出生，中共党员，云南省丽江华坪女子高级中学党支部书记、校长，华坪县儿童福利院院长，曾荣获"时代楷模""全国优秀共产党员""全国先进工作者""全国师德标兵""全国最美乡村教师""全国脱贫攻坚楷模""感动中国2020年度人物"等荣誉称号。

许多年前，一次家访途中的偶遇，让张桂梅至今无法忘怀。一个女孩坐在山坡上，忧愁地望着远方，身旁放着箩筐和镰刀。她上前询问得知，女孩才十三四岁，父母为了3万元彩礼，要她辍学嫁人。张桂梅暗自发愿：要改变大山女孩的命运，让她们通过读书走出大山。2008年，她创办了全国第一所免费女子高中——云南省丽江华坪女子高级中学。13年来，1000多名大山女孩从这里考上大学。她扎根贫困地区40多年，始终坚守教育报国初心，牢记立德树人使命，立志用教育扶贫斩断贫困代际传递，为国家输送了一批又一批优秀学子。

张桂梅爱岗敬业、爱生如子，为了不让一名女孩因贫困失学，坚持家访11年，遍访贫困家庭1300多户，行程十余万公里。她长期拖着病体工作，超量的付出透支了原本羸弱的身体，换来女子高中学生学习的好成绩。她不遗余力地践行着"只要我还有一口气，就要站在讲台上"的诺言，用实际行动铺就贫困学子用知识改变命运的圆梦之路。多年来她一直住在学生宿舍，和孩子们吃住在一起，陪伴学生学习生活。她在教书育人岗位上为贫困地区教育事业做出了重要贡献，在她身上充分体现了人民教师潜心育人的敬业精神和立德树人的使命担当。

张桂梅执着奋斗，无私奉献，心怀大我，节俭得对自己近乎苛刻，却把工资、奖金和社会各界捐款100多万元全部投入贫困山区教育中。她长期义务兼任华坪县儿童福利院院长，多方奔走筹集善款，20年来含辛茹苦养育了136名孤儿，被孩子们亲切地称呼为"妈妈"。她把全部身心献给了祖国西南贫困山区的教育和福利事业，在她身上充分体现了人民教师以德施教的仁爱之心和至善至美的师者大爱。

"我人生的价值在于改变了一代人，不管有多少数量，只要他们过得比我好，我就满足了！"这是张桂梅在接受采访时说的一段话，闪烁着她奉献精神的光芒。"只要还有一口气，我就要站在讲台上，倾尽全力、奉献所有，九死亦无悔。"在"七一勋章"颁授仪式上，张桂梅高声讲道。

[参考丽江网《张桂梅当选〈感动中国〉2020年度人物！》和新华网《大山女孩的明灯——记云南丽江华坪女高校长张桂梅》(记者庞明广) 整理]

第四章
职业环境探索

　　生命的确是黑暗的，除非是有了激励；一切的激励都是盲目的，除非是有了知识；一切的知识都是徒然的，除非是有了工作；一切工作都是虚空的，除非是有了爱。

——纪伯伦

本章要点　　本章中，职业生涯探索者的视角将从内部转向外部。职业世界是一个人实现其生涯理想的外部平台。如何更好地利用这个外部平台，帮助自己依据兴趣、能力、价值观、性格，配合环境因素，投入心力开展志向之业、实现理想，是职业生涯中很关键的一部分内容。本章从职业认知、职业与专业、职业环境等方面帮助大家进行对职业世界的探索。

知识目标　　1. 了解职业的定义、分类和类型。

　　2. 了解专业与职业的对应。

　　3. 熟悉职业环境之社会环境分析、行业环境分析、企业环境分析、岗位环境分析。

　　4. 了解影响职业声望的因素。

　　5. 了解个体职业期望和群体职业期望。

能力目标　　在了解职业相关概念的基础上认识到了解职业环境的意义，能够对自己所学专业进行职业信息的探索，利用职业分类探索职业环境。

思政目标　　既要专心于学习，同时也要勇敢地去了解职业社会，寻找自身的职业理想，发现自身与社会需求的差距，从而有针对性地弥补。

本章结构

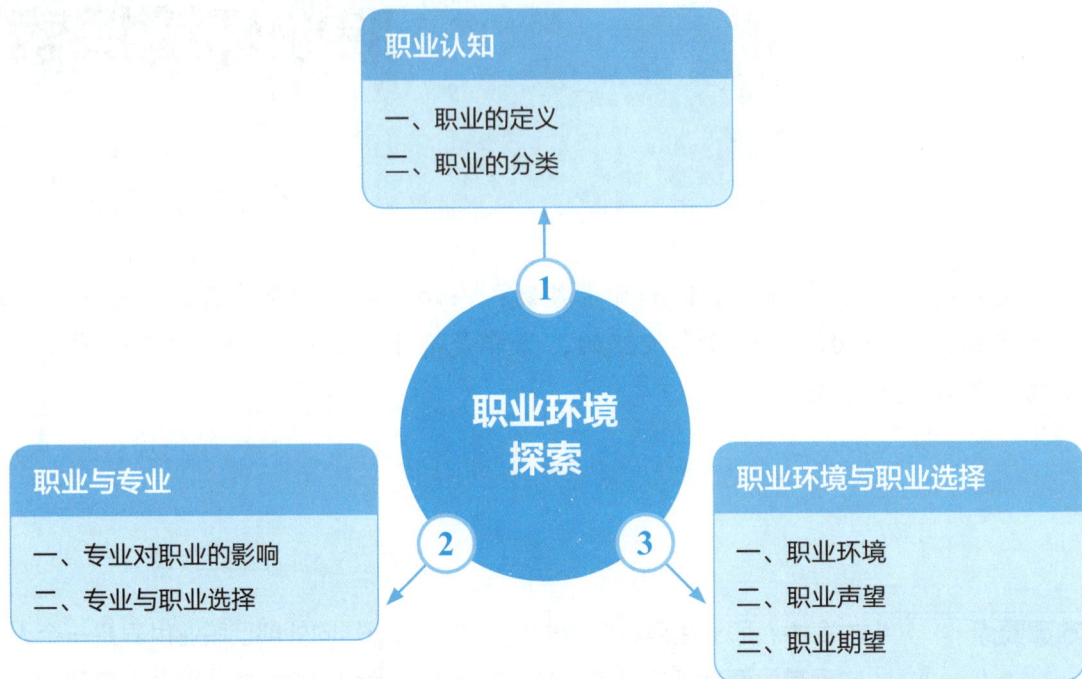

职业认知

一、职业的定义

二、职业的分类

职业与专业

一、专业对职业的影响

二、专业与职业选择

职业环境探索

职业环境与职业选择

一、职业环境

二、职业声望

三、职业期望

生涯指引

准确把握"十四五"时期我国发展环境的深刻变化

当今世界正经历百年未有之大变局，大变局往往孕育着大挑战，但危和机相伴相生，危中有机、危可转机，挑战前所未有，应对好了机遇也前所未有。

新一轮科技革命和产业变革深入发展。以大数据、物联网、人工智能等为核心的新一轮科技革命，推动生产生活方式向数字化、网络化和智能化转型，重塑各国经济竞争力消长和全球分工格局。新科技革命为我国打开了进入国际科技前沿的机会窗口。得益于改革开放后特别是党的十八大以来科技创新能力的大幅提升，部分领域从"跟跑"向"并跑"或"领跑"转换，为我国跻身创新型国家前列创造有利条件。

国际力量对比深刻调整。21世纪以来，新兴市场和发展中国家力量群体性崛起。中国作为最大的发展中国家，"十三五"时期对世界经济增长的年均贡献率近30%，成为全球经济增长的重要引擎。今后一个时期，东亚地区将加快崛起，我国在东亚地区的地位将继续上升，国际力量对比"东升西降"的态势将加速演进。

国际环境日趋复杂。新冠肺炎疫情影响广泛深远，世界经济陷入低迷期。经济全球化遭遇逆流，全球产业链供应链收缩重构，全球能源供需版图深刻变革。个别西方国家视我国为战略竞争对手，对我国进行全面遏制打压，外部环境不稳定性不确定性明显增加。

我国已转向高质量发展阶段，经济潜力足、韧性强、回旋空间大、政策工具多的基本特点没有变，推动高质量发展具有多方面优势和条件。一是制度优势显著。我国社会主义基本经济制度，既有利于激发各类市场主体活力、解放和发展社会生产力，又有利于促进效率和公平的有机统一、不断实现共同富裕。二是物质基础雄厚。我国具有全球规模最大的工业体系、强大的生产能力和完善的配套能力。三是人力资源丰富。我国拥有14亿人口，有1.7亿多受过高等教育或拥有各类专业技能的人才，人力资本积累水平提高，人才红利日益显现。四是市场空间广阔。我国城镇人口超过欧洲总人口，中等收入群体超过美国总人口，随着居民收入水平提高和中等收入群体扩大，超大规模市场优势进一步凸显，正在成为全球要素资源的强大引力场。五是发展韧性强劲。我国制度优势显著，治理效能提升，社会资源动员能力、抵御外部冲击能力和处置重大风险能力持续增强。

与此同时，我国发展不平衡不充分问题仍然突出，重点领域关键环节改革任务仍然艰巨，创新能力不适应高质量发展要求，农业基础还不稳固，城乡区域发展和收入分配差距较大，生态环保任重道远，民生保障存在短板，社会治理还有弱项。我们要着力固根基、扬优势、补短板、强弱项，努力实现高质量发展。

《中华人民共和国国民经济和社会发展第十四个五年规划和2035年远景目标纲要》（以下简称"十四五"规划纲要）明确指出，"必须统筹中华民族伟大复兴战略全局和世界百年未有之大变局"。科学把握国内国际两个大局的互动变化及其对我国发展环境的影响，保持战略定力，办好自己的事，树立底线思维，准确识变、科学应变、主动求变，善于在危机中育先机、于变局中开新局，是实施好"十四五"规划纲要的重要保障。

在危机中育先机，关键在抓住新一轮科技革命和产业变革的历史机遇，坚持创新在我国现代化建设全局中的核心地位，把科技自立自强作为国家发展的战略支撑。强化国家战略科技力量，加强前瞻性基础研究，提升原始创新能力，努力实现更多"从0到1"的突破，在关键核心技术领域实现自主可控，在更多领域跻身国际领先行列。

于变局中开新局，根本在加快构建以国内大循环为主体、国内国际双循环相互促进的新发展格局。坚持扩大内需这个战略基点，使生产、分配、流通、消费更多依托国内市场，形成国民经济良性循环。坚持供给侧结构性改革的战略方向，提升供给体系对国内需求的适配性，形成需求引领供给、供给创造需求的更高水平的动态平衡。

习近平总书记在庆祝改革开放 40 周年大会上指出，"我们现在所处的，是一个船到中流浪更急、人到半山路更陡的时候，是一个愈进愈难、愈进愈险而又不进则退、非进不可的时候"。"十四五"规划纲要勾勒了到 2035 年基本实现社会主义现代化的远景目标，绘就了今后五年我国经济社会发展的宏伟蓝图。我们要牢牢抓住我国发展的重要战略机遇期，勇于应对更加严峻的风险挑战，以永不懈怠的精神状态和一往无前的奋斗姿态，努力完成"十四五"规划纲要确定的目标任务，为全面建设社会主义现代化国家开好局、起好步。

（节选自王一鸣《准确把握"十四五"时期我国发展环境的深刻变化》，《人民日报》2021 年 5 月 10 日第 17 版）

│生涯之思│

当前和今后一个时期，我国发展仍处于重要战略机遇期，但机遇和挑战都有新的发展变化。要乘势而上、奋力前行，科学研判国际国内大势，厘清发展思路，为全面建设社会主义现代化国家开好局、起好步。作为青年学子，也应对自身所学专业、对应行业等有清晰的认识，在为国家发展而贡献力量的同时，规划自己理想的发展道路。

案例导入

不懂可能就会"入坑"

大二年级的小刘面对未来很迷茫，对所学的公共事业管理专业没太多感觉。别人都说这个专业一方面是万金油，另一方面没什么竞争优势，所以他想利用业余时间再学习一些其他专业的知识或技能。但究竟社会上都有哪些工作岗位，这些工作岗位的用人要求是什么，小刘一点也不知道，而且他也谈不上多喜欢哪种工作。这让小刘怎么准备呢？

小静在跨出大学校门之前对自己的未来已经有比较清晰的想法：做一个白领，优雅、干练，办公环境整洁、漂亮。她毕业后如愿以偿进入一家企业做办公室职员。但是工作不久，她的幸福感就被繁复、琐碎的日常事务淹没了。小静没想到做一个办公室白领如此没有成就感。

│简析│

在校读了十几年的书，突然要面对社会、面对工作，这份陌生感对大学生而言是正常的。对职业世界的不了解，通常表现为案例中的两种极端状态；这两种状态常常令大学生在进行职业规划或求职时产生困惑，在生涯规划中难以决策，陷入被动。就像学生常说的那样：稀里糊涂地就把自己"卖"了。对职业世界的探索和了解可以帮助大学生更为主动地把握个人生涯的发展，是十分有必要的。

第一节
职业认知

在职业生活中，有的人始终将当前职业看成谋生手段，没有工作责任心与归属感，最终影响到团队整体合力的发挥和个人人生价值的实现。大学生进行职业认知是非常有必要的。只有对职业世界有了准确的认知，才能够根据社会发展对人才的需要并结合自身素质条件，确立既有利于社会又有利于个人的职业目标。

一、职业的定义

（一）职业、产业、行业

要做好职业生涯规划，首先必须明确职业的概念与内涵；而要理解职业这一概念，还须弄清职业与产业、行业、职位等相关概念的区别与联系。职业的产生与发展是人类文明的标志，是社会发展与进步的反映。职业是社会劳动分工的必然结果，并随社会劳动分工的深化而发展变化。

所谓产业，是指不同的国民经济部门，即由于社会劳动分工而独立出来专门从事某一类别生产经营活动的单位的总和。一个国家社会经济的总体水平在很大程度上取决于这些产业的发展状况。一般来说，产业的划分是以劳动性质、作用和内容的同一性为标志的，反映社会分工的发展水平，通常分为三次产业部门。

第一产业——农业，包括种植业、林业、畜牧业、渔业等。农业是国民经济的基础，是人类粮食和其他生活资料的来源，也是许多工业原料的提供者。

第二产业——工业、建筑业。工业包括冶金、煤炭、石油、机械、电子、纺织、化工、食品等，是采掘自然资源和对原材料进行加工的物资生产部门；建筑业则是从事建筑和安装工程施工的社会生产部门。第二产业是国民经济的支柱，其中工业在许多国家的国民经济中都起着主导作用。

第三产业——第一、第二产业以外的其他行业，即流通和服务类产业部门。第三产业具体可分四个部门：①流通部门，包括交通运输业、邮电通信业、商业、住宿和饮食业、物资供销和仓储业等；②为生产和生活服务的部门，包括金融、保险、房地产、公共事业、居民服务、旅游、咨询信息服务业和各类技术服务业等；③为提高科学文化水平和居民素质服务的部门，包括教育、文化、广播电视业，科学研究事业，卫生、体育和社会福利事业等；④为社会公共需要服务的部门，包括国家机关、党政机关、社会团体以及军队和警察等。

行业是根据生产（工作）单位所生产的物品或所提供的服务的不同而划分的，表示就业者所在单位的性质。中国的行业结构主要按企事业单位、机关团体以及个体从业人员所从事的生产或其他社会经济活动的性质来确定。

（二）职业的内涵

由于研究目的不同，学者们从不同的角度、不同的侧面对职业的内涵进行了不同的界定。这里我们认为，职业是指具备劳动能力的个体运用自身的知识、技能与态度从事社会生产服务，为社会创造物质财富与精神财富并获取合理的个人报酬以满足自身的物质与精神需求的持续性活动。

职业是社会劳动分工发展的必然产物，社会分工是职业划分的基础和依据。在人类社会经济发展的历史长河中，职业并非一成不变，而是在多种因素作用下不断变化与发展的。

首先，社会生产力的发展引起的社会分工的变化决定和制约着职业的发展和变化。历史上三次社会大分工的出现都引起了职业分工的变化。

其次，社会经济因素是直接制约和影响职业变化的重要因素，社会政治制度、文化等因素都会带来相关职业的兴衰。

总之，职业的产生和发展变化根源于生产力水平和社会分工的发展，同时，人们也不可忽视社会因素对职业的主要影响作用。

（三）职业的特性

职业具有如下特征：

目的性：职业以获得现金或实物等报酬为目的。

社会性：职业是从业人员在特定社会生活环境中所从事的一种与其他社会成员相互关联、相互服务的社会活动。

经济性：职业活动是以获得谋生的经济来源为目的的。

技术性：从某种意义上说，职业的技术特性标示了职业的专业色彩。

稳定性：职业在一定的历史时期内形成，并具有较长的生命周期。

群体性：职业的存在常常和一定的从业人数密切相关。

规范性：职业主体所从事的职业活动必须符合国家法律规定和社会伦理道德准则；从业者本身应遵守相关的法律法规。

（四）职业的要素

职业名称：职业的符号特征，一般是以社会通用的称谓来命名的。

职业主体：从事一定社会分工活动的劳动者，必须具有承担该职业活动所需要的资格和能力。

职业客体：职业活动的工作对象、内容、劳动方式和场所等。

职业报酬：通过职业活动所取得的各种报酬。

职业技术：劳动者在从事职业活动的过程中所运用的自然技术、社会技术与思维技术的总和。

二、职业的分类

职业是现实经济运行中和社会生活中客观存在的社会现象。职业的产生与发展是社会经济发展的结果，是社会分工的必然产物。职业分类的实质是精细的社会劳动分工。现代社会的职业体系是一种人力资源的配置，是社会经济制度的重要组成部分，通过这种配置，可以建立起与社会发展相适应的社会分工体系。职业分类对国家合理开发、利用和综合管理社会劳动力，提高劳动者的素质，对民族的兴旺、国家的昌盛意义重大。

目前，我国的职业有两种分类标准：一种是依据从业人口本人所从事的工作性质的统一性进行分类，包括大类、中类、小类、细类四个层次；另一种是主要按企业、事业单位、机关团体和个体从业人员所从事的生产或其他社会经济活动的性质的同一性分类，即按所属行业分类。

我国国家职业分类标准的相关文件和标准有《职业分类和代码》（GB/T 6565—2015）、《中华人民共和国工种分类目录》和《中华人民共和国职业分类大典》等。

下面简要介绍几种主要的分类。

（1）《中华人民共和国职业分类大典》将职业分为8大类，66中类，413小类，1838细类。

第一大类：国家机关、党群组织、企业、事业单位负责人。

第二大类：专业技术人员。

第三大类：办事人员和有关人员。

第四大类：商业、服务业人员。

第五大类：农、林、牧、渔、水利业从业人员。

第六大类：生产、运输设备操作人员等有关人员。

第七大类：军人。

第八大类：不便分类的其他从业人员。

（2）《国民经济行业分类》将行业分为20个行业门类，95个大类，396个中类，913个小类。

20个行业门类分别为：房地产业，租赁和商务服务业，科学研究、技术服务和地质勘察业，水利环境和公共设施管理业，环境管理业，居民服务和其他服务业，教育，卫生、社会保障和社会福利业，文化、体育和娱乐业，公共管理和社会组织，农林牧渔业，采矿业，制造业，电力、燃气及水的生产和供应，建筑业，交通运输、仓储和邮政业，信息传输、计算机服务和软件业，批发和零售业，住宿和餐饮业，金融业。

（3）《国际标准职业分类》（ISCO）将职业分为8大类，83小类，284细类，1506个职业项目。

第一大类：专家、技术人员及有关工作者。

第二大类：政府官员和企业经理。

第三大类：事务性工作者和有关工作者。

第四大类：销售工作者。

第五大类：服务工作者。

第六大类：农业、牧业和林业工作者，渔民和猎人。

第七大类：生产和有关工作者，运输设备操作者和劳动者。

第八大类：不能按职业分类的劳动者。

不管如何分类，应该遵循国家职业分类的基本指导原则：科学性（客观性）、适用性、先进性、开放性、国际性。

课堂活动

想想看

请用头脑风暴法列举出与服务业相关的尽可能多的职业，并记录。

_____

_____

讨论：你从这个活动中得到了什么启发？

生涯小贴士

新兴行业知多少

2019年4月1日，人力资源和社会保障部、国家市场监督管理总局、国家统计局向社会发布了13个新职业信息。这是自2015年版《中华人民共和国职业分类大典》颁布以来发布的首批新职业。这13个新职业包括人工智能工程技术人员、物联网工程技术人员、大数据工程技术人员、云计算工程技术人员、数字化管理师、建筑信息模型技术员、电子竞技运营师、电子竞技员、无人机驾驶员、农业经理人、物联网安装调试员、工业机器人系统操作员、工业机器人系统运维员。

2020 年 2 月 25 日，人力资源和社会保障部、国家市场监督管理总局、国家统计局联合向社会发布了 16 个新职业。这是自 2015 年版《中华人民共和国职业分类大典》颁布以来发布的第二批新职业。这 16 个新职业包括智能制造工程技术人员、工业互联网工程技术人员、虚拟现实工程技术人员、连锁经营管理师、供应链管理师、网约配送员、人工智能训练师、电气电子产品环保检测员、全媒体运营师、健康照护师、呼吸治疗师、出生缺陷防控咨询师、康复辅助技术咨询师、无人机装调检修工、铁路综合维修工、装配式建筑施工员。

不难发现，这些新职业主要集中在新兴产业和现代服务业两个领域。究其原因，一是生产制造和建筑领域的技术革新催生出新职业，二是现代服务业的快速发展孕育出新职业，三是健康照护服务的大量需求派生出新职业。

2020 年 7 月 6 日，人力资源和社会保障部联合国家市场监督管理总局、国家统计局正式向社会发布一批新职业，包括区块链工程技术人员、城市管理网格员、互联网营销师、信息安全测试员、区块链应用操作员、在线学习服务师、社群健康助理员、老年人能力评估师、增材制造设备操作员等 9 个新职业。这是我国自 2015 年版《中华人民共和国职业分类大典》颁布以来发布的第三批新职业。

值得注意的是，9 个新职业下的"直播销售员""互联网信息审核员"等 5 个新工种同时发布。"公共卫生辅助服务员"职业下的"防疫员""消毒员"和"公共场所卫生管理员"3 个工种上升为职业。

2021 年 3 月，人力资源和社会保障部发布 18 个新职业——集成电路工程技术人员、企业合规师、公司金融顾问、易货师、二手车经纪人、汽车救援员、调饮师、食品安全管理师、服务机器人应用技术员、电子数据取证分析师、职业培训师、密码技术应用员、建筑幕墙设计师、碳排放管理员 L（L 表示绿色职业）、管廊运维员、酒体设计师、智能硬件装调员、工业视觉系统运维员。这是 2015 年版《中华人民共和国职业分类大典》颁布以来发布的第四批新职业。此次在发布新职业信息的同时，还调整变更了"社区事务员"等有关职业工种信息。

新职业信息发布使国家职业分类体系更加科学完善，同时也给大学生带来了更多的专业与职业选择。

（参考韩秉志《第三批新职业发布 带货主播"转正"了》，《经济日报》2020 年 7 月 7 日；吴为、陈思《"直播带货"纳入职业工种，对就业意味着什么？》，《新京报》2020 年 7 月 6 日）

第二节
职业与专业

在就业市场上，每年都有一部分大学生面临"是专业重要，还是职业重要"的两难选择，也有一部分学生因为盲目填报高考志愿或是选择服从志愿调剂，上大学时所学的专业并不对自己的"胃口"。面对个人兴趣、所学专业与职业的矛盾，大学生应该怎样进行职业规划才能避免延误职业生涯的发展呢？

一、专业对职业的影响

大学专业是指高等学校根据国家建设及社会专业分工的需要而设立的学业类别，各个专业都有独立的教学计划以实现专业的培养目标和要求。目前，我国设有哲学、管理学、教育学、经济学、法学、文学、历史学、理学、工学、医学、农学、艺术学、军事学13个学科门类，下设本科专业740种，高职专业991种。这些专业种类较好地体现了拓宽专业口径、增强社会适应性的特点，为毕业生择业就业奠定了坚实的基础，对提高人才培养质量、增强毕业生职业发展适应能力等具有十分重要的意义。大学专业对未来职业发展的影响具体如下。

（1）大学专业学习是获得相应职业发展所需专业知识技能的最有效途径。专业知识技能是指通过学习专业课程来获取的相应的专业知识和能力。专业知识技能无法迁移，需要经过有意识的、专门的学习才能掌握。现代社会职业发展对专业知识技能的要求越来越高，要求其具有系统性、完整性和前瞻性。大学系统的专业学习为满足职业发展对专业知识技能的需求提供了保障。

（2）大学的专业学习能够帮助大学生科学地确定自己职业发展的目标。大学专业的学习是一个人由学生向职业人转变的连接点。大学生要通过自己专业知识的学习充实自己的专业技能，开阔自己的眼界，提升自我的素质，确定自己的职业发展目标，以达到社会对职业素质的要求，成为一名合格的职业者。理性、科学地进行职业规划，是大学生学好专业知识、实现大学生活规划的重要组成部分。

（3）大学生从专业学习中可以掌握学习的方法和技巧，确立终身学习的理念。这项技能可为今后专业知识技能的更新提供可持续发展的动力，助力职业发展；同时职业发展也要求员工要学会学习、学会做事、学会合作、学会发展，从而实现自己的发展目标。

二、专业与职业选择

在学业规划与升学决策中，学什么（即专业的选择）是第一等重要的战略问题。这就像企业在开办之前首先要考虑生产经营什么一样。生产什么取决于经营者在分析市场及自身资源优势之后对销售什么的判断，同样，学什么专业也是取决于求学者对毕业后人才市场态势及自身现有资源及优势的判断。

这里有两种观点需要纠正。一种观点是认为专业不重要，大学主要是培养综合素质和学习能力，所以专业的选择对个人发展并无大的影响，只要综合素质强，随便学什么专业都可以成功。这是许多职业规划专家都认同的看法。是的，职业规划专家说得并没有错，条条大路通罗马，成功的道路千万条，但须知这其间必然有最近的一条。学业规划就是寻找这最近的一条路，即以最小的代价和投入实现自身的职业理想。再则，职业规划也并不是只有职业目标（理想）就行了，如果没有从现实到理想那切实可行的路线支撑，这种职业规划很容易流于形式，理想也将成为空中楼阁。另外，在许多情况下，从现实到理想的路线也并不是笔直的、可以一步跨越的，这时就需要考虑每一个步骤或阶段性目标如何实现。为了实现这些阶段性目标，当然就需要针对阶段性的职业目标而选择合适的学业（专业）。比如，有的学生的理想是成为企业家，创建自己的实业，但在成长的道路上，他只能凭借自己的奋斗。这时，他就需要先成为雇员，等自己在雇员的职位上有了一定的经济积累、可以开辟自己事业的时候，再来考虑向职业理想（企业家）迈进。要成为雇员，就必须考虑在现有条件下选择什么样的专业进行学习才比较容易就业，而不是盲目地认为随便选什么专业都行。认为专业（学什么）不重要是一种幼稚天真的想法。

另一种观点是对热门专业从一而终，认为只要选择了好专业，将来能投身于热门行业，就"人生圆满"了。持这种观点的大学生容易失去奋斗目标和人生理想，整日沉湎于琐碎而平庸的现实生活，随波逐流，这类人终将无法实现自身的职业理想和人生理想。

如果说职业理想和就业目标是目的地，那么专业选择就是具体路线。不同的职业需要不同的知识、技能、品德及身体条件，而不同的知识和技能恰好是专业的主要内容。从经济和效率的角度来看，我们所选择的专业当然应该符合职业目标所需要的知识和技能。然而从专业与职业的相关性来讲，它们并不都是一一对应的关系，而是呈现出一对一、一对多、多对多等非常复杂的关系。比如数控机床专业所对应的职业，最合适的也只有企业中数控机床的操作与维护，最后发展成为高级技师；烹饪专业的学生在毕业后最合适的职业也只有厨师。同时，也有些专业的职业方向比较宽泛，比如经济学专业的学生可以从事企业管理、经济学研究、新闻记者、营销策划、经济分析、高校教师等多种职业；而对于某一职业来说，比如新闻记者，它可以接收经济学、新闻学、中文、哲学、历史学等许多专业的人才。那么我们在做学业规划的时候，就首先要研究和分析专业与职业的相关性，到底是一对一、一对多还是多对一。在确定了这些问题之后，我们具体来讨论这三种情况的专业选择。

（一）一对一

这种情况最为简单，一个专业方向对应一个职业目标。这类专业一般存在于中职类学校或高职学院，培养目标单一明确。此类职业的技术含量比较高，也比较单一。这类专业的学业规划比较主动，可以让我们先定目标，后选路线，在各种路线中选择求学成本最低的一条。这类专业和职业一般都适合于专业技术人员。

（二）一对多

这类专业一般存在于普通高校中，人们常说的宽口径、厚基础就是指这类专业。它们所对应的职业目标有多个，从职业的人格类型来看，许多都对应了两种以上，甚至六种人格类型的职业。比如前面所说的经济学专业，从职业人格来看，它可以对应研究型人格职业，例如经济学研究；也可以对应管理型人格职业，例如企业管理者或新闻记者；也可以对应艺术型人格职业，例如营销策划；等等。这样一来，我们在确定了专业方向后，还要确定适合自己发展的职业目标。这里要注意的是，确定职业目标时一定要和自己的职业人格一致。如果你属于管理型的人格，就要选定管理型人格的职业，如企业管理者或新闻记者，并根据具体职业目标的标准要求来有针对性地学习和开发其他必要的知识和技能。还是经济学专业为例，当你确定自己毕业后从事新闻记者这一职业，那么你在学习经济学知识的同时，还要根据新闻记者所需要的其他知识和技能，有针对性地开发和学习，比如培养写作能力、社交能力、新闻敏感度和学习驾驶技术等。此种类型适合于在职业规划时先确定专业后确定职业目标的情形。应该说，先定专业再定职业目标已经是一种比较被动的人生发展态势了。然而这一类型的存在可以让学生比较顺利地由被动转化为主动，因此作为大学新生，一定要抓住这一关键时机，从被动走向主动，否则自己的人生发展将陷于更大的被动。

（三）多对一

多对一就是多种专业都可以发展到某一种职业的情形。这类职业一般属于管理型人格的职业，比如新闻记者、政府公务员、营销主管、企业管理者等。这种类型也适合于先确定职业目标后确定专业方向的情形。它其实和第一种情况比较类似，在学业规划时处于比较主动的态势，能够比较好地找到一条求学成本最低的学业路线。

以上从宏观层面论述了专业与职业之间的对应关系，但我们在选择专业时更要了解专业与职业具体的对应关系，比如某个专业的学生毕业后能做哪些工作，这些工作有什么利弊，职业前景如何，等等。

高职生不好找工作？先从基础做起！

　　人才市场上，高职生处在一种比上不足、比下有余的尴尬位置，太低的职位看不上，太好的职位又进不去，难以找准自身的定位，觉得没有能适合自己的工作。其实，高职生不妨先从较基础的岗位做起，比如设计、美工、销售、客服，或者是新兴的新媒体运营等。这些都是比较考验个人能力的，也是个人能力提升最快的。有了能力，你就有了向上走的资本，就能理直气壮地跟老板提加薪或者是寻找更好的发展机会。

　　高职生还有一条很好的出路：当基层公务员。在有些省份的公务员招录岗位中，面向专科生的岗位基本上分布在基层一线。2019年广东省考就有专科学历可报考的岗位1300个，其中超过1000个岗位来自乡镇机关。

　　在基层就业，对个人的实践能力、交流能力、动手能力等都有较高的要求，这就要求同学们在学好知识技术的同时，也要努力将个人的综合素质提升上去。

　　既然来到了高职院校，建议选择实践性强的专业，或在专业之外寻找锻炼自己实践技能的机会，确保自己在就业过程中不会因为学历吃太多的亏，有一份自己较为满意的工作。

第三节
职业环境与职业选择

认知职业环境是大学生求职的一个重要环节，是学生正确认识社会形势、客观分析职业环境、了解所处环境中的各种资源和限制以积极规划职业生涯的重要方面。

一、职业环境

职业环境探索是进行职业生涯规划的必然命题，起着承上启下的作用。进行自我认知之后，必然要认知职业环境；对职业环境有了基本的了解之后，才能进行职业选择。

（一）社会环境分析

社会环境主要包括政治、经济、文化、法律、人才等各方面的发展环境。社会环境分析属于宏观层面的职业环境探索，主要目的是分析社会政策、社会变革、价值观念变化、人才市场需求、科学技术的发展以及自己所选职业的影响等，认识到社会环境对个人职业发展的重要性，能够顺应环境来规划自己的职业发展。

经济环境：要分析经济模式的转变、经济体制的改革、经济政策的变化、产业结构的调整、经济的增长率、经济的景气度、经济建设重点的转移、改革开放的政策等对自己所选职业的影响。

政治法律环境：影响职业的政治因素包含政治体制、教育制度、经济管理体制、人才流动政策等。法律因素是指中央和地方的有关法规，如政府有关人员招聘、工时制、最低工资的强制性规定，现行的户籍制度、住房制度、人事制度和社会保障制度。这些因素都会对职业的选择和发展产生重要的影响。

文化环境：包括教育条件和水平、社会文化设施等。社会文化是影响人们行为、欲望的基本因素。

此外，还有对价值观念、人口环境等社会因素的认知和分析。

（二）行业环境分析

行业环境分析属于中观层面的职业环境探索，是在社会环境分析的基础上进一步从比较具体的行业方面进行认知和探索，目的是更好地了解和分析行业环境对职业发展的影响。

一般可以从以下十方面进行行业环境分析：

（1）了解这个行业是什么。

（2）了解行业对生活和社会的作用有哪些，发展前景、趋势如何。

（3）了解行业的细分领域有哪些。

（4）了解国内外最著名的业内公司及其具体情况怎样。

（5）了解行业的人力资源需求状况及变化趋势如何。

（6）了解从事这一行业需要具有的通用素质和从业资格证书有哪些。

（7）了解有哪些名人做过或在做这个行业。

（8）了解行业的著名公司经营者或人力总监的介绍和言论。

（9）职业访谈，了解一般职员的一天。

（10）了解相关企业校园招聘的职位及其对大学生一般能力的要求有哪些。

（三）企业环境分析

企业环境分析属于微观层面的职业环境探索，在社会环境、行业环境分析的基础上进一步深化，目的是学会分析自己所要从事职业的组织环境，将自己对职业的选择建立在对企业的充分了解之上。对企业环境的分析是对你所选企业的组织特点、组织文化、经营状况、发展状态、发展战略、人才需求、升迁政策以及升迁标准等进行分析。

企业环境分析的具体内容如下：

（1）企业调研：可从十方面去了解企业——历史沿革、产品服务、经营战略、组织机构、企业文化、人力资源战略、薪酬福利、企业员工、企业活动、其他文件。

（2）了解企业发展阶段：了解企业所处的发展阶段，看它是开发期企业、成长前期企业、成长后期企业、成熟期企业还是衰退期企业。

（3）企业选择：当你以企业调研报告的形式完成对目标企业的调研时，你可能会发现自己不喜欢目前所调研的企业，那么你就要重新开始企业探索，以便确定自己所喜欢的企业。

（4）确定企业：通过调研、探索，最终确定自己的目标企业。

（四）岗位环境分析

岗位环境分析也属于微观层面的探索，是对企业内部某个具体岗位进行探索和分析，了解该岗位的基本职责以及能力要求，为职业进行具体准备。

岗位环境分析的具体内容如下：

（1）岗位描述：这个岗位是什么、需要做什么，这个岗位要具备什么素质，谁做过或谁在做着这个岗位。

（2）岗位晋升道路：和这个岗位相关的岗位是什么，这个岗位的职业发展道路是什么。

（3）具体背景下的岗位要求：不同行业对这个岗位的理解是什么，不同类型和不同发展阶段的企业对这个岗位的理解是什么，不同领导对这个岗位的理解和要求是什么。

（4）个人与岗位的差距：当你综合了解岗位要求后，就可以进行差距量化和差距弥补了。

生涯小贴士

就业前景与市场大环境息息相关

2015年版《中华人民共和国职业分类大典》颁布以来发布的四批新职业，有很多集中在高新技术领域。一是产业结构的升级催生高端专业技术类新职业。近几年，随着人工智能、物联网、大数据和云计算的广泛运用，与此相关的高新技术产业成为我国经济新的增长点，对从业人员的需求大幅增长，形成相对稳定的从业人群。二是科技提升引发传统职业变迁。工业机器人的大量使用，对工业机器人系统操作员和系统运维员的需求剧增，使其成为现代工业生产一线的新兴职业。随着无人机技术的成熟，大量无人机的使用使无人机驾驶员成为名副其实的新兴职业。三是信息化技术的广泛应用衍生新职业。随着物联网在办公、住宅等领域得到广泛应用，物联网安装调试从业人员需求量激增。近几年，电子竞技已成为巨大的新兴产业，电子竞技运营师和电子竞技员职业化势在必行。农民专业合作社等农业经济合作组织发展迅猛，从事农业生产组织、设备作业、技术支持、产品加工与销售等管理服务的人员需求旺盛，农业经理人应运而生。

在这两年抗疫过程中，许多相关岗位从业人员发挥了积极作用。为有需求老年人提供生活活动能力、认知能力等健康状况的测量和评估的老年人能力评估师，运用卫生健康知识及互联网知识技能为社区群众提供就诊和保健咨询、代理、陪护等服务的社群健康助理员，运用数字化学习平台（工具）为学习者提供个性、精准、及时、有效的学习规划、学习指导、支持服务和评价反馈的在线学习服务师等新职业，应运而生。

互联网技术的发展，也催生了多样化的创业就业模式。如今，互联网技术已深入现代生活的各方面。尤其是在商品市场领域，短视频等营销手段和直播带货等网络营销行业兴起，覆盖用户规模达到8亿以上，互联网营销从业人员数量以每月8.8%的速度快速增长，大量中小微企业也因网络直销方式激发出了活力，直接带来的成交额达千亿元。

根据业界测算，我国人工智能人才目前缺口超过500万；未来5年，物联网行业人才需求缺口总量超过1600万人；云计算工程技术人员所在的云计算产业，将面临150万的人才需求。随着社会对新职业从业者的需求不断增长，在健全新职业发展体系的过程中，需要更多聚焦于人的发展。

（参考人力资源和社会保障部《首份新职业在线学习平台发展报告发布：新职业呈现供需两旺局面》，人力资源和社会保障部网站；吴为、陈思《"直播带货"纳入职业工种，对就业意味着什么？》，《新京报》2020年7月6日）

二、职业声望

职业选择是一项非常复杂的工作，会受诸多因素的影响。职业声望、职业分层、职业期望等因素是决定人的职业价值观的重要因素，因而对职业选择也将产生重要影响。

（一）职业声望与职业分层

职业声望是人们对职业社会地位的主观评价，是职业生涯管理学研究的重要范畴之一。职业地位是由不同职业所拥有的社会地位资源决定的，但是它往往通过职业声望的形式表现出来。职业声望是职业地位的反映，是对职业社会地位的主观评价。没有职业地位，职业声望无从谈起；而如果没有职业声望，职业地位的高低也无法确定和显现，人们正是通过职业声望调查来确定职业地位的。

影响职业声望的因素有多种，主要影响因素有：①职业环境，包括职业的自然环境和社会环境，如工作的技术条件、空间环境、劳动强度、工资收入、福利待遇、晋升机会等。它是任职者所能获得的工作条件与社会经济权利的总和。②职业功能，是该职业对国家的政治、经济、科学、文化水平的意义以及在社会生活中对人们的共同福利所担负的责任。③任职者的素质要求，如文化程度、能力、道德品质等。职业环境越好，职业功能越大，任职者素质要求越高，职业声望就越高。职业声望在一定时期具有相对稳定性，但不同经济文化背景的群体和不同年龄、性别的群体对同一职业的评价也会存在明显差别。

职业声望的调查与评价方法主要有：①民意调查法，即让一批受访者评价一系列职业的社会地位及其在层级序列中的位置。②自我评价法，是由受访者对自己所从事的职业进行评价。③指标法，即在影响职业声望的要素中选择一些代表性指标，并赋予其一定的权重，然后根据这些代表性指标的总分值来评价某项职业的声望。

社会学家陆学艺以职业分类为基础提出了十大阶层结构：国家与社会管理者阶层，经理人员阶层，私营企业主阶层，专业技术人员阶层，办事人员阶层，个体工商户阶层，商业、服务业员工阶层，产业工人阶层，农业劳动者阶层，城乡无业、失业、半失业者阶层。

（二）职业声望调查

在 2015 年对深圳人进行的一次职业声望调查中，得分值最高的前十种职业依次是：①科学家，②网络工程师，③大学教授，④软件开发人员，⑤建筑师，⑥飞行员，⑦中小学教师，⑧翻译，⑨大学一般教师，⑩律师。

根据一项对京沪两地的大学生择业取向进行的调查，北京的大学生眼中的热门职业依次是：①市长，②党政机关领导干部，③国有大中型企业厂长、经理，④大学教授，⑤法官，⑥社会科学家，⑦电脑网络工程师，⑧律师，⑨医生，⑩记者，⑪银行职员，⑫警察，⑬工商管理人员，⑭中小学教师。上海的大学生眼中的热门职业依次是：①电脑网络工程师，②政府干部，③高科技企业工程师，④大学教授，⑤自然科学家，⑥计算机软件设计师，⑦翻译，⑧法官，⑨医生，⑩编辑，⑪投资公司经理，⑫工商管理人员，⑬税务管理人员，⑭证券公司职员。

（三）职业发展趋势

了解职业发展趋势有助于我们进行职业生涯规划和职业选择。社会的变化性特征决定了社会职业结构的动态性，不同职业的供给量不断变化，而且新职业在不断产生，落后职业则逐渐被淘汰。

新职业主要分为两种情况：一是全新职业，就是随社会经济发展和技术进步而形成的新的社会群体性工作；二是更新职业，指原有职业内涵因技术更新产生较大变化，从业方式与原有职业相比已发生质的变化。影响职业变化发展的因素有社会及管理的变革、技术变革、经济发展、产业及行业的演变等。

我国职业变化、发展的特点如下：

（1）由单一基础向跨专业、复合型转化。

（2）由封闭型向开放型转化。

（3）由传统工艺型向信息化、智能型转化。

（4）由继承型向知识创新型转化。

（5）服务性职业向知识技能化发展。

总的来说，未来职场发展趋势将是：各类组织更加讲究人力资源的合理运用，选人、用人、留人趋向采用更严格、更规范的管理方式。

生涯小贴士

怎么把专业选择和职业选择联系起来？

志愿填报中，专业选择是重中之重，比学校选择重要得多，因为分数一出来，考生对学校（层次）就已经失去了选择权，可斟酌的、值得考虑的，就只有专业了。决定专业选择的最重要因素是将来想从事什么职业。专业选择过程中会面临很多困难，比如专业和职业不是一码事，一个专业可以对应多个职业，多个专业也可以对应同一种职业。相信很多学生会感觉一头雾水，无从下手。

其实不用这么纠结，谁也不可能知道将来一定做什么具体的职业，但是很多人会明白自己想做什么类型的职业，适合什么性质的岗位。

宏观来看，职业就分为两种：技术型（也可以称之为专才型）和管理型（也可以称之为通才型）。技术型如医生、教师、工程师、农艺师、建筑师等，俗称靠手艺吃饭。管理型如各种销售、运营、管理，具体一点，比如办公室人员、综合管理部人员、行政管理人员、人力管理人员，此外，公务员和事业单位的管理编（事业单位另有技术编和工勤编）也基本上属于此类。千万不要问哪个选择更好，适合自己的就是好的。

若想从事技术型职业，专业本领必须过硬是毋庸置疑的。而要想走管理型路线，学校、学历和专业技能不是最重要的，但综合能力（软实力——沟通、交流、管理、统筹、协调、执行能力）一定要强。跟技术型职业相比，这种情况可以考虑的专业并不是那么重要，如果说比较对口的，就是开放性、交叉型的专业，越开放越交叉越好，管理学、经济学、文史哲类都很合适，尤其是工商管理、市场营销、管理工程和科学、公共管理、社会管理、人力资源管理等专业。当然，以上都是相对的，并没有泾渭分明的界限，就看自己哪方面的特点更突出。

依据国家政策和行业发展方向来选择专业也是你必须注意的。

（1）"三农"相关行业。与"三农"相关的产业发展前景广阔。2021年的中央一号文件再度聚焦"三农"，这已经是政府连续18年聚焦"三农"产业。银行对种子、农业现代化、转基因养殖等项目都提供了优惠的授信政策，"三农"产业一片利好，所以其人才需求也会逐渐增加，就业市场前景广阔。

（2）互联网行业。近些年互联网行业的迅猛发展使其人才缺口也越来越大，相对来说，技术岗位的人才需求超过了基础业务岗位。互联网之下的细分行业众多，其中移动互联网、搜索、大数据和游戏类行业的薪酬待遇和岗位需求量位于前列，未来5年相对更有优势。

（3）大健康产业。随着人口老龄化的日趋严重，慢性病发病率增长趋势加剧，使得与健康息息相关的岗位对人才的需求不断增加。人们的经济收入日渐增长，健康意识也不断增强，所以不仅医生、护士、药剂师的就业是刚需，营养师、理疗师、养老护理员等职位也将会越来越受欢迎。

（4）电商。互联网行业的迅速发展带动了电商行业的发展，特别是近两年兴起的直播带货。就像从业者所说，未来电商行业线上线下可能会整合成一种新型模式，更加灵活和多样化，功能也更加完善，所以岗位需求会朝更专业更细化的方向发展。

（5）自媒体。从自媒体行业诞生以来，人们已经逐渐习惯从多种平台和渠道接收信息资讯的生活模式，个人IP的发展撼动了主流媒体的地位。自媒体行业已经进入全民自媒体时代，未来5年进入自媒体行业的人会越来越多，竞争也会更加激烈，但是发展空间仍然很大。

（6）与"宅经济"相关的产业。2020年受新冠肺炎疫情影响，"宅经济"已经脱离了传统"宅男宅女"的范畴，受外部环境影响"宅家人群"规模爆发式增长，与之相关的产业，例如外卖、物流、远程办公、线上课程等行业逐渐发展壮大，前景看好。

所以，如果你有意向进入以上行业，农业工程、农林经济管理、生物医学、电子商务、网络与新媒体等专业都是不错的选择。

三、职业期望

职业期望包含两个层面的含义。第一个层面，职业期望是个体对某种职业的渴求和向往，是个体对待职业的一种态度和信念，属于个体倾向性的范畴，是职业价值观的外化，也是个体人生观、世界观的折射。个体希望通过某一职业使自己得到物质和精神上的满足。第二个层面，职业期望简单来说就是企业用人的通用标准和行业所需的专业知识、能力、职业激情和综合素质。

在第一个层面，个体职业期望直接影响人对职业的选择，进而影响人的整个生活。具体地说，人的职业期望主要包括保健因素（如工资收入、福利待遇、工作环境、工作条件等）、声望地位因素（如工作单位的地理位置和知名度，工作的社会地位、社会价值和在社会上的声誉等）和发展因素（如能独立自主地工作，在工作中机会均等、竞争公平，个人的能力、特长、抱负能够得到施展）等。

在第二个层面，许多企业为了挑选适合自身发展的可用之才，往往在人才招聘和使用过程中颇具匠心，新招迭出，虽然形式与内容各具特色，但它们的择才标准和用人哲学却大有相通之处。

第一是诚信品质。这是企业用人的一个基本点和出发点，也是首要原则。某著名家居设计公司声称特别不能容忍欺骗，如果发现员工有存心欺骗公司的行为，就会毫不留情地将其"扫地出门"，并且不会再给他们第二次机会。

第二是团队精神。许多名企都尊崇"员工就是合伙人""企业就是大家庭"的管理理念。它们并不强求员工个人能力都非常强，但必须有团队精神，服从团队利益。它们利用企业文化把员工紧紧拧成一股绳，使富有团队精神的员工成为市场竞争中的锐利武器。

第三是创新激情。企业发展必须要有创新精神。名企用人不仅看他是否能胜任现有工作，更看重的是创新精神。如微软公司就宁愿冒失败的危险任用挑战失败的人，也不愿要一个处处谨慎却毫无建树的人。

第四是发展潜质。企业重视文凭但不唯文凭，它们看重的是你未来的发展潜质。如日本东芝集团就致力推行"适才所用"和"重担子主义"，给员工压力和动力，使他们的潜在能力得以发挥，个人价值得以实现。

第五是学习能力。众多知名企业十分重视应聘者是否具备良好的学习能力和强烈的求知欲。尤其在招聘应届毕业生时，企业往往将学习能力和求知欲作为考查的重点。

篇章三

规划实施
付诸行动

第五章
职业生涯规划的实施

> 目标越接近，困难越增加。但愿每一个人都像星星一样安详而从容地不断沿着既定的目标走完自己的路程。
>
> ——歌德

本章概述　本章介绍了生涯目标确立的原则、方法和过程，还有生涯决策的基本理论与方法，以及职业抉择的一些策略；通过对理性型决策、SMART决策分析法以及生涯决策平衡单的讲解，让学生掌握正确的目标设立方法，能够为自己的生涯发展设立目标、规划路径、制订行动计划。

知识目标　1. 掌握职业生涯决策的基本理论和方法，特别是熟练掌握生涯决策平衡单的使用方法。
2. 了解职业决策的基本策略。
3. 了解职业发展有哪些路径以及应该如何进行设计。

能力目标　1. 能做出自己的生涯决策平衡单，并以此判断自己应该选择的职业。
2. 能给自己的职业生涯规划订立评估标准。
3. 能结合个人专业和职业发展倾向完成一份职业生涯设计方案。

思政目标　确立生涯目标，树立决策的风险与责任意识，要将自身的发展与社会的发展大势相结合，顺应国家对人才的发展需求，随势而动，个人发展能紧跟国家发展步伐。

本章结构

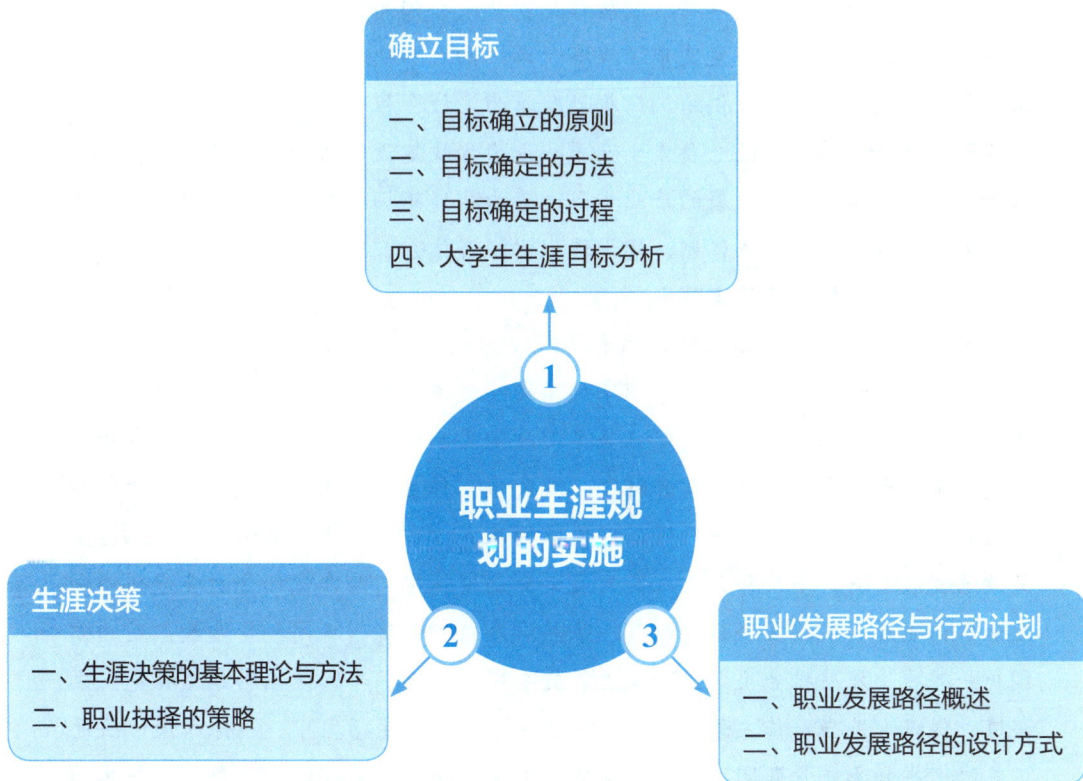

确立目标

一、目标确立的原则
二、目标确定的方法
三、目标确定的过程
四、大学生生涯目标分析

1

职业生涯规划的实施

生涯决策

一、生涯决策的基本理论与方法
二、职业抉择的策略

2

3

职业发展路径与行动计划

一、职业发展路径概述
二、职业发展路径的设计方式

生涯指引

全面建成小康社会基础上的新时代"两步走"战略安排（节选）

　　按照全面建成小康社会基础上的新时代"两步走"战略安排，推进我国社会主义现代化建设，既要加快发展进程、又要提升发展水平，既是一个鼓舞人心的宏伟蓝图、又是一个不懈奋斗的历史进程。这就要求全党全国人民把握国际国内形势和我国发展条件，抓住机遇、乘势而上，切实加快社会主义现代化建设进程，努力拓展社会主义现代化广阔空间，有力推动我国物质文明、政治文明、精神文明、社会文明、生态文明水平的全面提升。

　　第一，着力实现经济现代化，不断提升物质文明水平。建设社会主义现代化国家，离不开强大的物质基础。新时代我国社会主要矛盾是人民日益增长的美好生活需要和不平衡不充分的发展之间的矛盾，我国经济已由高速增长阶段转向高质量发展阶段，正处在转变发展方式、优化经济结构、转换增长动力的攻关期。

要贯彻新发展理念，坚定不移把发展作为党执政兴国的第一要务，坚持解放和发展社会生产力，坚持社会主义市场经济改革方向，加快实现经济现代化。要坚持质量第一、效益优先，以供给侧结构性改革为主线，推动经济发展质量变革、效率变革、动力变革，提高全要素生产率。着力加快建设实体经济、科技创新、现代金融、人力资源协同发展的产业体系；着力构建市场机制有效、微观主体有活力、宏观调控有度的经济体制，建设现代化经济体系，不断增强我国经济创新力和竞争力，不断提高物质文明水平。

第二，着力实现国家治理体系和治理能力现代化，不断提升政治文明水平。国家治理体系和治理能力是一个国家政治文明的集中体现。坚持党的领导、人民当家作主、依法治国有机统一是社会主义政治文明的必然要求。中国共产党的领导是中国特色社会主义最本质的特征，人民当家作主是社会主义民主政治的本质和核心，依法治国是党领导人民治理国家的基本方式。必须坚持中国特色社会主义政治发展道路，坚持和完善人民代表大会制度、中国共产党领导的多党合作和政治协商制度、民族区域自治制度、基层群众自治制度。巩固和发展最广泛的爱国统一战线，发展社会主义协商民主、健全民主制度、丰富民主形式、拓宽民主渠道、保证人民当家作主落实到国家政治生活和社会生活之中，确保人民依法通过各种途径和形式管理国家事务、管理经济文化事业、管理社会事务，不断推进社会主义民主政治建设，发展社会主义政治文明。积极稳妥推进政治体制改革，推进社会主义民主政治制度化、规范化、法治化、程序化。到我们党成立100年时，在各方面制度更加成熟更加定型上取得明显成效；到2035年，各方面制度更加完善，基本实现国家治理体系和治理能力现代化；到新中国成立100年时，全面实现国家治理体系和治理能力现代化，使中国特色社会主义制度更加巩固、优越性充分展现。

第三，着力推进文化强国建设，不断提升精神文明水平。文化兴则国运兴，文化强则民族强。建设社会主义现代化国家，必须发挥好思想与文化的引领和支撑作用，彰显精神文明在社会发展中的精神动力作用、思想保证作用和智力支持作用。要坚持中国特色社会主义文化发展道路，激发全民族文化创新创造活力，建设社会主义文化强国。牢牢掌握意识形态工作领导权，培育和践行社会主义核心价值观，加强思想道德建设，繁荣发展社会主义文艺，推动文化事业和文化产业协同发展，不断增强国家文化软实力，不断提升中华文化在全世界的影响力，不断提高人民群众的思想道德水平和科学文化水准。

第四，着力实现共同富裕和社会公平正义，不断提升社会文明水平。实现共同富裕和社会公平正义是社会文明的重要标志，是建设社会主义现代化强国的必然要求。必须优先发展教育事业，提高就业质量和人民收入水平，加强社会保障体系建设，坚决打赢脱贫攻坚战，实施健康中国战略，打造共建共治共享的社会治理格局，有效维护国家安全。坚守底线、突出重点、完善制度、引导预期，不断缩小收入差距、城乡差距、区域差距，基本实现公共服务均等化，保障群众基本生活，不断满足人民日益增长的美好生活需要，不断促进社会公平正义，形成有效的社会治理、良好的社会秩序，使人民获得感、幸福感、安全感更加充实、更有保障、更可持续。

第五，着力建设美丽中国，不断提升生态文明水平。社会主义现代化是人与自然和谐共生的现代化。必须牢固树立社会主义生态文明观，坚持节约优先、保护优先、自然恢复为主的方针，形成节约资源和保护环境的空间格局、产业结构、生产方式、生活方式。进一步倡导和推进能源生产和能源消费革命，加快建立绿色生产和消费的法律制度和政策导向，建立健全绿色循环低碳发展的经济体系、绿色技术创新体系和金融支撑体系，真正使绿色生活成为基本生活方式，使节能环保产业成为国民经济发展的主导产业，使生态环境根本好转，使全社会生态文明素质大幅提升。

归结起来，就是在全面建成社会主义现代化强国的战略目标指引下，通过建设高度的物质文明、政治文明、精神文明、社会文明、生态文明，使中国成为综合国力和国际影响力领先的国家，使中华民族以更加昂扬的姿态屹立于世界民族之林。

（来源：中共中央党校《习近平新时代中国特色社会主义思想基本问题》第六章第二节，转引自《全面建成小康社会基础上的新时代"两步走"战略安排》，人民网，2021-01-20）

| 生涯之思 |

党的十九大对新时代中国特色社会主义发展做出的战略安排，既立足当前中国发展实际，也适应未来中国发展态势，完整勾画了我国社会主义现代化强国建设的时间表和路线图，为新时代坚持和发展中国特色社会主义提供了重要依据。

在全面建成小康社会基础上实现第二个百年奋斗目标，要沿着新时代的道路砥砺前行。有目标就有方向，在人生的发展阶段上，又何尝不需要明确的目标、周密的计划和切实的行动呢？

案例导入

正确的方向　清晰的目标

案例一：走不出去的村庄

有一位探险家在撒哈拉大沙漠中发现了一个小村庄，令他奇怪的是在此之前从没有任何人说起这个地方，而这里的村民居然对沙漠之外的世界也一无所知。他就问村民："为什么不走出沙漠看一看？"村民的回答是："走不出去。"原来自从他们的祖先定居此地之后，每隔几年就会有人试图走出沙漠去，但不管朝哪一个方向行进，结果都一样：绕一个大圈子之后又回到了村子里，没有一次例外。

探险家感觉非常有趣，他走过无数的地方，这样的情况还是头一次遇到。于是他决定做一个试验，邀请一位村里的青年做向导，收起自己的先进仪器，跟在青年身后走进了沙漠。11天之后，他们两人果然在绕了个大圈子后回到了村里。尽管如此，探险家却已经明白是怎么回事了。

几天之后，当探险家准备离开时，他找到了上次和他合作的那位青年，对他说："你按照我的办法，一定能走出沙漠。这个办法很简单——白天睡觉晚上走。但千万记住，一定要对着北方天空最亮的那颗星星走，绝对不能改变方向。"探险家离开了村子，半信半疑的青年决定照着探险家的方法试一试，果然，只不过用了三个夜晚，他真的走出了大沙漠。

原来，村民们之所以走不出大沙漠，是因为他们根本就不认识北斗星！他们没有朝着一个目标努力。

案例二：目标的价值

1953年，有人对美国耶鲁大学应届毕业生进行了一份"你毕业后的目标是什么"的问卷调查，调查结果显示有3%的学生有明确的目标。20年后，有人追踪调查所有参加了问卷调查的学生，结果令人吃惊，那3%的人拥有的财富总和比另外97%的人拥有的财富总和还要多得多。

| 简析 |

目标对人生有巨大的导向作用。可以用下面的四句话来概括这两个例子：目标清（晰）长（远）达成功，目标清（晰）短（期）步步升，目标模糊无成就，目标缺失在底层。有了目标，人才会坚定、勤勉、不畏艰险，促使自己努力实践；有了目标，人的生命才能在有限的时空里，最大限度地释放能量。由此可见，成功者必定有强大的目标意识。

第一节
确立目标

泰龙·爱德华兹说过："崇高的目标造就崇高的品格，伟大的志向造就伟大的心灵。"是的，没有目标，人就会丧失前进的动力和生活的信心。一个人如果想走向成功，首先要为自己确立一个目标。

一、目标确立的原则

对大学生来说，职业生涯目标的确立是复杂而艰苦的过程，有时甚至是痛苦的过程。

小童的选择

毕业后，软件技术专业的小童进入了一家大型文化公司。这家公司被某点评网站的用户热烈称赞。小童正式入职后，才发现一切都超乎他的想象。公司除了工资优厚、福利好之外，工作环境更是令人赞不绝口。身边的同事都是同龄人，工作气氛轻松愉快。有时候，小童甚至会产生错觉，他不觉得这像他供职的公司，感觉更像是熟悉的大学校园。在舒适的环境下生活太久后，人就会安于现状，也会变得懒散。

令小童重新考虑职业规划的不是他本身的自觉，而是来自他人的友情提醒。毕业三年后的春节，小童回家乡和自己高中时代的同窗小聚了一番。好友小飞在一家贸易公司做业务员，负责南方的业务，经常需要出差，不过他乐此不疲；小宇继承了自家开的餐厅，正准备买下其他街区的店面，扩大生意规模；小琪则在准备第三次司法考试，虽然他已经失败了两次，但是依旧斗志昂扬。

小童和好友说起自己的工作，除了薪水被他们一再称赞，他觉得自己在工作上没有一点能够拿出来炫耀的。回想一下，事实也的确如此。他的工作没有太高的技术含量，做好自己这一小块分内事就好了，不需要太费脑筋，也没有什么职业目标可言，自己的专业也派不上什么用场。除了让他觉得生活宽裕、日子轻松，没有一点让他觉得快乐的。

小童不想从25岁就开始混日子。如果真是这样的话，他已经不敢想象，未来的几十年要怎样过。在重新考虑了自己的职业目标后，小童辞掉了工作，开始给心仪的互联网公司的技术策划岗投简历。

一个人的人生目标决定了自己的职业目标，职业目标又决定了一个人的职业选择。作为刚刚毕业的学生，总觉得人生有着无限的可能，可以做任何选择。可是，时间慢慢过去后，你是否能够依旧保持年轻的心态？是否能够坚定目标，继续跋涉在前进的路上呢？

（一）定向原则

大学生职业生涯首先要"定向"。方向定错了，则南辕北辙，距离目标会越来越远，还要走回头路，付出较大的代价。因此，职业生涯决策，决不能犯"方向性错误"。通常情况下，职业方向根据本人所学的专业来决定；但现实的情况是，很多人毕业后并不能完全按照自己所学的专业来选择工作，有的工作甚至与专业风马牛不相及。"学非所用""用非所学""专业不对口"的情况比比皆是，已不足为怪。这种情况下，就需要大学生认真考虑和选择适合自己的职业岗位。

（二）定点原则

所谓"定点"就是确定职业发展的地点。如毕业后，有些人选择到上海、南京一带发展，有人则选择去边疆、大西北，选择到祖国最需要的地方。俗话说"人各有志"，这些选择都无可非议。但应当综合多方面因素考虑，不可一时冲动，心血来潮，感情用事。如有的人毕业去了南方，认为那里是改革开放的前沿，经济发达，薪资水平较高，但忽略了竞争程度、观念差异和自己的心理承受能力，甚至气候、水土等因素，结果时间不长又跳槽离开。如果一开始就选准方向，就可以在一个地方围绕一个职业长期稳定发展，使自己的资历和经验得到积累，有望成为某一领域的资深人士。频繁更换地点，今天在这儿，明天到那儿，对职业生涯发展肯定弊多利少。

（三）定位原则

择业前要对自己的水平、能力、薪资期望、心理承受能力等进行全面分析，做出比较准确的定位。成多大的事情，就要有多大的打算；要成就什么样的事业，就要做什么样的打算和计划；在技术、管理、科研等不同的领域，要有不同的发展规划、不同的发展道路。

在定位过程中，既不可悲观地把自己定位过低，也不要高估自己导致期望值过高。期望值越高，一旦不能如愿，失望也就越大。刚毕业就被知名大公司选中，而且薪资福利不菲，当然是你的运气。如果没有这种好运气，也无须气馁。不要过分在意公司的名气、薪资的高低，只要这家公司、这个专业岗位适合你，是你所向往和追求的，就应该去试一试，争取被录用。确立从基层做起、逐步积累经验、循序渐进谋求发展的理念，对一生的发展都会有好处。

除了以上"三定"，其实还有很重要的"一定"，就是"定心"。如果心神不定，朝三暮四，就无法准确地"定向、定点、定位"。无论做什么，都需要"定心"。

"三定"实际上就是解决大学生职业生涯规划中"干什么""何处干""怎么干"这三个最基本的问题。这三个问题解决好了，职业生涯发展就会比较顺利。

尽早确立目标才能有的放矢

2020届毕业生小王就读于某高职院校食品加工技术专业。刚入校时，他确立了毕业后的职业目标：食品或保健品行业的销售人员。为此，在学校期间，他一方面在努力学好自己本专业的同时去旁听其他专业开设的营销课程，另一方面主动参加社会实践活动，担任学生干部，提高自己的组织和沟通能力，培养奉献精神。与此同时，他还在某公司做兼职业务员，这使他有更多的机会把理论与实践结合起来，提高了解决问题的能力。由于在大学期间确立了明确的目标，并采取了相应的措施和行动，小王具备了较强的就业竞争力，在2019年11月的校园招聘会上，他从众多的竞争者中脱颖而出，被一家知名企业录用。

当大部分同学还在为找工作困惑、迷茫、四处奔波时，小王已收到签订好的就业协议书，在专心学习的同时也为就业做好了准备，他在职业生涯道路上已成功地迈出了重要的一步。他说，能这么早找到适合自己的工作，得益于自己的早规划、早准备。

每个大学生都会有梦想，常常会憧憬光辉灿烂的未来，向往如花似锦的前程。时代为他们提供了实现人生理想和人生价值的机遇，但是对每一个学生来说，未来总是充满不确定的因素，要实现自己的梦想，关键在于自己是否能够把握机遇。而前提性的工作之一，就是要对自己的职业生涯进行科学的规划，只有这样，才能为自己的梦想插上翅膀，使之能够在未来的天空中展翅飞翔。

二、目标确定的方法

在经过自我识别定位和职业环境分析后，大学生们就会确定一个总体目标。这个总体目标是我们的最终目标，即人生目标。职业生涯目标的确定方法主要有目标的分解和目标的组合两种。

（一）职业生涯目标的分解

职业生涯目标的实现可以用一系列的阶段来表示。目标分解是将目标清晰化、具体化的过程，是将目标量化成可操作实施方案的有效手段。目标分解是根据观念、知识、能力差距，将职业生涯的远大目标分解为有时间规定的长期、中期、短期目标，直至将目标分解为某确定日期可以采取的具体步骤。

1. 目标分解的方法

我们可以采用按时间分解和按性质分解这两种途径来分解目标（图 5-1）。

按时间分解，可以把目标分解为短期目标、中期目标、长期目标。

按性质分解，可以把目标分解为内职业生涯目标、外职业生涯目标。

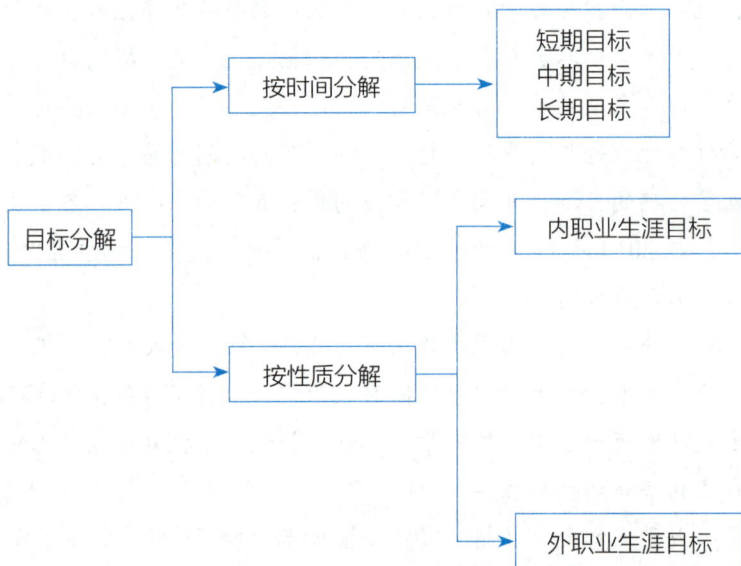

```
                           ┌──────────┐      ┌──────────────┐
                    ┌─────>│ 按时间分解 │─────>│ 短期目标       │
                    │      └──────────┘      │ 中期目标       │
                    │                        │ 长期目标       │
┌──────────┐        │                        └──────────────┘
│ 目标分解   │───────┤                        ┌──────────────┐
└──────────┘        │                   ┌───>│ 内职业生涯目标  │
                    │                   │    └──────────────┘
                    │      ┌──────────┐ │
                    └─────>│ 按性质分解 │─┤
                           └──────────┘ │    ┌──────────────┐
                                        └───>│ 外职业生涯目标  │
                                             └──────────────┘
```

图 5-1　目标分解示意图

2. 按时间分解

职业生涯目标按时间可以分解为短期目标、中期目标和长期目标。

短期目标是一些具体的、操作层面的目标，是为实现中长期目标而采取的步骤。短期目标要切合实际，有明确具体的完成时间，越具体越具有可操作性。

中期目标是许多短期目标完成的结果，又为实现长期目标打下基础。中期目标有比较具体的完成时间，也可做适当的调整。

长期目标是自己认真选择的、符合自己的价值观、与自己的未来发展相结合的愿望。长期目标有实现的可能性，又具有挑战性。

如我们常说的"我打算本学期通过英语四级考试"是短期目标，"我打算大学毕业后继续进行学历深造"则是中期目标，而"成为一名经理或高级主管"是长期职业目标（图 5-2）。

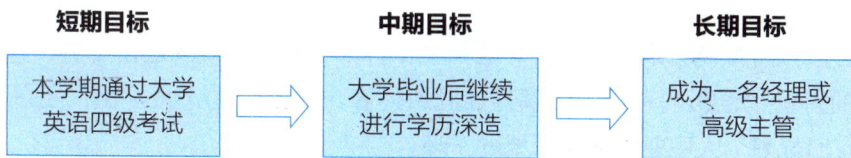

短期目标　　　　　**中期目标**　　　　　**长期目标**

| 本学期通过大学英语四级考试 | ⇒ | 大学毕业后继续进行学历深造 | ⇒ | 成为一名经理或高级主管 |

图 5-2　短期目标、中期目标和长期目标分解举例

3. 按性质分解

职业生涯目标按性质可以分解为内职业生涯目标和外职业生涯目标。内职业生涯目标侧重于职业过程中知识、经验的积累，观念、能力的提高，以及内心的感受，它包含六种主要因素；外职业生涯目标侧重于职业过程的外在标记，它包含五种主要因素（图 5-3）。

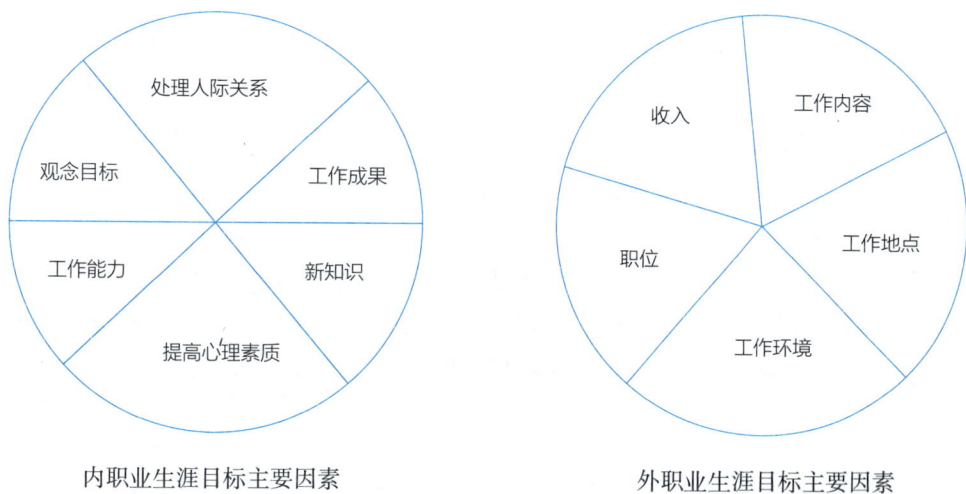

内职业生涯目标主要因素　　　　　　　外职业生涯目标主要因素

图 5-3　内职业生涯目标和外职业生涯目标的主要因素

（1）内职业生涯目标包括工作能力目标、工作成果目标、心理素质目标、观念目标等，是对处理职业生涯中各种工作问题的能力的统称，如组织领导能力、策划能力、管理能力、研究创新能力、人际关系沟通的能力、与同事协调合作的能力等。

工作能力目标：衡量一个人的职业生涯成功与否，在于他工作的过程中是否创造了富有实际意义的成果。所以，在制订个人职业生涯规划时，工作能力目标应当优于职务目标。当然，工作能力目标应当切合实际，具有挑战性，并与该阶段的职务职称目标所要求的条件相匹配。

工作成果目标：工作成果是进行绩效考核的重要指标，优异的工作成果不仅带给我们荣誉感和成就感，也铺砌了晋升之途的阶梯。

心理素质目标：在职业生涯中，只有心理素质合格的人才能正视现实，努力克服困难，追求卓越。为了使职业生涯规划蓝图能够变成现实，就要不断提高自己的心理素质。心理素质目标包括抗挫折、包容他议，也包括在暂时的成功面前保持冷静清醒，做到能屈能伸，宠辱不惊。

观念目标：当今社会是个强调观念的社会，各种各样新的观念层出不穷。这些观念影响着我们的行动，也影响着组织、领导、同事、客户对我们的态度。随时更新自己的观念，也是我们规划个人职业生涯的重要的一环。

（2）外职业生涯目标包括职位目标、工作内容目标、收入目标、工作地点目标和工作环境目标等。

职位目标：应具体、明确，清晰的职务目标应该是专业加职务。

工作内容目标：在现实生活中，能够达到高层职位的人毕竟是少数。而且，能否晋升很大程度上并不取决于我们自己。所以，建议把外职业生涯目标规划的重点转移到工作内容目标上来，即把某一阶段你计划完成怎样的工作内容详细列出来。工作内容目标对于选择了专业技术型发展路线的人格外重要。因为这些人的发展体现在他们在本专业技术领域取得的成果及相应的职称晋升。所以，具体可行的工作内容目标才是规划的重点。

收入目标：获得经济收入是我们工作的一大目的，毕竟每个人离不开生存的物质基础，在职业生涯规划中列出收入期望无可非议。但要注意的是收入目标应切合自己的能力素质和实际，大胆规划出一个具体的数目，这个数字将在日后成为你的重要激励源，不要含糊不清或根本就不敢写。

工作地点目标和工作环境目标：如果你对工作地点或工作环境有特殊要求，就要在规划中列出这两项内容。总之，尽可能根据个人喜好来规划，但切勿太过细碎，以免影响选择面。

内职业生涯的发展是外职业生涯发展的前提。内、外职业生涯目标主要因素之间的关系如图5-4所示。

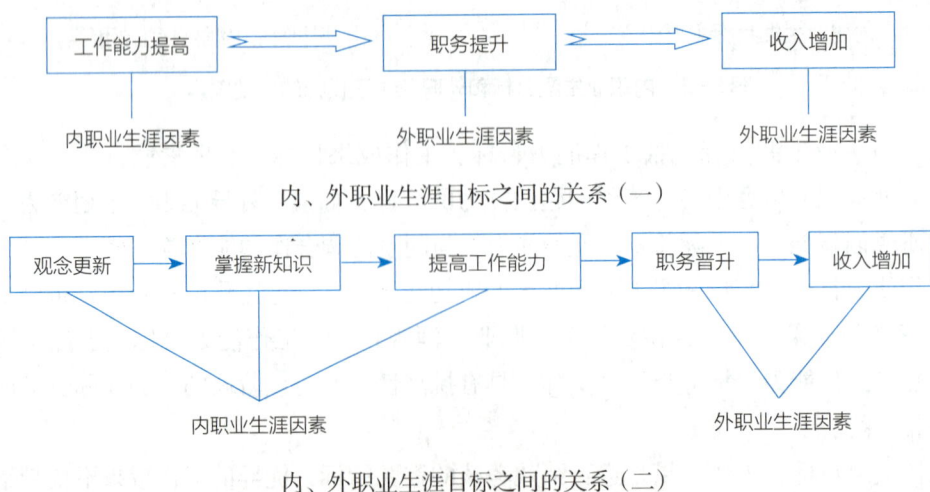

内、外职业生涯目标之间的关系（一）

内、外职业生涯目标之间的关系（二）

图5-4　内、外职业生涯目标主要因素之间的关系

从图 5-4 中可以看出，内职业生涯各要素的发展是因，外职业生涯各要素的发展是果。只有内职业生涯发展了，外职业生涯才能获得提升。

（二）职业生涯目标的组合

目标的组合是处理不同目标相互之间关系的有效措施。职业生涯目标的组合有三种方法：时间组合、功能组合和全方位组合（图 5-5）。

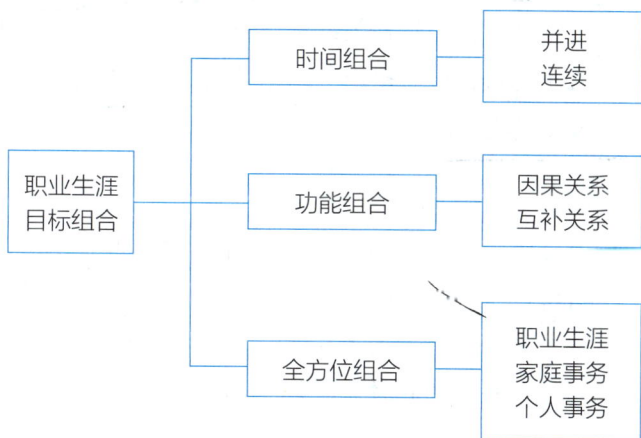

图 5-5　职业生涯目标的组合

1. 时间组合

职业生涯目标在时间上的组合可以分为并进和连续两种情况。

（1）并进。职业生涯目标的并进是指同时着手实现两个平行的工作目标，或者建立和实现与目前工作内容不相关的职业生涯目标。

有时候，外部环境给予我们的机会很多，这让我们面临着多个选择，只要处理得好，又有足够的精力和能力来应对，在一定的范围内是可以做到鱼与熊掌兼得的。这里所说的"同时着手实现两个平行的工作目标"指的是在同一时间内进行不同性质的工作，如上大学时参加社会实践，教书又搞科研等。这就是目标的并进，它是指同时实现两个以上的目标。

（2）连续。连续是以时间坐标为节点，将多个目标前后连接起来，实现一个目标后再进行下一项工作。一般来说，较短期目标是实现较长期目标的支持条件。目标的期限性也是相对的，即随着时间的推移，长期目标成为中期目标，中期目标成为短期目标，短期目标成为近期目标。只有完成好每一个近期目标和短期目标，最终目标才有可能实现。如通过了大学英语四级考试后再通过六级，攻读硕士学位后再攻读博士学位等，就是目标的连续。

127

2. 功能组合

很多职业生涯目标在功能上存在因果关系或互补作用。

（1）因果关系。有些目标之间存在着明显的因果关系，如获得工商管理学位与成为一名经理就存在因果关系。获得工商管理学位是因，而成为一名经理则是果。通常情况下，内职业生涯目标是原因，外职业生涯目标是结果。一般因果排序为：观念更新目标→掌握新知识目标→提高工作能力目标→职务晋升目标→经济收入提高目标。

（2）互补关系。职业生涯目标的互补关系是显而易见的，一般高校教师往往同时肩负教学和科研两项任务。教学为进行科研提供了理论基础和方法指导，科研实践又促进了教学内容的丰富、更新和质量的提高。

3. 全方位组合

全方位组合是指个人的职业生涯目标与家庭生活、个人其他事务均衡发展，相互促进，涵盖了人生的全部活动。如某大学生一边担任学生干部一边兼职，还要攻读第二学位，是具有长远眼光的，是有助于个人未来发展的。因为对大多数学生而言，学习是最重要的任务。若在担任多重社会角色的同时无法兼顾各项任务，势必影响到学习，所以在处理这些角色时要有全局意识。

三、目标确定的过程

确定自己的职业生涯目标不是一件容易的事，大多数人都是经过一番努力才找到自己的目标。问自己以下这些问题，它们能够帮助你在一团迷雾中找到方向。

问题 1：我的梦想是什么？我最喜欢干什么？我的兴趣爱好是什么？

获得过诺贝尔物理学奖的丁肇中说过："兴趣比天才重要。"兴趣会直接影响你的职业生涯。你对某种职业感兴趣，就会对该种职业表现出肯定的态度，并积极地思考、探究和追求。

你也可以通过测试来发现你的梦想和兴趣爱好。更重要的是，测试能帮助你理顺这些兴趣与职业生涯目标的关系，现在常用的是霍兰德职业兴趣量表等工具。

问题 2：我最适合做什么？

性格是你对现实的一种稳固的态度以及与之相适应的习惯性行为方式。它不仅表现在对人、对自己的态度上，同时也表现在对职业生涯目标的选择和态度上。

开朗、活泼、热情、温和的性格，一般比较适合从事演艺娱乐、服务、新闻以及其他与人交往的行业；多疑、好问、深沉、严谨的性格比较适合从事科研、教学方面的职业。

如果你从事的职业与你的性格相适应，你工作起来就会感到得心应手、心情舒畅，也容易在工作中取得成就；反之，你就会感到缺乏兴趣、被动并难以胜任，即使完成了工作任务，常常也会感到力不从心、精神紧张。

你也可以通过职业性格测试来了解你的性格，并发现你适合从事哪类工作。

问题3：我能做什么？

能力是一个人顺利完成某种活动所必须具备的心理特征，是影响一个人活动效果的基本因素。你进行任何一项活动，都应具备一定的能力；你从事任何一种职业，也必须具备相应的能力。

能力倾向指的是一个人的潜能，即从未来的训练中获益的能力。

职业分为不同的类型，因而对人的能力有不同的要求。在选择职业的时候，你要注意能力类型与职业类型的匹配。比如，你擅长形象思维，就比较适合文学艺术方面的职业，而不太适合从事科学研究方面的职业。如果你从事的职业与你的能力类型不适应，甚至相排斥，你工作起来不仅心情不舒畅，而且也难以取得成就。

你也可以通过测试来了解你的能力。

现在，画三个圆圈，把每一个问题和它的答案圈起来，每一个圆圈代表一个集合，那么，你要找的职业生涯目标就是这三个圆圈的交集，即你最喜欢和你最适合做的事，也是你能做到最好的事，这就是你的职业生涯目标。

四、大学生生涯目标分析

大学生生涯最常见的目标就是升学、出国或就业，三种选择各有各的优势，无所谓高低优劣之分。学历只是社会评价的标准之一，升学、出国还是直接就业本身无所谓优劣，这主要看个体的约束条件。要根据你自己的实际条件选一条最合适的路。

除了一流名牌大学的本科毕业生毕业后有半数继续攻读硕士研究生或出国深造，一般本科、专科院校的本科生和硕士研究生毕业后，绝大多数还是直接进入社会参加工作。可见，就业是在校大学生的最常见目标。

据统计，2015年高校毕业生为749万人，2016年高校毕业生为765万人，2017年高校毕业生为795万人，2018年高校毕业生为820万人，2019年高校毕业生为834万人，2020年高校毕业生为874万人，2021年高校毕业生首次突破900万人，达到909万人，2022年高校毕业生将超过1000万人。面对如此严峻的就业形势，抓住机遇及早就业成为大学生的主要目标。

在就业目标确立过程中要注意以下问题。

（一）转变就业观念

麦可思发布的《中国企事业单位对大学毕业生职业技能需求报告》认为，在近20年的经济高速增长中，中国的职业结构已经发生巨大变化，但中国大学毕业生的就业观念仍很陈旧。如绝大多数大学毕业生都以留在大城市，进入国家机关、国有企业、外资企业和各种大型机构为第一就业选择，只有1.3%选择去私营企业。因此，打破传统求职观念，用一双善于发现机会的眼睛，愿意开动勤于思考的大脑，就能开创求职新思路，为实现人生目标做好准备。

首先，拓宽视野，选择可以发挥自己能力的天地。有些大学生为挤入北京、上海、广州和深圳这几个大城市而争得你死我活，为得到这些城市的户口去做一些毫无技术含量的工作，舍弃自己原来的职业生涯规划，荒废了专业知识，最后才发现一直在不停追求的东西不仅没有得到，反而失去了更为珍贵的东西——经验的积累和能力的提高；而与此同时，已经有人慢慢向外围发展，为了自己的目标寻找合适的地方。

其次，改变对职业的认识，不断寻找新的职业领域。当"大学生村官""农业生产技术员"这些职业映入大学生眼帘的时候，当越来越多的大学生选择为了农村的发展而进入这些行业的时候，大家应该能意识到：现在有了越来越多的职业选择。职业面的拓展为大学生们提供了更多的求职机会。因此，大学生们应该对社会上出现的这些新职位给予更多的关注，来缓解激烈的竞争压力。同时，也不要盲目追寻，在选择这些职位的时候，应该收集相关职位信息，看和自己的性格、专业是否匹配，要在新的领域发挥自己的潜力。

最后，不是选择最好的，而是选择适合自己的职业。好的东西不一定适合自己。大学生在选择目标企业的时候，到底去大企业还是小企业？大部分学生倾向于去大企业，觉得规模大，机制健全，可以学到更多的东西。但在大企业中，刚刚走出校门的大学生很少能有机会和公司的高层领导交流，在人才济济的公司里很少得到重视，发展的步伐也会因此受到一定的阻碍。而在规模相对小的企业，员工们有着更为和谐的工作环境，并且更容易得到领导的关注，遇到问题也可以随时交流，一般工作的覆盖面也相对广些，可以扩大知识面，做个多面手，对自身素质和能力的提高有很大帮助。

（二）找到合适的支点

在强大的就业压力面前，越来越多的大学生或感慨自己怀才不遇，或感慨自己能力太差。其实，如果能够找到合适的支点，大学生也可以找到满意的职业。

首先，眼光不能过高或过低，目标要切实可行。有的大学生觉得以后为别人打工没有希望，不如自己当老板，对自己过于自信，对社会环境的了解过于浅薄，目标脱离实际；有的大学生认为自己家庭条件不错，找份可靠的工作不成问题；也有人认为就业形势严峻，研究生尚且找不到工作，高职生有份工作就不错了，自暴自弃，完全没有目标。大学生要客观看待周围和自身条件，树立切实可行的目标。

其次，避免过于执着和盲目跟风。把事情理想化、追求高薪是年轻人择业的误区。年轻人还是要以提高自身素质为前提，不要盲目追求眼前的利益，理想也需要有能力才能实现。

对大学生来说，自己的职业还是一片空白，首先要为自己定下职业目标。刚毕业的大学生不应该把金钱等作为选择工作的首要标准，而是要更快地提升自身素质，积累自己的工作经验，为丰富自己的工作经历打下良好基础。其实，没有完美的工作，每种工作都有好与坏的两面，要学会平衡和知足。同时，也不要"在一棵树上吊死"，如果不能直接实现自己的既定目标，就可以寻找别的工作机会，为以后的求职"充电"、做准备。

（三）拓展就业渠道

为了顺利就业或在激烈的竞争中有一席之地，越来越多的大学生采用以下方式拓展就业渠道，确立合适的就业目标。

首先，参加职业资格考试，掌握求职第二块"敲门砖"。参加社会证书考试和职业资格考试是现在大学生比较热衷的"充电"方式之一。有很多学生把这些考试的证书视为大学毕业证之外的第二块"敲门砖"，参加公务员考试、教师资格证考试、会计专业技术资格考试、雅思考试（国际英语测试系统）等。为了给自己找到出路，很多学生抱着"东方不亮西方亮"的态度，报考很多培训辅导班，毕业时拿了很多证书，却没有用处。在此建议大学生不要盲目地报考各种职业资格考试，要结合自己的专业和职业发展目标，有计划地考取相关的职业资格证书。

其次，辅修第二专业，增加就业砝码。随着互联网的普及，在线教育成为大学生获取更多知识的方式。大一新生选择就读网络大学，利用课余时间修习完相关课程，到毕业时还可以拿到国家承认的两个毕业证书。专家表示，网络大学要求学生有较强的学习能力和自制能力，大家在选择时要因人而异，同时应该选择应用范围广的专业，如英语、管理学等。

再次，利用课余时间打工，积累工作经验。众多用人单位在招聘员工时，常常会要求"有从事某某工作的经验两年或三年以上"，这道门槛对于应届毕业生来说是无法逾越的。所以，在校大学生应及早做准备，利用课余时间打工，积累工作经验，这也是提高自身竞争能力的一种手段。但还是要注意以学习为主，兼职时间和学业课程安排一定不能起冲突，要分清主次，在不耽误学业的前提下进行社会实践。

最后，参加职前培训，掌握求职技巧。很多学生的基本功很扎实，但是面试的"临门一脚"失利，因此大学生平时应加强求职技巧方面的知识积累。目前，学校就业指导中心和一些职前培训机构都可提供面试技巧、职位描述、行业知识等培训。

随着高等教育大众化的到来，高端岗位的就业压力也在增大，大学生必须多方面提高自己的竞争能力。每一名大学生都要根据自身的条件和优势，找到适合自己的"充电"方式，再利用自身优势在就业市场竞争中找到适合自己的位置。

第二节
生涯决策

一、生涯决策的基本理论与方法

（一）SMART 分析法

SMART 分析法是从具体性（specific）、可衡量性（measurable）、可达成性（attainable）、相关性（relevant）和时限性（time-based）这五方面对目标进行设定的方法。

1. 目标必须是具体的（S）

这里的目标具体，指的是目标明确。所谓明确，就是要用具体的语言清楚地说明要达成的行为标准。明确的目标几乎是成功的必然条件，很多不成功的行动，就是因为目标不明确，或没有将目标有效地传达给自己。

如"加强体育锻炼"这种目标描述就很不明确。你现在是什么水平？你将要达到什么水平？什么是你认为的"体育锻炼"？走路对老年人来说可以算是体育锻炼，那走路对大学生算体育锻炼吗？加强到什么程度算实现了"加强"呢？

具体的目标设置要有项目、衡量标准、达成措施、完成期限以及资源要求，使自己和你的辅助人（家长或老师）能够很清晰地看到你要做什么，以及要得到什么结果。

2. 目标必须是可以衡量的（M）

目标可衡量，是指应该有一组明确的数据，作为衡量目标是否达成的依据。

如果制定的目标没有办法衡量，就无法判断这个目标是否实现了。如上面说的"加强体育锻炼"，需要给出一个可以衡量的指标——以前每天跑步 10 分钟，现在每天跑步 20 分钟；以前每天做俯卧撑 5 个，现在每天做俯卧撑 10 个；在 3 个月内达到一次能做 20 个俯卧撑的水平；等等。这些细化的指标，都会让你的目标变得可以衡量。目标的衡量标准遵循"能量化的量化，不能量化的质化"，使目标制定人有一个统一的、标准的、清晰的标尺。要杜绝在目标设置中使用概念模糊、无法衡量的形容词。对于目标的可衡量性，应该首先从数量、质量、成本、时间、自己的满意程度五方面来考量；如果不能进行衡量，可考虑将目标细化为分目标，然后再从以上五方面衡量；如果仍不能衡量，还可以将完成目标所需的工作进行流程化，从而使目标可衡量。

3. 目标必须是可以达成的（A）

目标应该是自己能够接受并执行的，不应该来自老师或者家长的压力。

如考试前突击复习就属于难以达成的目标。如果每天都给自己太多任务，不仅完不成，复习不好，还会给自己带来压力，并且逐渐失去信心。

4. 目标必须和其他目标具有相关性（R）

目标的相关性是指此目标与其他目标的关联情况。对于大学生来说，你制订的计划一定要与阶段性目标相结合。如果你希望在大学一年级能将课程总成绩提升 35 分，那可能相当于每一科提升 5 分左右，那么你的计划就要与这个目标结合起来去设计。

如"加强体育锻炼"这件事可以与自己体育成绩的最后得分相关联。如果希望自己大学一年级结束后体育能获得好成绩，那么就要针对自己薄弱的项目进行锻炼，为实现期末的体育成绩提升做准备。

5. 目标必须具有明确的截止期限（T）

目标的完成是有时间限制的。"我将在 2021 年 5 月 31 日之前完成某事"，5 月 31 日就是一个确定的时间限制。没有时间限制的目标就没有办法考核，会导致不公平的评价。

你可以给自己的锻炼目标设置一个结果，同时确定一个达成时间。这个达成时间一定是经过努力后可以实现的。这样，你的目标达成效果会更好。

（二）平衡单分析法

决策平衡单经常被应用于问题解决模式和职业咨询中，用以协助咨询者系统地分析每一个可能的选项，判断执行各选项的利弊得失，然后依据其在利弊得失上的加权计分排定各个选项的优先顺序，以执行最优先或偏好的选项。此种方法也可在进行职业选择时予以考虑，一般有以下步骤：

（1）列出可能的职业选项。首先在平衡单中列出 3—5 个有待深入考量的潜在职业选项。

（2）判断各个职业选项的利弊得失。平衡单中提供给选择者思考的重要得失集中于四方面，分别是自我物质方面的得失、他人物质方面的得失、自我赞许（精神方面）的得失、他人赞许（精神方面）的得失（见表 5-1）。选择者可依据重要的得失，逐一检视各个职业选项，并以"-5"至"+5"的十一点量表（+5，+4，+3，+2，+1，0，-1，-2，-3，-4，-5）来衡量各个职业选项。

（3）各项考虑因素的加权计分。选择者在权衡各方面的利弊得失时，会因身处不同情境而有不同的考量。因此，在详细列出各项考虑层面之后，须再进行加权计分。即对当时个人而言，重要的考虑因素可乘以 1—5 倍的系数，依次递减。

（4）计算出各个职业选项的得分。逐一计算各个职业选项在"得"（正分）与"失"（负分）之间的加权计分与累加结果，并计算各个生涯选项的总分。

（5）排定各个职业选项的优先次序。最后，依据各职业选项在总分上的高低，排定优先次序。职业选项的优先次序即可作为选择者职业生涯决策的依据。

表 5-1　生涯决策平衡单（样表）

选择项目		加权分数					
考虑因素		重要性的权数（1—5 倍）	选择一		选择二		选择三	
			+	−	+	−	+	−
自我物质方面的得失	1. 收入							
	2. 工作的难易程度							
	3. 升迁的机会							
	4. 工作环境的安全							
	5. 休闲时间							
	6. 生活变化							
	7. 对健康的影响							
	8. 就业机会							
	……							
他人物质方面的得失	1. 家庭经济							
	2. 家庭地位							
	3. 与家人相处的时间							
	……							
自我精神方面的得失	1. 生活方式的改变							
	2. 成就感							
	3. 自我实现的程度							
	4. 兴趣的满足							
	5. 挑战性							
	6. 社会声望的提高							
	……							

续表

选择项目		加权分数					
考虑因素		重要性的权数 （1—5倍）	选择一		选择二		选择三	
			+	−	+	−	+	−
他人精神方面的得失	1. 父母							
	2. 师长							
	3. 配偶							
	……							
加权后合计								
加权后得失差数								

小语的生涯决策平衡单

基本情况：小语，女，河南某大学教育技术学专业三年级学生，性格外向，开朗活泼，喜欢与人交往，口头表达能力很强，是学院学生会干部，组织能力强。还有一年就要毕业了，她考虑自己有三个发展方向：中学信息技术教师、市场销售总监、计算机专业硕士研究生。以下是她的具体想法。

（1）中学信息技术教师。小语认为这个职业是她的本专业，存在着最大的专业优势，工作也比较稳定，但目前社会需求量并不大。

（2）市场销售总监。小语希望能用10年的时间实现这个目标，认为这个职业符合自己的性格和兴趣。同时，她也有过一些利用暑期和课余时间兼职做销售的经历，她认为可以利用自己的专业来更好地辅助销售工作。

（3）专升本，再考取计算机专业硕士研究生。小语的父母都是高校的教师，他们希望小语能够继续深造，以后到大学任计算机专业教师。但小语认为，虽然高校教师工作稳定，收入也高，但她不喜欢计算机专业的教学工作，且考研也有一定的困难。

小语利用生涯决策平衡单做出的职业决策结果见表5-2。

表5-2　小语的职业决策平衡单

选择项目		加权分数					
		重要性的权数（1—5倍）	中学教师		销售总监		考研	
考虑因素			+	−	+	−	+	−
自我物质方面的得失	1. 符合自己理想的生活方式	5		3	5			1
	2. 适合自己的处境	4	4		5		3	
	3. 有较高的社会地位	3	1			3	3	
	4. 工作比较稳定	5	5			5	5	
他人物质方面的得失	1. 优厚的经济报酬	4	5		4		5	
	2. 足够的社会资源	5	4		3		5	
自我精神方面的得失	1. 适合自己的能力	4	4		5		5	
	2. 适合自己的兴趣	5	1		5			4
	3. 适合自己的价值观	5	2		4		1	
	4. 适合自己的个性	4	3		5		2	
	5. 未来发展空间	5		3	4		5	
	6. 就业机会	4	3		4		3	
他人精神方面的得失	1. 符合家人的期望	2	2		1		5	
	2. 与家人相处的时间	3	3		1		4	
加权后合计			152	30	202	34	183	25
加权后得失差数			122		168		158	

　　小语通过生涯决策平衡单的分析，她的三个发展方向的得分，市场销售总监＞考研（高校计算机专业教师）＞中学信息技术教师。综合平衡之后，市场销售总监这一职业较为符合小丽的职业生涯目标。在进行职业选择时，小丽最为看重职业是否符合自己的兴趣和职业价值观，职业是否有发展空间，是否符合自己理想生活的需要等几方面。

二、职业抉择的策略

（一）职业选择的过程

1. 全面理解职业内涵

首先列出你所希望从事的三种工作，从工作内容、工作方式、工作角色和工作要求四方面，看看自己对想干的工作能理解多少。如果有许多内容自己不甚了了，那就应该回过头去对工作内容进行深入的探究，免得将来走弯路。

上面列出的四方面，对某些工作而言，其联系是非常紧密的，相关性比较大。拿现在比较热门的咨询行业来讲，这一行业通过与人接触、交涉、谈话甚至辩论这种工作方式来给人提供意见、建议作为决策的参考，要求从业者具备广博的知识结构，不断更新知识层次，有掌握并提炼最新科学知识的能力，有与人沟通协调的技巧，有分析问题、解决问题的能力，等等，对综合素质的要求是非常高的。再如金融证券行业，它的工作内容是与数值打交道并对其进行分析判断，观察、分析、思考、判断与决策是它的工作方式，从业者经常要独立操作，有时需要与人配合和联络，甚至对他人进行考察、监督或监管，这样的工作内容、工作角色和工作方式要求金融从业人员具有较高的自律精神、高度的金融敏感性、果断的决策作风、准确的判断能力等。

工作内容、工作方式、工作角色、工作要求有时是交叉的。它们互不相同，又是互相联系的。即使在某些相同的工作岗位，工作角色分配和要求也不一样。如同样是软件编程员，有时需要对细节的处理能力，有时需要宏观的控制能力，有时是单独工作的角色，有时是与人配合的工作角色。这就有赖于对工作的全面理解。

2. 理想职业与现实职业的选择

明确了所希望的工作，下一步就是看哪些工作真的适合你了。为了分析理想工作的现实可能性，下面列出了两方面问题，你可以据此评价你最希望从事的两种工作。

（1）能力可能性和价值观可能性，即自己有能力干吗？仅仅靠自己的能力完全能干好吗？自己的能力能得到充分发挥吗？自己能负起所希望的责任吗？工作与自己的价值观矛盾吗？自己的价值观能为企业所接受吗？

（2）目标可能性和匹配可能性，即这一工作能实现自己所希望的生活方式吗？是自己爱好的工作内容吗？自己能得到希望的报酬吗？这一工作与自己的教育、资格等条件相符吗？能实现自己的长期目标吗？劳动条件等可以接受吗？

理想职业与现实职业是有一定距离的。如果你最希望从事的工作，在以上的四种可能性当中肯定性的回答占多数，那证明你的选择是有一定现实基础的；反之，如果否定性的回答占多数，那你就不得不重新考虑你的现实职业了。

3. 志愿单位的具体化

对工作有了全面理解之后，就可以进行志愿单位的排序了。主要考虑条件有地理条件、单位性质、单位规模、所属行业、收入、提升机会、专业对口度、工作环境、福利、调动工作的可能性、稳定性等。列出三个志愿单位之后，针对以上所列出的一些内容进行适合度的衡量，看看这三个单位对自己的适合程度如何。

4. 制约条件的权衡与取舍

任何一个就业单位都有其有利条件和不利因素，十全十美的就业单位毕竟是少数。在选择时，求职者对一些不利因素或许能够妥协，而对其他因素则可能无法妥协，这就是制约因素。必须对这些制约因素进行全盘考虑再决定最终的单位取舍。起作用的制约因素有工资水平、单位性质、工作地点、工作时间、工作内容、业余时间分配、专业对口程度、福利以及对单位的总体印象（如形象、风气和文化等）。评价有两种标准，即不能妥协的和能妥协的。毕业生可以针对具体单位进行评估（在这里假设所有的制约因素的重要性是相同的），如果不能妥协的因素占大多数，也许你就应该重新考虑你的志愿单位了。结合前面所列出的职业兴趣、价值观等方面的比较，去除这些制约因素，从中找出最符合你的职业兴趣、角色兴趣、价值观等因素的就业单位，便是你的最佳选择。

（二）职业选择的策略

1. 从客观现实出发

职业选择必须从客观现实出发。首先要将个人的职业意愿、自身素质与能力结合起来，加以充分考虑，估计一下自己能否胜任某项职业，认真评价个人职业意愿的可能性，即进行准确的自我评价和定位。同时，要对职业岗位空缺与需求做出客观分析。

2. 比较鉴别

首先，在职业和就业者之间进行比较。将职业对人的要求具体化，如教师职业要求有较强的语言表达能力，艺术工作者要求有丰富的创作力，等等。其次，在选出的多种职业目标中进行比较。自己的条件可能适合好几种职业，应当选出那些更符合自己特长和专业的、经过努力能很快胜任的职业。最后，将职业所需的各种条件进行比较。因为从事某种职业所需要的各种条件是有主次之分的，每个人进行职业定向时也是经过多方面考虑的，所以当个人的素质符合某种职业的主要条件时，职业选择就比较容易成功。

3. 扬长避短

在选择职业时，要清楚地知道自己的长处是什么，短处是什么。一般来讲，当职业与个人的理想、爱好、性格特点、专业特长最接近时，个人的主观能动性就容易激发出来。因此，走上工作岗位后，如果能最大程度地发挥自己的专长，能在工作中自由而全面地发展，才有可能热爱自己的工作，才能把工作当作一件愉快的事情去做，才能卓有成效地开创未来。

4. 适时调整

是否依据以上三个策略做出的选择就不需要改变了呢？有的人可能当时的选择是对的，后来情况发生变化；还有的人在选择时考虑不够全面，在实践中行不通。这就要依据新的情况，适时调整，重新慎重选择，以实现自己的职业生涯设计方案。适时调整的引申含义是，如果自己心目中的理想单位和职业不能一步实现，可以采取打好基础、抓住机会、分步跃进、逐渐逼近的策略。为理想而奋斗终生的例子举不胜举。作为大学毕业生，应该树立有所作为的目标，如果客观条件不具备，就应该适时调整，创造时机使条件成熟。

大学毕业生的职业选择只是职业发展计划中的第一步。走好第一步固然重要，但未来的路还很长，也许还会面临更多的选择。正如管理大师彼得·德鲁克所说：对你而言，你所做的工作选择是正确的概率大约是百万分之一。如果你认为你的第一个选择是正确的，那么就表明你是十分懒惰的。因此，必须大量地、不断地搜寻和转变，才可能发现一条从心理上和经济上都令自己满意的职业发展道路。

第三节
职业发展路径与行动计划

在确立了职业目标后，需要寻求实现目标的最佳途径，并有计划地付诸行动。

一、职业发展路径概述

（一）职业发展路径的定义

职业发展路径，通常指一个人职业发展过程中由一系列岗位构成的链条，是当一个人确定了自己的职业发展目标后为了实现职业目标所选择的发展道路，也是组织为内部员工设计的自我认知、成长和晋升的管理方案。

（二）职业发展路径的内容

职业发展路径的主要内容有三方面：职业梯、职业策划和工作进展辅助。

1. 职业梯

职业梯（图5-6）是决定组织内部人员晋升的不同条件、方式和程序的政策组合。职业梯可以显示出晋升机会的多少以及如何去争取机会，从而为那些渴望获得内部晋升的员工指明努力方向，提供平等的竞争机制。

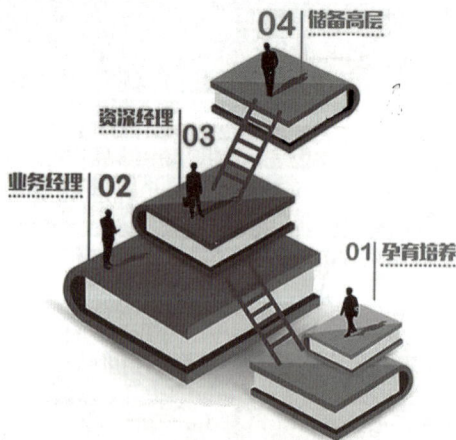

图5-6 职业梯

2. 职业策划

职业策划是指企业在员工进行自我评估时给予他们有效的援助，帮助员工确认自身的能力、价值、目标和优势、劣势。

职业策划同职业计划既有联系又有区别。职业计划中涉及的员工自我评估无须同特定组织相联系，而职业策划则包含组织的援助；另外，职业策划与职业计划的形式和准确性也有差异，时间上也很难趋于一致。职业策划由组织中有专业知识的人力资源部门提供正规的帮助，可以确保对员工的评估在形式、时间和内容范围上的一致性，具有一定的准确性。职业策划和组织的需要密切相关。职业策划完成后，组织可以利用收集到的评估结果为员工提供可参考的职业计划。

3. 工作进展辅助

工作进展辅助是组织为帮助员工胜任现实工作、顺利完成各项工作任务而提供的各种辅助行为。工作进展辅助的方式灵活多样，视组织内工作性质、条件不同而不同。总体来说，工作进展辅助是以协助员工在工作中成功积累经验为目的的。

二、职业发展路径的设计方式

在现代组织的发展趋势下，职业发展路径的设计也要多元化，目前主要有下列几种。

（一）单一纵向职业发展路径

单一纵向职业发展路径是传统的职业发展模式，即从一个特定的工作到下一个工作纵向向上发展的路径。员工按照逐级上升的方式，从一个岗位向上一级岗位变动（图5-7）。这是我国多数员工多年来一直使用的模式，优点是员工可以清晰地看到职业发展序列。但这种单一路径最明显的缺陷是侧重于管理类人员发展，而中、高级专业技术人员却没有相应的发展路径，这样，高级专业技术人员会因缺少发展路径而离开组织，发生人才流失，或者专业技术人员被提升到管理岗位，产生能力同岗位不适应的情况，造成人才浪费。

（二）双重职业发展路径

双重职业发展路径是指除了管理生涯阶梯，还平行设置专业技术生涯阶梯，两个阶梯同一级的地位是平等的。新进员工完成职业适应后，可以自由选择其中一个职业路径发展，其中还拓宽了专业技术人员的发展路径，一般技术人员可以在二者间选择最适合自己兴趣与能力的发展路径（图5-8）。双路径设置让专业技术人员能够与管理类员工获得同等的薪酬、地位和发展机会，能让有贡献的员工即便基本工资低于管理类人员，也有机会靠项目奖金等方式提高收入，让有贡献的员工有选择职业发展道路的机会。

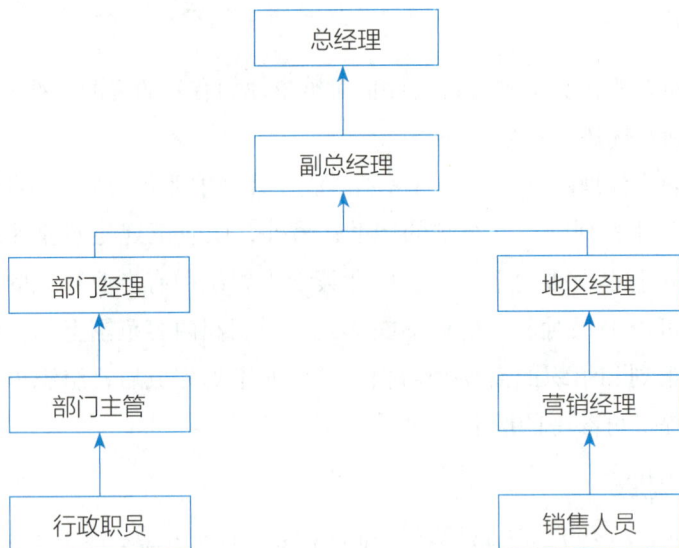

图 5-7 单一纵向职业发展路径模型

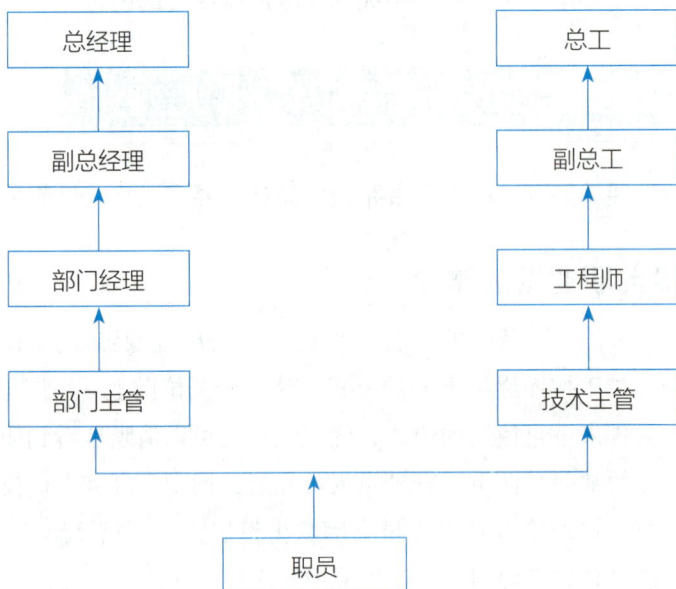

图 5-8 双重职业发展路径模型

(三) 横向职业发展路径

横向职业发展路径模式打破传统纵向发展模式，有效拓宽职业发展路径，满足员工不同职业需求（图 5-9）。这一模式通过横向调动增加员工职业经历，完备员工技能，开阔其职业发展视野，既激发了员工潜力，又焕发了组织活力。扩大工作职能、丰富工作内容及轮岗等都属于这一模式。

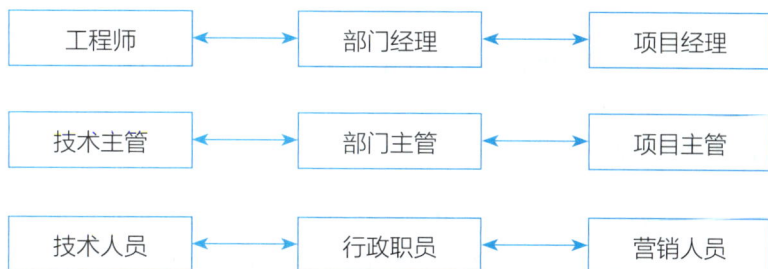

图 5-9　横向职业发展路径模型

（四）网状职业发展路径

伴随组织发展、人才需求与员工职业需求的多元化发展，网状职业发展路径为复合型优秀人才提供了更加灵活的职业发展路径。网状通道从纵向、横向上为员工拓宽了职业发展路径，为员工提供了多样的生涯发展可能性（图 5-10）。其最大的优势在于可以避免路径堵塞，缓解了职业高原现象，员工职业发展不必局限于某种既定的模式和路径，条条大路通罗马。同时，当组织某职位空缺时，可选择范围也较大。多样、开放的职业发展路径还能在一定程度上化解岗位争夺的矛盾冲突，在面临组织战略大调整时可以平稳完成人员转岗，故而能提高组织的应变力。当然网状路径也会因其复杂性，在进行职业生涯管理时存在一定的难度。

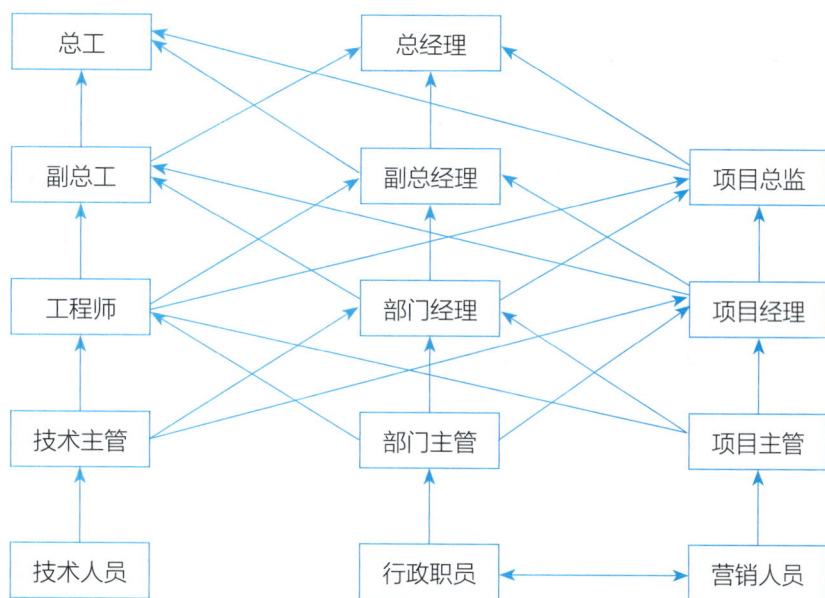

图 5-10　网状职业发展路径模型

"中国网络红娘第一人"的创业历程

办征婚网站源于征婚受骗

龚海燕创办征婚网站的缘由，是她个人征婚受骗的经历。因为曾辍学三年，她一直比同班同学大，个人问题成了老大难，只好开始征婚。结果，她先后两次被婚介交友网站欺骗。这两次受骗，让她萌生了创办一个严肃的、以婚恋为目的的交友平台的想法。

龚海燕说做就做。当时，她手上还有在北京大学读书时做家教积攒的近4万元钱。于是，她拿出1000元钱，制作了一个简单网页，就开始游说身边的人发资料给她。最初的一两千名客户都是一对一地动员上来的，基本上都是她的朋友、同学。最开始是华中科技大学同济医学院的一个女硕士，接着是上海交通大学的一个男博士，慢慢地，1000人，10000人……网站的人数呈几何级数增长。2004年2月15日，在会员的要求下，龚海燕在北京、上海两地同时举办了交友见面会，竟然还赚了1万多元。同年，她在上海注册了信息科技有限公司经营该网站。

靠严肃赢得市场

当时的互联网上充满了形形色色的交友网站，但由于门槛太低，这些网站几乎充斥着不健康的交友信息。龚海燕另辟蹊径，实行会员制，将会员定位在大专以上学历，并要求会员提交真实的身份证明资料。

她最初的想法就是帮助身边大龄、高学历的朋友们找到合适的另一半，没想到，到2005年年底，她创办的交友网站的会员已经达到32万人，连续几个月都是百度交友网站排行榜上的冠军。尽管没有打广告，也没有投入任何宣传费用，但"严肃婚恋"的定位和严格的身份鉴定制度还是很快为她的网站赢得了市场，龚海燕也因此得到了"中国网络红娘第一人"的美誉。

随着会员数的暴涨，网站开支剧增。2005年5月，龚海燕收到了一所培训学校的副校长老钱的来信。一次见面后，什么协议也没签，老钱就给网站打进了200万元的资金。2007年4月，网站获得共4000万元的投资，之后又有其他投资商追风投资，先后累计达2亿元。2011年，公司在美国纳斯达克成功上市，成为首家上市的婚恋公司。

艰难探索盈利模式

随着风险投资资金的进入，公司经营追求回报的压力大增，而国内网民习惯免费，因而几乎所有婚恋交友网站都在提供免费服务，寻找合理有效的盈利模式已经成为婚恋网站全行业面临的难题。

由于实行会员免费制，龚海燕创办的交友网站的主要收入来自互联网广告、线下 VIP 婚姻介绍服务、线上增值产品、线下活动等。线上增值产品包括虚拟礼品、VIP 会员服务等。接下来，网站开始着手进军婚庆市场，计划做成婚庆行业的 B2C 平台。传统的线下婚庆，以及和婚庆相关的公司如影楼等，均可在新网站上搭建自己的销售平台，而网站将和它们分成，打造婚庆领域的"阿里巴巴"。

华丽转身，再次出发

2013 年年初，龚海燕将亲手经营了十年的网站交给了职业经理人来打理，自己选择离开。离开后没多久，她再次出发。这一次，她根据自身的经历创办了外教网，做在线口语培训。培训老师都来自美国，在家里教课，学员在家里上课，只要有电脑和网线就可以上课。学员和美国老师视频面对面，实时互动。

她总结第一次创业的经验教训，给第二次创业提出了几条原则。

（1）控制成本，杜绝浪费。有的创业者今天还很苦，明天拿到了风投的钱，一下子不能适应，一不小心浪费了很多。这种浪费，有时候是资金，有时候是人力。"我希望这一次在控制人员方面可以做得更好，而且我要花更多的时间去面试每一个进来的人。"

（2）掌握先机，小步快跑。互联网一定要快，如果你很慢，就不要做了。"我一天都没有歇，就马上又创业了。事实是，如果我歇半年一年，可能在线教育的黄花菜都凉了，我得重新找别的方向了。互联网就是这么残酷，你晚一步，就可能永远完蛋了。"

（3）发现不对，赶紧调整。其实在创业过程中，很多人会发现自己选择的方向或者招的人不对路，这时候一定要尽快调整。

经历波折，冷静选择

2015 年 1 月 16 日，另一在线英语教育网站宣布并购外教网，龚海燕共同参与了媒体沟通会。

龚海燕表示，自己这几年在线教育创业所走的弯路都可以写成一本书。"一开始战略方向定位错误……后来经历的一系列不顺，对我的心态有很大的影响。那种挫折一定程度上影响了当初的勇气与决心。"

龚海燕的创业故事，对我们进行创业资源开发与整合至少有以下启发。

（1）她通过个人的辛勤劳动（做家教）积累了原始财富，投入网站创业，又通过她个人辛勤的工作将网站办出了特色，进而吸引了社会的关注，滚雪球般聚集了超高的人气。最终，人气为她换来了"财"，吸引到了老钱的200万元投资和后续更多的投资，体现了"变人为财"。

（2）网站建立伊始，她通过发动身边的社会资源，实现了"化无为有"与"化私为公"，最初的一两千名客户都是她一对一地动员上来的。她把无形无序的潜在客户资源变成了网站上有形有序的会员资源，在授权范围内把会员的个人信息变成了网站所拥有的公共信息。

（3）网站体现了"合纵连横"战略。它对客户资源进行整合，每个客户既是使用者又是信息的提供者，客户即商品，网站起了整合客户与商品的作用。网站后来做的是婚庆领域的"阿里巴巴"，又成为行业的整合者，为行业内的经营者提供平台。

（摘自王兴隆、王玉坤主编《大学生创新创业教育案例集》，航空工业出版社2019年版，本篇原题为《中国网络红娘第一人的创业故事》，有修改）

第六章
职业规划的反馈与评估

吾日三省吾身：为人谋而不忠乎？与朋友交而不信乎？传不习乎？

——曾 子

本章要点　本章从"怎样的职业生涯才算是成功的"这个问题入手，首先明确了职业成功的多元化标准，接着指出职业生涯规划需要根据反馈评估进行目标和策略方案的修订。职业生涯规划是一个动态的过程，有效的职业生涯规划需要不断反省修正职业生涯目标，不断反省策略方案是否恰当，以适应环境的改变，同时为下一轮规划提供参考依据。最后，本章介绍了职业生涯规划书的基本格式、基本内容，以及撰写过程中的一些基本要求。

知识目标　1. 了解职业生涯成功的标准。

2. 了解对职业生涯规划进行反馈评估的意义、目的和要点。

3. 熟悉职业生涯规划书的基本格式和内容。

4. 掌握职业生涯规划书的撰写要求。

能力目标　1. 学会对职业生涯规划进行反馈与评估，给自己的职业生涯规划制定评估标准。

2. 能制作一份适合自己的职业生涯规划书。

思政目标　认识到职业生涯规划不是一劳永逸的，成功的背后需要付出艰辛的努力。

147

本章结构

职业成功标准与反馈评估

一、职业成功及其标准

二、反馈与评估

① 职业规划的反馈与评估 **②**

职业生涯规划书

一、职业生涯规划书的格式和内容

二、职业生涯规划书的撰写要求

生涯指引

改革！教育评价指挥棒将怎样变化？
——《深化新时代教育评价改革总体方案》解读

教育评价事关教育发展方向，有什么样的评价指挥棒，就有什么样的办学导向。中共中央、国务院近日印发《深化新时代教育评价改革总体方案》，强调扭转不科学的教育评价导向，坚决克服唯分数、唯升学、唯文凭、唯论文、唯帽子的顽瘴痼疾，并提出，到2035年，基本形成富有时代特征、彰显中国特色、体现世界水平的教育评价体系。

明确提出"三不得一严禁"

加强党对教育工作的全面领导，是办好教育的根本保证。

方案要求完善党对教育工作全面领导的体制机制，完善政府履行教育职责评价。在健全领导体制方面，方案提出各级党委要认真落实领导责任，建立健全党委统一领导、党政齐抓共管、部门各负其责的教育领导体制，履行好把方向、管大局、作决策、保落实的职责，把思想政治工作作为学校各项工作的生命线紧紧抓在手上，贯穿学校教育管理全过程，牢固树立科学的教育发展理念，坚决克服短视行为、功利化倾向。

为坚决纠正片面追求升学率倾向，方案明确提出"三不得一严禁"要求：各级党委和政府要坚持正确政绩观，不得下达升学指标或以中高考升学率考核下一级党委和政府、教育部门、学校和教师，不得将升学率与学校工程项目、经费分配、评优评先等挂钩，不得通过任何形式以中高考成绩为标准奖励教师和学生，严禁公布、宣传、炒作中高考"状元"和升学率。对教育生态问题突出、造成严重社会影响的，依规依法问责追责。

把师德师风作为教师评价第一标准

教师是立教之本、兴教之源，教书育人是教师的第一职责。为更好地引导广大教师履行职责，方案坚持把师德师风作为第一标准。

方案提出，把师德表现作为教师资格定期注册、业绩考核、职称评聘、评优奖励首要要求，强化教师思想政治素质考察，推动师德师风建设常态化、长效化。全面落实新时代幼儿园、中小学、高校教师职业行为准则，建立师德失范行为通报警示制度。对出现严重师德师风问题的教师，探索实施教育全行业禁入制度。

当前，"唯论文""重数量、轻质量"等倾向在高校科研评价工作中还比较突出，不利于提高高校教师科研水平。为引导树立科研评价的质量和贡献导向，加快破除"唯论文"等突出问题，方案在改进高校教师科研评价和高等学校评价中进行了政策设计，强调重点评价学术贡献、社会贡献以及支撑人才培养情况，不得将论文数、项目数、课题经费等科研量化指标与绩效工资分配、奖励挂钩。

为克服人才评价中的"唯帽子"问题，树立以品德、能力、业绩为导向的人才评价标准，促进人才称号回归学术性、荣誉性本质，方案也提出了"教师成果严格按署名单位认定、不随人走"等具体举措。

改变用分数给学生贴标签的做法

方案提出，坚决改变用分数给学生贴标签的做法，创新德智体美劳过程性评价办法。

为强化体育评价、改进美育评价、加强劳动教育评价，方案提出，建立日常参与、体质监测和专项运动技能测试相结合的考查机制。引导学生养成良好锻炼习惯和健康生活方式。改进中考体育测试内容、方式和计分办法，形成激励学生加强体育锻炼的有效机制。加强大学生体育评价，探索在高等教育所有阶段开设体育课程。探索将艺术类科目纳入中考改革试点。推动高校将公共艺术课程与艺术实践纳入人才培养方案，实行学分制管理，学生修满规定学分方能毕业。探索建立劳动清单制度，明确学生参加劳动的具体内容和要求，让学生在实践中养成劳动习惯，学会劳动、学会勤俭。

在学业要求方面，方案提出完善各级各类学校学生学业要求，严把出口关；在学业考评方面，提出完善过程性考核与结果性考核有机结合的学业考评制度，加强课堂参与和课堂纪律考查；在学位论文方面，提出探索学士学位论文（毕业设计）抽检试点工作，完善博士、硕士学位论文抽检工作，严肃处理各类学术不端行为；在实习（实训）方面，提出完善实习（实训）考核办法，确保学生足额、真实参加实习（实训）。

引导社会树立正确用人导向破除"唯文凭"弊端

社会选人用人对于引导学生多样化成长成才具有重要牵引作用。对于有些用人单位在招聘时过分注重高学历高文凭，甚至非名校、海归不要等"唯文凭"做法，方案提出针对性改革举措。

方案提出，党政机关、事业单位、国有企业要带头扭转"唯名校""唯学历"的用人导向，建立以品德和能力为导向、以岗位需求为目标的人才使用机制，改变人才"高消费"状况，形成不拘一格降人才的良好局面。各级公务员招录、事业单位和国有企业招聘要按照岗位需求合理制定招考条件、确定学历层次，在招聘公告和实际操作中不得将毕业院校、国（境）外学习经历、学习方式作为限制性条件。职业学校毕业生在落户、就业、参加机关企事业单位招聘、职称评聘、职务职级晋升等方面，与普通学校毕业生同等对待。

（来源：胡浩《改革！教育评价指挥棒将怎么变化？——〈深化新时代教育评价改革总体方案〉解读》，新华网，2020-10-13）

┃生涯之思┃

教育评价是教育治理的重要内容，也是人才培养的重要环节。教育评价直接影响公共教育资源的配置，影响学校的办学行为、教师的教学行为和学生的学习行为。正是基于评价的极端重要性，教育评价被誉为教育的"指挥棒"。"指挥棒"作用发挥好了，教育事业发展就能沿着正确方向前行，否则将可能导致教育资源的错配，甚至将教育引向歧途。为更好发挥"指挥棒"作用，需要对教育现状中反馈的问题进行针对性分析，并做出改革。

案例导入

选择和努力哪个重要？

2000年时，我还在上大学，比我大一届的师兄师姐已进入毕业季。那时候，我认识的四个师兄和师姐分别是小蔡、小肖、小李和小张，他们都是同一个学院同一个专业的。当招聘季来临的时候，我的这四位师兄和师姐都积极地参加各企业的宣讲会和招聘会。小蔡和小肖的录取通知最多，可以选择企业了；小李就少点了，小张则成了"找工作困难户"，被很多企业拒之门外。

最后，小蔡挑了一家大型集团公司。该集团资产总额10亿元，拥有11家控股、参股子公司。小肖去了一定规模稍小的电子集团。小李也很希望能签约去大型的集团，但一直没有面试成功，最后他签约去了一家规模不大的公司，这家公司的名字绝大部分人都没听说过，是做房地产业务的。小张则一直拖到毕业离校时也没有被录用，离校后住在学校附近的地下室里继续找工作，最后去了一家只有十几个人的小公司。这家公司在一个很不正规的旅馆的房间里办公。不过他觉得有个工作就不错了，先干着吧。这个公司听说是干什么网络的。

四个师兄师姐所在的公司大小和个人的薪资，由高到低依次是小蔡、小肖、小李和小张。那一届的毕业生都很羡慕小蔡和小肖，没有任何人怀疑他们的前途，大家都觉得在未来的发展中，公司给的平台大，一定会发展得更好。

然而，事实果真如此吗？十年的光阴转瞬即逝。如今，小蔡、小肖、小李和小张都已经三十岁出头了，十年的变化真是让人意外。他们的事业情况分别是：小蔡所在的集团在 2008 年破产了，做到中层的他经历了下岗、失业和再就业，目前在另一家服装企业工作，年薪五六万元。小肖在电子集团经历了家电行业的快速发展壮大和该集团移动通信业务的衰落等，目前是业务副总监级别，年薪10 万元左右。小李所在的房地产公司在过去的十年快速发展，前几年被房地产巨头收购。目前小李是总监级别，年薪 50 万元左右。小张同学现在也已经是老张了，是那家小公司的副总裁，年薪 80 万元以上。这些都不重要，重要的是他的股票期权已经价值 0.5 亿元人民币以上。他去的那家小公司叫百度。

四位师兄师姐都是同一大学、同一学院、同一专业毕业的，都是在离开家庭背景的大城市去重新发展，为什么，他们的职业发展和十年前的期待如此天差地别？为什么，他们的人生道路发生了惊天逆转？

这促使我不得不认真考虑一个问题：选择重要，还是努力重要？

（摘自赵正宝《趋势的力量：个人职业发展战略决策必修课》，中国广播影视出版社 2012 年版，有修改）

|简析|

努力前先要找对方向。毕业求职时，面对大公司和小公司，面对国企和外企，面对薪水高和薪水低的职位，不同的选择就决定了以后的发展路径。很多毕业后工作几年的人常常困惑，为什么越拼命越努力，却离成功越远。在这里面，关键还是选择，正确的选择将直接影响你未来的发展空间。那么如何做到正确选择呢，核心在于你选择的标准是什么。选择的标准很多很多，那么如何分析你的选择？关键要目光长远，看前景，看未来：这家公司属于什么行业，这个行业是否有高速发展的空间，这家公司在这个行业中占据什么样的地位，它是否能给予你别的公司给予不了的视野和平台，这家公司是否代表着一个新的有前景的行业……你即将选择的那份工作的未来，才是你最需要思考的。

第一节
职业成功标准与反馈评估

职业生涯成功是个人职业生涯追求目标的实现。明确职业生涯成功的标准与影响因素有利于我们对职业生涯进行评估。

一、职业成功及其标准

小宇的职业困惑

小宇大学所学的专业是图书档案管理。小宇自己觉得这不是一个好行业，在大学里过得非常不快乐。大学毕业时，他终于决定放弃自己的图书档案管理专业，重新寻找其他行业的工作，希望能够重新发展并选择自己的职业道路。

小宇是个内向的人，不喜欢跟人争斗，只希望能够求得一份安定的工作，好让自己慢慢实现专业转变，然后再谋求职业上的发展。然而，图书档案管理专业找工作一点优势都没有，找心仪的工作谈何容易！不得已，为了谋生存求发展，小宇随便找了份工作安顿下来。可是工作并不如意。不开心地工作了一段时间后，小宇换了份工作。因为没有好专业，他所找的第二份工作只在薪水方面有所调整，但跟第一份工作一样，依然没有办法让他寻找到合适的职业方向。

转眼间，几年过去了，小宇的同学们有的当了主管，有的当上了经理，而小宇却因为一直在更换工作，寻找职业方向，始终在办事员的级别徘徊。三十岁到了，小宇突然发现，几年过去了，自己依然没有找到职业方向，更要命的是没有培养出任何一种职业技能来。

小宇感到了深深的不安。看看自己的同学，小宇不想见他们，觉得他们会嘲笑自己；再看看自己，小宇认为自己做事情很认真，是社会对自己不公平。小宇不知道自己怎么了，也不知道下一步应该怎么办。迷惘的小宇把自己的情况仔仔细细地写下来，发给职业咨询网站，希望获得帮助，并询问自己从事的工作是否合适。

小宇对自己的职业生涯有一个模糊的规划，即"实现专业转变"，但这并不是明确的职业目标；在规划实施阶段他也没有及时评价并修正自己。小宇是个内向的人，渴望找一份稳定的工作，并逐步培养自己的专业能力。但在过去的几年里，小宇因为专业和生存问题，不得不勉强自己在不喜欢的工作岗位上工作，希望通过这种经常性的"跳槽"的方式来摸索并找到自己的职业定位。这说明小宇渴望成功，但焦躁的心态使他不管对待什么工作都没有足够的耐心。一个焦躁的、对任何工作都没有耐心的人，不管在哪个公司都无法得到重用，更别提学到有用的职业技能。在职业现实情况方面，小宇的大学专业是图书档案管理，但工作后并没有从事相关职业，加上几乎一年一跳地去摸索自己的职业方向，导致他在过去的几年里始终没有培养出一定的职场技能，更别提职场核心竞争力。因此，小宇在职业发展早期遭遇挫折是必然的。

怎样的职业生涯才算是成功的？成功标准对不同的人来说是不一样的，有很强的相对性。每个人的价值观不同，职业需求不同，对成功的理解也会有所差别。每个人都可以，也应该对自己的职业生涯成功进行明确的界定，包括成功意味着什么，成功时发生的事和一定要拥有的东西，成功的时间，成功的范围，等等。

有的人认为职业生涯成功就是获得地位和财富的满足；对有的人来说，成功意味着较高的地位和声望；有的人可能认为成功就是35岁前拥有豪宅名车、良好的伴侣和聪明健康的孩子；有的人或许将成功定义为抽象的概念，不能将成功明确地量化，如觉得愉快，工作和谐的气氛能带来愉悦感，有工作完成的成就感和帮助别人带来的满足感；有的人追求职务晋升，有的人追求工作内容的丰富。

虽然成功没有统一的标准，但是每个人都应当有自己明确的成功标准，并时时用这个标准来检验实际的行动。

一般认为职业生涯成功的标准分以下五种：

（1）进取型：将升入组织或职业的最高阶层体系视为成功，追求更高职务。

（2）安全型：追求认可、稳定；视成功为长期的稳定和相应不变的工作认可。

（3）自由型：追求不被控制，视成功为经历的多样性；希望有工作时间和方法上的自由。

（4）攀登型：追求挑战、刺激、冒险，愿意做创新工作，视成功为螺旋式不断上升、自我完善。

（5）平衡型：视成功为家庭、事业、自我等均衡协调发展。

下面的问题可以帮助你判断你的成功标准倾向于哪一种：

（1）如果你的职业生涯是成功的，在你退休那天，你会感觉满意，这是因为你已成功地……

　　最重要的是哪一点？

　　（2）如果你的职业生涯是失败的，在你退休的那天，你会感觉遗憾，这是因为你没有成功地……

　　最主要的一点是什么？

　　在这些点之间，你看到了什么联系？

　　对你的职业生涯而言，你能从中做出什么决定？

　　（3）讲述你职业生涯的轨迹（在你职业生涯开始和退休这天的两点之间画出你的职业生涯线）：

　　目前，你处在什么位置？你怎样解释这种选择？

　　前面的轨迹和后面的轨迹有什么关系？

　　这条线的哪些特点与你相适应？

　　哪些特点是你希望改进的？怎样改进？

　　要对职业生涯成功进行全面的评价，必须综合考虑个人、家庭、企业、社会等各方面的因素。有人认为职业生涯成功意味着个人才能的发挥以及为人类社会做出贡献，并认为职业生涯成功的标准可分为"自我认可""社会承认"和"历史判定"。对于职场人来说，按照其人际关系范围，可以将其职业生涯成功标准分为自我评价、家庭评价、企业评价和社会评价四类评价体系（表6-1）。如果一个人能在这四类体系中都得到肯定的评价，则其职业生涯无疑是成功的。

表6-1　职业生涯成功标准的四类评价体系

评价方式	评价者	评价内容	评价标准
自我评价	本人	（1）自己的才能是否得到充分施展 （2）对自己在企业发展、社会进步中做的贡献是否满意 （3）对自己职称、职务、工资待遇的变化是否满意 （4）对处理职业生涯发展与其他人生活的关系的结果是否满意	根据个人的价值观及知识能力水平
家庭评价	父母、配偶、子女、其他重要家庭成员	（1）是否能够理解 （2）是否能够给予支持与帮助	根据家庭文化
企业评价	上级、平级、下级	（1）是否有下级、平级同事的赞赏 （2）是否有上级的肯定与表彰 （3）是否有职称、职务提升或同职务责、权、利范围的扩大 （4）是否有工资待遇的提高	根据企业文化或企业总体经验

续表

评价方式	评价者	评价内容	评价标准
社会评价	社会舆论、社会组织	（1）是否有社会舆论的支持和好评 （2）是否有社会组织的承认和奖励	根据社会文明程度，根据社会历史进程

案例链接

无悔的生涯

2015 年 1 月 9 日上午，北京人民大会堂举行 2014 年度国家科学技术奖励大会。著名核物理学家、"两弹一星"元勋、中国"氢弹之父"于敏院士获 2014 年度国家最高科学技术奖。

于敏隐姓埋名 20 多年，在核物理、中子物理等方面取得多项重要研究成果，为建设强大国防、奠定我国大国地位做出了不可磨灭的贡献。他没有出过国，在研制核武器的权威物理学家中，他几乎是唯一一个未曾留过学的人。于敏几乎从一张白纸开始，依靠自己的勤奋，举一反三，进行理论探索。从原子弹到氢弹，按照突破原理试验的时间比较，美国用了 7 年零 3 个月，英国用了 4 年零 3 个月，法国用了 8 年零 6 个月，苏联用了 4 年零 3 个月，一个主要原因就在于计算的繁复。而当时中国的设备更无法相比，仅有一台每秒运算 5 万次的计算机，并且这台计算机 95% 的使用时间被分配给有关原子弹的计算，只剩下 5% 的使用时间留给于敏负责的氢弹设计。于敏记忆力惊人，他领导下的工作组人手一把计算尺，废寝忘食地计算。4 年中，于敏、黄祖洽等科技人员提出研究成果报告 69 篇，对氢弹的许多基本现象和规律有了深刻的认识。

1965 年 9 月，于敏带领一支小分队赶往上海华东计算机研究所，抓紧计算了一批模型。但这种模型重量大、威力比低、聚变比低，不符合要求。于敏总结经验，带领科技人员又计算了一批模型，发现了热核材料自持燃烧的关键，解决了氢弹原理方案的重要课题。10 月下旬，于敏开始从事核武器理论研究，在氢弹原理研究中提出了从原理到构形基本完整的设想，解决了热核武器大量关键性的理论问题。于敏向在上海出差的全体同志作了《氢弹原理设想》系列学术报告，引起了大家很大的兴趣。大家普遍认为在这段工作期间，研究者们抓紧时间试算了两个模型，所取得的成果具有重要意义。

之后，于敏在相关研究院历任理论部副主任、理论研究所副所长、所长、研究院副院长、院科技委副主任、院高级科学顾问等职。

于敏意识到惯性约束聚变在国防和能源上的重要意义，为引起大家的注意，他做了《激光聚变热物理研究现状》报告，并立即组织指导了中国核理论研究的开展。1986年年初，邓稼先和于敏对世界核武器科学技术发展趋势做了深刻分析，向中央提出了加速核试验的建议。事实证明，这项建议对中国核武器发展起了重要作用。1988年，于敏与王淦昌、王大珩两位院士一起上书邓小平等中央领导，建议加速发展惯性约束聚变研究，并将它列入中国高技术发展计划，使中国的惯性聚变研究进入了新的阶段。

之后，于敏由于身体的原因逐渐退出研究领域，卸任中国工程物理研究院副院长，转而以顾问的身份继续为中国的核物理事业提供宝贵的建议。

我们看到的，是他获得的这些嘉奖：1982年，获国家自然科学奖一等奖；1985年、1987年和1989年，各获一项国家科技进步奖特等奖；1985年，荣获"五一劳动奖章"；1987年，获"全国劳动模范"称号；1992年，获光华奖特等奖；1994年，获中国杰出科学家奖；1999年，获"两弹一星"功勋奖章；2015年，荣获2014年度国家最高科学技术奖；2015年2月27日，入选《感动中国》2014年度人物；2015年4月，获颁"影响世界华人终身成就奖"；2015年10月13日，被授予全国敬业奉献模范称号；2018年11月，入选100名改革开放杰出贡献对象；2018年12月18日，荣获党中央、国务院授予的改革先锋称号，并获评"国防科技事业改革发展的重要推动者"。2019年9月17日，国家主席习近平签署主席令，授予于敏共和国勋章。

这一切，都源于1961年于敏的选择。面对祖国召唤，他义不容辞地从原子核研究转向氢弹原理研究，甘当"无名者"。他说："面对这样庞大的题目，我不能有另一种选择。一个人的名字，早晚要消失，能把微薄力量融进祖国强盛之中，便足感欣慰。"

（参考王建柱、王珊《于敏　只为氢弹建功勋》，《中华儿女》2015年第2期，第48—51页；《"氢弹之父"于敏获2014年度国家最高科技奖》，人民网，2015-01-09）

二、反馈与评估

（一）什么是反馈与评估

反馈与评估的过程就是注意内外环境的变化，不断地审视自我、调整自我，修正策略和目标。反馈与评估过程确保了个人职业生涯规划的有效性。

反馈与评估是指在实现职业生涯目标的过程中根据实际情况自觉地总结经验和教训，修正对自我的认知，确定最终职业目标。人只有在工作实践中才能更清楚、更透彻地认知和定位自我，才能弄清自己喜爱并适合从事什么职业。研究表明，许多人都是在经过了一段时间的尝试和寻找之后，才了解自己到底适合什么领域的工作的。在缺乏反馈和修正的情况下这段时间可能会长达十几年。

在行动的过程中，需要通过不断反馈与评估来检验与评价行动的效果。在职业发展的过程中，往往需要不断地对职业发展计划进行调整。这种调整可能是调整具体的行动计划，也可能是对职业发展路线的调整，甚至会是对职业目标的调整，而这些调整和完善都离不开职业生涯的评估与反馈。

事物都是处在运动变化中的。由于自身及外部环境条件的变化，职业生涯规划也要随着时间的推移而变化。影响职业生涯规划的因素很多，有的变化因素是可以预测的，而有的变化因素难以预测。在制订职业生涯规划时，由于个人对自身及外界环境都不十分了解，最初确定的职业生涯目标往往都是比较模糊或抽象的，有时甚至是不合适的。经过一段时间的工作以后，有意识地回顾自己已经走过的职业生涯旅程，可以检验自己的职业定位与职业方向是否合适。在此状况下，要使职业生涯规划行之有效，就须不断地对它进行评估与修订。修订的内容主要包括职业的重新选择、生涯路线的选择、人生目标的修正、实施措施与计划的变更等。

（二）评估的意义和目的

1. 评估是改进职业生涯规划的重要环节

只有完成了评估，一个短期职业生涯规划的完整过程才是真正完成了。无论短期职业生涯规划的实施结果是成功还是失败，其经验或教训都可以成为下一个生涯目标改进和完善的依据。在实施职业生涯规划的过程中，自觉地总结经验和教训，评估职业生涯规划，人们可以修正对自我的认知，完善个人早期职业生涯规划，纠正最终职业目标与分阶段职业目标的偏差。

2. 评估是继续完成职业生涯规划的必要前提

职业生涯规划包含着一系列的短期、中期规划，彼此之间都不是孤立存在的，任何一个新的目标总是以之前完成目标的效果为背景和基础的。如果前一个目标的问题没有被发现和解决，必然会对新的目标造成不良影响。

3. 评估是激励自己继续前进的动力

通过评估与修正，还可以极大地增强个人实现职业目标的信心。一个短期或中期目标顺利完成后，人们可以通过评估看到完成的效果，甚至享受成功的喜悦，从而提高个人的自信心，为完成下一阶段的目标营造良好的心理氛围。

（三）评估的程序

1. 重温生涯目标

（1）确保经常回顾你的构想和行动规划。

（2）把你的构想和任务方案编写为文件存入电脑，或贴在床头等可经常看见的地方，时刻提醒自己。

（3）当你做出一个对生活和工作极其重要的决定时，请考虑一下你的构想和行动规划，并确保你正在仔细考虑的决策与你的本意相符。

（4）常常问自己：我正在做的是最想做的事吗？我真的适合做这个职业吗？我能如期完成既定目标吗？我是否将重心放在了最重要的地方？

2. 分析当前实际情况与当初目标的吻合状态

（1）确定当前所处状态与生涯目标之间的差距，判断实际行为效果与期望值的偏差。

（2）探究导致失败结果的根本原因。

3. 运用结果修正完善目标

（1）采取及时、适当的纠正措施。

（2）调整策略，改变行动。

经常自省是必要的，过程监督也十分重要。要确保至少每三个月检查一次你的工作进度，有意识地回顾得失，检查验证前期战略措施的执行效果。可以有针对性地提出解决方案，纠正分阶段目标中出现的偏差。

（四）评估要点

可以参照各类短期、中期预定目标和实际结果进行评估。一般来说，任何形式的评估都可以归结为自我素质和现实环境的适应性判断。要能分析自己的现状，特别是针对变化的环境找出偏差所在并做出修正。

（1）抓住最重要的内容。

（2）分离出最新的需求。针对变化了的内外环境，要善于发掘最新的趋势和影响。要"跟上形势"，根据新的变化和需求确定怎样的策略才是最有效而且最有智慧的。

（3）找到突破方向。有时候，在某一点上取得突破性的进展将使整个局面发生意想不到的改变。想一想，先前规划中的策略方案，哪一条对目标的达成应该有突破性的影响，达到了吗，为什么没达到，如何寻求新的突破。

（4）关注最弱点。管理学中有个著名的"木桶效应"，即一只沿口不齐的木桶，其容量的大小不取决于最长的那块木板，而取决于最短的那块木板。不仅组织的整体水平往往由劣势部分决定，对个人发展而言，同样如此。在反馈评估过程中，当然要肯定自己取得的成绩与长处，但更重要的是切合变化的环境，发现自己素质与策略的"短板"，把这块"短板"换掉，或者接补。唯有如此，你的职业生涯这只"桶"才能有更大的"容量"。一般来说，"短板"可能存在于以下几方面。

①观念差距。观念陈旧往往会造成策略的失误，导致行动失效。

②知识差距。积累的知识不够或学错了方向，都可能造成知识的薄弱。

③能力差距。环境在变化，职业对人的能力的要求也是不断变化的。前一阶段你通过种种努力提高了某些能力，现在可能又会出现新差距。另外，前一阶段你是否坚持按计划采取措施来提高能力？提高了多少？遇到过什么困难？这对后一阶段都有重要的启发。

④心理素质差距。很多时候，我们没有取得预期的进步并不是因为规划得不够好或者措施不够得当，而是心理素质不够。一个人职业生涯的发展，首先是心理素质的成长过程。

（五）评估后的修正

评估之后，就要根据评估的结果进行目标和策略方案的修正。修正的内容包括职业的重新选择、职业生涯路线的重新规划、阶段目标的调整、实施措施与行动计划的变更等。

通过反馈、评估和修正，应该达到下列目的：

（1）对自己的强项充满自信（我知道我的强项是什么）。

（2）对自己的发展机会有清楚的了解。

（3）找出关键的有待改进之处（我知道自己什么地方还有待改进）。

（4）为这些有待改进之处制订详细的行为改变计划。

（5）以合适的方式答复那些给予反馈的人，并表示感谢。

（6）实施你的行动计划，确保你能取得显著的进步和成就。

总之，职业生涯规划是一个持续动态的过程，有效的职业生涯规划需要不断反省修正：修正职业生涯目标，反省策略方案是否恰当。这样才能适应环境的改变，同时可以作为下一轮规划的参考依据。

159

第二节
职业生涯规划书

在快节奏的当今社会，只要稍不留意便会被竞争对手甩开，所以，为了保证自己头脑清晰、目标准确，就要有一份适合自己的人生规划。正确了解自己，并且不断努力学习以提升自己，才能在奋斗的道路上不断输入新的动力。所以，为自己写一份职业生涯规划书，认清自己，筹划未来，才能为自己找到努力的方向。

一、职业生涯规划书的格式和内容

职业生涯规划书由封面、扉页、目录、正文组成，其中正文部分包括引言、自我探索、环境分析、职业定位、计划实施、评估调整和结束语（图 6-1）。

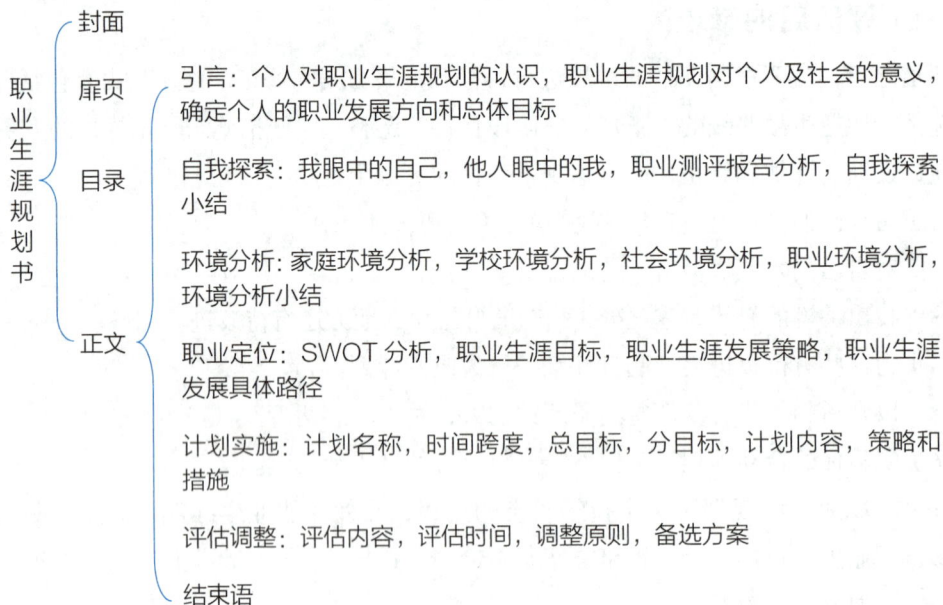

职业生涯规划书
- 封面
- 扉页
- 目录
- 正文
  - 引言：个人对职业生涯规划的认识，职业生涯规划对个人及社会的意义，确定个人的职业发展方向和总体目标
  - 自我探索：我眼中的自己，他人眼中的我，职业测评报告分析，自我探索小结
  - 环境分析：家庭环境分析，学校环境分析，社会环境分析，职业环境分析，环境分析小结
  - 职业定位：SWOT 分析，职业生涯目标，职业生涯发展策略，职业生涯发展具体路径
  - 计划实施：计划名称，时间跨度，总目标，分目标，计划内容，策略和措施
  - 评估调整：评估内容，评估时间，调整原则，备选方案
  - 结束语

图 6-1　职业生涯规划书的构成

（一）封面

封面除了撰写"职业生涯规划书"这个主标题，还可以根据需要写上副标题。另外，一些必备的个人信息也必须有，如姓名、联系方式、学校等。

当然，编辑美化也很重要。封面要尽量突出个人的风格和审美习惯，有时还可以附上自己喜欢的 Logo，具体看个人的喜好。

（二）扉页

1. 标题

标题中应包括规划者的姓名和规划年限，如"＿＿＿＿＿＿毕业后的十年计划"。

2. 个人基本资料

个人基本资料包括规划的起始日期、终止日期、年龄跨度、撰写时间。

扉页的具体写作可参考以下格式。

＿＿＿＿＿＿毕业后的十年规划					
个人基本资料					
姓名：	性别：	出生日期：	年	月	日
学校：		系别：			
电话：		电子邮件：			
起始日期：		终止日期：			
年龄跨度：		撰写时间：	年	月	日

（三）目录

为了阅读方便，应将正文内容提炼后列出来，制作目录。目录的具体写作可参考以下格式。

（四）正文

正文需要包含"引言、自我探索、环境分析、职业定位、计划实施、评估调整、结束语"七部分的内容。其中，自我探索、环境分析、职业定位、计划实施和评估调整是职业生涯规划书的重点内容。

1. 引言

引言包括个人对职业生涯规划的认识、职业生涯规划对个人及社会的意义、个人的职业发展方向和总体目标。

2. 自我探索

自我探索是对自己进行全方位、多角度分析。职业规划是一个自内而外的过程，首先要厘清自己期望达成的生涯目标是什么，想要成为什么样的人，自己具有哪些职业特质，然后再去寻找环境、机会，调适自己的生涯发展行动。自我探索内容一般包括与职业发展关系最密切的兴趣、能力、性格、价值观和胜任能力五方面。

这部分的撰写内容，首先，需要介绍自己眼中、他人眼中的你是什么样子的，要从自己过往的生活、成长、学习、能力拓展的真实经历中发现你的与众不同之处、你的独特性，列举自己曾经在学校担任或参与的各种社团、社会实践等，分析自己在这些活动中表现出来的优势与不足，以此证明自己的工作胜任能力。其次，还要结合职业测评谈谈你从职业测评结果中发现了什么、意识到了什么，有了什么样的启发，等等。最后，还需要有自我分析小结：将自己本身的条件、发展潜能、发展方向与环境给予的机遇和制约条件进行对比，最终达到"觉醒"，即知道自己已经做了什么、想要做什么、能做什么。具体写作可参考以下提纲。

自我探索

基于我对自己的认识、家人和朋友对我的评价，结合"职业天空"（Career Sky）职业测评系统的报告分析结果，我对自己进行了全方位、多角度的探索。

（1）我眼中的自己

（2）他人眼中的我

（3）职业测评报告分析

①职业兴趣——喜欢干什么

我的职业测评报告结果显示：我的职业兴趣前三项是_____型（_____分）、_____型（_____分）、_____型（_____分）。具体情况是……

②职业能力——能够干什么

我的职业测评报告结果显示：得分较高的能力是_____能力（_____分）、_____能力（_____分），得分较低的能力是_____能力（_____分）、_____能力（_____分）。具体情况是……

③性格特质——适合干什么

我的职业测评报告结果显示：……我的具体情况是……

④职业价值观——最看重什么

我的职业测评报告结果显示：最看重的前三项是_____取向（_____分）、_____取向（_____分）、_____取向（_____分）。我的具体情况是……

⑤胜任能力——优势、劣势是什么（综合素质、职业素养等）

我的优势能力：

我的弱势能力：

（4）自我探索小结

---

3. 环境分析

环境分析是对影响职业选择的相关外部环境进行的较为系统的分析。

在自我探索之后，我们已经在一定程度上做到了"知己"，接下来就是"知彼"的层面了。环境分析主要包括家庭环境分析、学校环境分析、社会环境分析、职业环境分析，以及环境分析小结。具体写作可参考以下提纲。

环境分析

参考职业测评报告建议，并通过生涯人物访谈或社会实践等途径和方式，我对外界环境进行了较为系统的探索和分析。

（1）家庭环境分析（家人经济地位、家人期望、家族文化等对本人的影响）

（2）学校环境分析（学校特色、专业学习、实习、实践经验等）

（3）社会环境分析（就业形势、就业政策、竞争对手等）

（4）职业环境分析

对自己所选定的职业在社会环境中的发展过程和目前所处的社会地位，以及社会发展趋势对职业的影响等，进行认识和了解。具体包括：

①行业分析——人业匹配分析

行业现状、行业目前的优势与问题所在、行业发展趋势、前景预测、国际国内重大事件对该行业的影响等。

②职位分析——人岗匹配分析

个人暂定的目标职业岗位的工作内容、工作要求、发展前景等。

③企业分析——人企匹配分析

个人暂定的目标企业在本行业的地位和发展前景，企业产品在市场上的发展前景，企业在本行业的竞争力，企业文化和企业制度（如企业类型、企业文化、发展前景、发展阶段、产品服务、员工素质、工作氛围等）。

④地域分析——人域匹配分析

暂定工作城市的发展前景、文化特点、气候水土、人际关系等。

⑤环境分析小结

对客观职业信息及自我和职业的匹配进行综合阐述。

---

4. 职业定位

综合第一部分（自我探索）及第二部分（环境分析）的主要内容得出本人的职业定位。包括 SWOT 分析、职业生涯目标、职业生涯发展策略、职业生涯发展具体路径等内容。具体写作可参考以下提纲。

职业定位

综合第一部分（自我探索）及第二部分（环境分析）的主要内容得出本人职业定位的 SWOT 分析结果。

策略分析		外部环境分析（O–T）	
		机会（O）	威胁（T）
内部环境分析（S–W）	优势（S）	优势机会策略（S–O）	优势威胁策略（S–T）
	劣势（W）	劣势机会策略（W–O）	劣势威胁策略（W–T）

结论：

职业目标	十年后从事什么行业（或担任哪个职位）
职业发展策略	进入哪种类型的组织（或到哪个地区发展）
职业发展路径	走专业技术型路线（或管理路线等）
具体路径	职员——初级技术员／管理者——中级技术员／管理者——高级技术员／管理者

职业定位部分需要注意的是，SWOT 分析是基于一定职业生涯目标的分析，重点应放在 SWOT 分析之后的策略分析；另外，职业生涯目标制定应客观明确，职业发展路径应符合逻辑与现实。

5.计划实施

所有的计划只有化为行动才能体现价值，再美妙的蓝图也只有你亲自去描绘才能变为真实情景。所以，在职业生涯规划书中，还需要对如何实现自己的职业生涯目标确定一个具体、详细、可行的行动方案和实施步骤。需要详细列出计划名称、时间跨度、总目标、分目标、计划内容、策略和措施等。具体写作可参考以下提纲。

计划实施

计划名称	时间跨度（参考）	总目标	分目标	计划内容（参考）	策略和措施（参考）	备注
短期计划（大学计划）	如2018年2月至2022年7月	如大学毕业时要达到……	如大一要达到……大二要达到……或在某方面要达到……	如专业学习、职业技能培养、职业素质提升、职业实践计划等	如大一以适应大学生活为主，大二以专业学习和掌握职业技能为主，等等	大学生职业规划的重点
中期计划（毕业后五年）	如2022—2027年	如毕业后第五年时要达到……	如毕业后第一年要……第二年要……或在某方面要达到……	如职场适应、"三脉"（知脉、人脉、钱脉）积累、岗位转换及升迁等	—	大学生职业规划的重点
长期计划（毕业后十年或十年以上计划）	如2022—2032年	如人到中年时要达到……	如毕业后第十年至第二十年要……	如事业发展，工作、生活关系，健康，心灵成长，子女教育，慈善，等等	—	方向性规划

详细执行计划如下：……（这个部分最好能够按照目标设定的SMART原则制定）
本人现正就读＿＿＿＿＿专业　＿＿＿年级，我的大学计划是……

6. 评估调整

　　职业生涯规划是一个动态的过程，必须根据实施结果的情况及相应变化进行及时的评估与调整。评估调整主要包括评估内容、评估时间、调整原则、调整备选方案。具体写作可参考以下提纲。

评估调整

（1）评估的内容
①职业目标评估（是否需要重新选择职业）：假如一直……那么我将……
②职业路径评估（是否需要调整发展方向）：当出现……的时候，我就……
③实施策略评估（是否需要改变行动策略）：如果……我就……
④其他因素评估（对身体条件、家庭条件、经济状况、机遇及意外情况的及时评估）
（2）评估的时间
　　一般情况下，我定期（半年或一年）评估规划；当出现特殊情况时，我会随时评估并进行相应的调整。
（3）调整原则
（4）备选方案

评估调整部分需要注意，调整不是对原定职业发展方向和总目标的更换，而是在实施过程中对原有优势和条件的进一步优化与组合，是对策略、步骤和方法的调适，以使行动更加有效，更有利于目标达成。

备选方案依然是你的"自我与环境匹配"第二个发展方向，是另一条发展路径，同样朝向规划的总目标。

7. 结束语

结束语在职业生涯规划书中起到总结全文的作用，是职业生涯规划书中不可或缺的组成部分。可以用一些好句来总结。如"每个人心中都有一座山，承载着理想、信念、追求、抱负；每个人心中都有一片森林，包容着收获、芬芳、失意、磨砺。"又如："一个人，若要获得成功，必须拿出勇气，付出努力、拼搏、奋斗。"再如："机遇不相信眼泪，不相信颓废，不相信幻影，只相信爱拼搏的人！"

二、职业生涯规划书的撰写要求

（一）基本要求

（1）资料翔实，步骤齐全。收集资料有多种途径，可以考虑使用职业生涯规划课教师推荐的测评系统中的测评资料，也可以通过人物访谈、从报刊图书中摘抄、从互联网上下载等方式。要尽可能注明资料的出处，并多运用图表数据来说明问题，以提高资料来源的可信度和说服力。

撰写主要分为四个步骤：第一步，分析需求，分析条件及设定目标；第二步，分析阻碍并做可行性研究；第三步，设计方案和提升（改变）计划；第四步，制定详细的实施计划和措施。

（2）论证有据，分析到位。要了解有关的测评理论及知识，认真审视并思考自己的测评报告，并找出自我认识与测评结果的异同，分析自我认识与测评结果形成差距的原因，从而确定自我评估结果，达到"知己"。要厘清自己所处的环境（包括居住的地方、喜欢的地方、亲朋的意见等），明确自己最大的兴趣是什么、最喜欢与什么类型的人交往、最重视的价值与目标是什么、最喜欢的工作条件是什么，再通过目前环境评估（社会影响、家庭影响、学校因素、就业形势等）和当前社会环境分析（组织环境、技术的发展、经济的兴衰、政策法规的影响等）来确定自己的职业方向，做到有理有据，层层深入。

（3）言简意赅、结构紧凑，重点突出、逻辑严密。要做到语言朴实简洁，用词精练准确，行文流畅，条理清楚，这是最基本的写作要求。撰写时还应密切注意整篇文章的结构和重心所在。如上所述，职业生涯规划书一般包含对职业规划的认识、对自我的剖析、对所学专业的认识、对职业方向的探索及确定目标并制订计划等内容。在对这些内容进行分析阐述时，必须紧紧围绕职业目标这条主线展开，从而体现文章论述的逻辑性和连贯性。要将重点放在自我评估、环境评估、目标实施上。职业生涯规划是对自己将来的规划，这个规划只有建立在对自我和职业的充分认识的基础上，才能体现出它的科学性和可行性。

（4）目标明确，合理适中。撰写职业生涯规划书应围绕论述的中心展开，职业生涯目标不能过于理想化，应"择己所爱，择己所长，择世所需，择己所利"。职业生涯规划书撰写是否成功，很大程度上取决于有无正确适当、切实可行的目标。

（5）分解合理，组合科学，措施具体。目标分解和路径选择要有理论依据，而且备用路径之间要有内在联系性。目标组合要注意时间上的并进、连续，功能上的因果、互补作用，全方位的组合要涵盖职业生涯、家庭生活、个人事务等方面。

（6）格式清晰，图文并茂。

（二）具体要求

（1）封面设计具有艺术性，图案选择具有代表性，文字搭配合理，标题醒目且切合内容（图6-2）。

图6-2　职业生涯规划书封面设计（示例）

图片来源：2009年首届全国大学生职业生涯规划大赛获奖作品，作者郑宏亮。

（2）目录设计详细清晰，一目了然，排版合理（图6-3）。

目录

图6-3　职业生涯规划书目录设计（示例）

资料来源：2009年首届全国大学生职业生涯规划大赛获奖作品，作者郑宏亮。

（3）自我分析清晰、全面、深入、客观，运用霍兰德职业兴趣测试报告等工具（图6-4）。

测评结果			实践汇报
类型名称	得分	类型解释	我的验证
企业性	24	乐观主动，好发表意见，有管理才能	☑ 曾任班级团支书； ☑ 现任学生会副主席兼任秘书长； ☑ 任院实践创新小组书记。
探索性	16	思维缜密，擅长于分析，倾向于创新	☑ 综合成绩排名学院前10； ☑ 获得校级优秀学业奖学金； ☑ 担任学院办公自动化培训和英语词汇趣记培训主讲人，荣获"优秀讲师"称号。
传统性	13	忠诚可靠，情绪稳定，遵守纪律	☑ 校级优秀团员； ☑ 荣获"学生会先进工作者"称号。
社会性	11	为人热情，擅长沟通，人际关系佳	☑ 组织参加暑期社会实践——农村留守儿童调查并担任领队，荣获校级"三下乡"先进个人； ☑ 中国红十字志愿者协会会员。
现实性	6	做事踏实，为人认真，不擅长与社交	／
文艺性	4	思维活跃，创造力丰富，感情丰富	／

图6-4　职业生涯规划书中的自我分析（示例）

图片来源：2009年首届全国大学生职业生涯规划大赛获奖作品，作者郑宏亮。

（4）综合客观地评价自我，职业兴趣、职业能力、职业价值观、个性特征分析全面、到位。

我在学习、生活中具有冒险、有野心的性格特征。我总是感到精力充沛，同时也喜欢与他人合作，喜欢帮助别人解决困难，并且办事效率较高。例如，我在学生会担任学习部副部长，在学习中总是有一些新奇的想法，组织一些与学习有关的活动。比如这次我自己搞了一个"学习周"，目前正在写策划，调查问卷及相关数据处理、建议、方案已经写好。同时，我也经常与各班学习委员聊天，及时了解各班的学习情况，促进学习部效率的提高。在与不同的人打交道的过程中，我也训练了自己严谨、实际、稳重、善合作、善领导的性格与行为特征。在以前，我在行为、性格上总是默默无闻，不管心任何事与人，不喜欢与人交往，内向、自卑。通过在学生会的锻炼，我有了很大的变化：今天的我自信、乐观、稳重、谨慎、善合作、善交往。假期同学聚会时，高中同学都说我像变了一个人一样，说我更外向了。

（摘自中国石油大学经济管理学院2009年大学生职业规划大赛参赛作品，作者窦宝杰）

（5）环境分析中，灵活运用表格测试进行职业认知，了解社会的整体就业趋势（表6-2）。

表6-2　职业生涯规划书中的环境分析（示例）

年份	2006届			2007届			2008届		
专业名称	各专业人数/人	最终签约人数/人	就业率/%	各专业人数/人	最终签约人数/人	就业率/%	各专业人数/人	最终签约人数/人	就业率/%
轻化工程	110	110	100.00	122	121	99.18	105	105	100.00
过程装备与控制过程	44	42	95.45	51	49	96.08	48	48	100.00
印刷工程	50	48	96.00	57	56	96.08	48	48	100.00
合计	204	200	98.04	230	226	98.62	199	198	99.50

资料来源：2009年首届全国大学生职业生涯规划大赛获奖作品，作者郑宏亮。

（6）职业分析中，充分了解大学生就业状况，对目标职业所处行业的现状及前景了解清晰，了解行业就业需求。

2007届和2008届毕业生，基本上在2006年和2007年都落实了工作岗位，而且来我校招聘的单位大多为东南沿海特别是长三角、珠三角等发达地区的外资企业⋯⋯这些单位地域较好，待遇较高，管理模式先进，因此吸纳了较多的毕业生。

（摘自全国大学生职业生涯规划大赛获奖作品，作者郑宏亮）

（7）行动计划中，以保持个人优势和提升个人竞争力为出发点，充分考虑职业发展路径，计划要符合逻辑和现实，具有可操作性和竞争力。

短期规划：申请到留学生资格，提高日语学习成绩，为出国打下语言基础；提高身体素质、独立能力、沟通能力以便适应留学生活；锻炼领导才能和管理能力，为今后的工作累积经验，为美好规划打下坚实的基础。

中期规划：是在日本学习工作的阶段，这个阶段的关键词是"拼搏"。为了了解留学日本的生活，我咨询了很多毕业选择留学的学长学姐，从他们的亲身经历中了解到留学生活的艰辛以及我应该做好的准备，从而制订了一份翔实、科学的中期规划。

长期规划：在日本学成后，选择回国发展，加入国内一线电子制造公司，并用八至十年时间成为公司高层领导，带领公司成为业界领先者，最终带动中国电子产业的转型。

（摘自2013年福建省职业生涯规划大赛福州职业技术学院一等奖作品，作者王家铭）

（8）调整方案的制订，要紧密结合个人与环境的评估进行分析，充分考虑首选目标与备选目标之间的联系和差异。

①职业目标评估。我会时刻关注目标行业的发展状况，不断深入地了解目标职业，对其有越来越清晰全面的认识，从而使自己的目标不断明确和清晰。

②职业路径评估。在规划实施过程中不断审视自己的职业路径，尽量避免死板的规划阻碍了更快的成长，不断完善职业路径，力求以最高的效率、最短的时间实现自己的最终职业目标。

③实施计划评估。在实际的职业生涯过程中，我走的每一步不可能就完全按照此规划书制订的详细计划进行，我要根据实际情况灵活地采取行动策略，不断总结之前的经验，改进之后的计划方案。

④其他因素评估。不断进行自我审视，加强自身的优势，改正自身的缺点。根据自身发展情况调整规划方案。不断关注社会经济环境的变化，正视客观条件给自身带来的影响，从而不断调整规划方案。

依据备选方案的关联性以及自身的个性特点，我的备选方案有以下几种：

a. 专科毕业后升本，继续深造学习。

b. 一直做市场营销工作，从底层到中层再到高层。

c. 一直在公司内部做内训工作，而不是成为职业讲师。

d. 加盟其他培训机构做讲师，而不是成立自己的培训公司。

（摘自 2010 年江苏省第五届大学生职业生涯规划大赛一等奖作品，作者王己庆）

篇章四

职业发展
能力提升

第七章
职业素质提升

> 基于聪明的设想出现的创新数量极大，哪怕成功的百分比比较小，仍然成为开辟新行业、提供新职业、给经济增添新的活动面的相当巨大的源泉。
>
> ——德鲁克

本章概述　　本章从职业素质的含义和内容出发，明确了不同专业类学生在一些共性的职业素质之外需要具备一些个性的素质能力，并提示学生按照要求制订科学合理的专业学习计划，夯实以实用为导向的职业知识和以专业为导向的职业技能，树立以价值为导向的职业理念，培养以结果为导向的职业思维，养成以敬业为导向的职业态度和以成功为导向的职业心理，不断对标找差，有意识地提升自我。

知识目标　　1.了解职业素质的一般要求和不同专业类学生应具备的素质。
　　　　　　　2.了解个人的专业学习计划内容和制订科学合理的专业学习计划的要求。
　　　　　　　3.掌握大学生能力自我培养和心理素质提升的主要途径。
　　　　　　　4.熟悉职业化所包含的素质和大学生应具有的职业精神。

能力目标　　1.通过对职业素质内涵的了解，能有针对性地制订提升自身素质的计划。
　　　　　　　2.按照大学生应具备的职业精神要求，对照成功人士、杰出人才，找到差距，制订计划，弥补差距，提升能力。

思政目标　　认识到大学的学习不仅是学习专业知识的过程，更是一个成人成才的过程，在自身成长过程中应做到修身立德、学习知识、培养能力，做到德才兼备。

本章结构

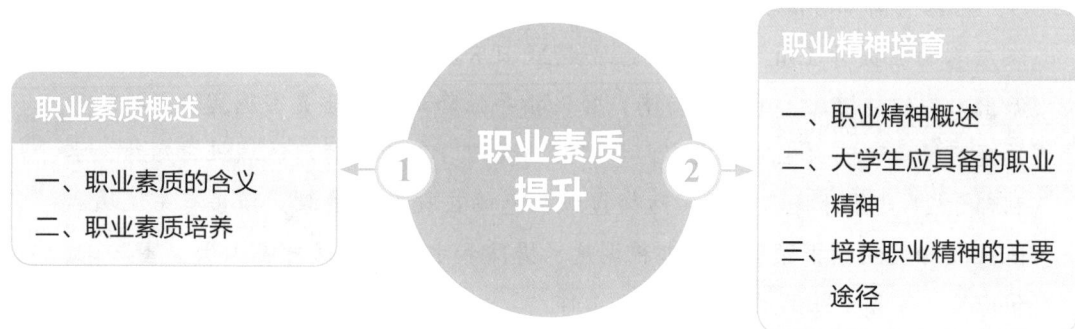

生涯指引

生命至上　众志成城

强降雨致河南 124 万余人受灾；国家防总将防汛应急响应提升至 Ⅱ 级

2021 年 7 月 21 日，记者从河南省防汛应急新闻发布会获悉：据不完全统计，16 日以来，此轮强降雨造成河南 89 个县（市、区）560 个乡镇 124 万余人受灾，因极值暴雨致 25 人死亡、7 人失联。全省已紧急避险转移 16325 人，紧急转移安置 164710 人。

河南省防汛抗旱指挥部办公室主任徐忠说，此轮强降雨造成农作物受灾面积 75 千公顷，成灾面积 25.2 千公顷，绝收面积 4.7 千公顷，直接经济损失 54228.72 万元。

17 日 8 时至 21 日 14 时，河南省出现持续性强降水天气过程，全省各地市均出现暴雨，北中部出现大暴雨、特大暴雨。全省平均降水量 150.5 毫米，地市平均降水量最大为郑州 461.7 毫米，最大降水站点出现在新密市白寨，为 931.5 毫米。

受本次降雨影响，目前，河南省共有白沙、小南海、河口村、昭平台等 9 座大型水库、40 座中型水库超汛限水位，贾鲁河、沙颍河、洪汝河出现涨水过程。郑州常庄水库出现一次特大洪水过程，目前水库水位在平稳回落。

强降雨造成郑州市城区严重内涝，地铁停运，铁路、公路、民航运输受到严重影响。郑西、郑太、郑徐及普速陇海线、焦柳线、宁西线、京广线部分区段封锁或限速运行，7 趟列车停运，15 趟列车折返。国道 209 鲁山段、310 灵宝段出现路面塌陷，交通中断。

根据《国家防汛抗旱应急预案》有关规定，国家防总于21日3时将防汛Ⅲ级应急响应提升至Ⅱ级。自然资源部21日8时启动地质灾害防御Ⅲ级响应，派出工作组赴河北、山西、河南，督促指导强降雨区地质灾害隐患巡查排险和监测预警，防范次生地质灾害。针对当前黄河、淮河、海河流域汛情形势，水利部于21日2时将水旱灾害防御Ⅳ级应急响应提升至Ⅲ级，指导有关流域和地区做好监测预报预警、水工程调度、堤防和水库巡查防守、山洪灾害防御、值班值守等各项暴雨洪水防范应对工作。

多支救援力量投入前线，齐心协力抢险救灾

一人抱一个娃，整齐、有序、有爱。21日一大早，驻豫火箭军某部战士紧急救援转移郑州儿童福利院的500多名儿童。这一幕被拍了下来，受到网友热议，网友评论："最可爱的人抱着最可爱的人。"驻豫火箭军某部在完成郑州儿童福利院儿童救援转移工作后，奔赴河南阜外华中心血管病医院对医护人员、病人进行转移。

截至21日15时，中部战区已相继派出驻豫解放军和武警部队、民兵应急力量5700余人，舟车装备148台（艘），在郑州、洛阳、新乡等30余个险情地段投入救援。

汛情发生后，国家防总立即增派2个专家组分别赴河南、河北指导帮助工作。21日上午，国家防办、应急管理部召开重点地区防汛专题视频会商调度会议，对河南和黄河等流域防汛救灾工作进行再部署、再落实。

应急管理部连夜调派河北、山西、江苏、安徽、江西、山东、湖北7省消防救援水上救援专业队伍1800名指战员、250艘舟艇、7套"龙吸水"大功率排涝车、11套远程供水系统、1.85万余件（套）抗洪抢险救援装备紧急驰援河南。截至21日14时，消防救援队伍出动指战员2.37万人次、舟艇3121艘次，共营救遇险被困群众6459人，疏散群众1.53万人。

强降雨以来，中国安能集团迅速抽组专业救援人员153名，抽调主战装备37台（套），包括"龙吸水"、冲锋舟以及无人机、侦测艇等，紧急赶赴郑州。

党员干部战斗在一线！郑州市二七区蜜蜂张辖区属于老城区。街道干部带领救援队徒步涉深水成功转移危房内群众32人，通过铲车运输方式帮助周边群众"渡河"回家。5小时的救援，共运送回家群众116人，安置受困群众193人，救援群众46人，抢捞被冲群众3人。

工业和信息化部立即启动应急预案，组织基础电信企业连夜开展应急通信保障工作。目前 2 支国家应急通信一类保障队伍以及多支应急抢修队伍已抵达米河镇等受灾较重地区，开展通信抢修恢复工作。截至 21 日 10 时，通信行业克服道路、市电中断等不利因素影响，修复基站 6300 个，光缆 170 条共 275 千米。

强降雨导致多地市电力设施受损。截至 21 日中午，国网河南省电力公司已累计出动抢修人员 4000 多人次，车辆 1000 多台，超过一半的受损线路恢复了供电。

部门协调配合，全力支持河南应对灾情

财政部、应急管理部紧急向河南省预拨中央自然灾害救灾资金 6000 万元；财政部下达农业生产和水利救灾资金 4000 万元。

21 日，交通运输部印发紧急通知，要求各地交通部门立即对风险隐患进行再排查再整治。通知提出，城市轨道交通运营单位要进一步调整完善应急预案，在超设计暴雨强度等非常规情况下采取停运列车、疏散乘客、关闭车站等应急措施。

住房和城乡建设部积极指导帮助河南省开展抢险救灾和灾后恢复保供等工作。目前已协调落实城市供排水、环卫、燃气、照明等方面可支持的设施设备和技术力量。

河南银保监局 20 日下发通知，要求各保险机构要按照特事特办、急事先办的原则，集中调配查勘资源，建立理赔绿色通道、简化理赔流程、提高理赔效率。

（节选自龚金星、马跃峰、朱佩娴等《就河南郑州等地灾情，各地各部门迅速组织力量防汛救灾——生命至上 众志成城》，《人民日报》2021 年 7 月 22 日第 4 版）

│生涯之思│

"河南一定行""风雨一起扛""请让我上"……面对风雨，鼓劲加油的有之，请战出征的有之，团结互助的有之，中国人在灾害面前构筑了"冲不垮"的精神堤坝。面对灾难的中国人有多团结？这就是答案，这就是精神的力量。

案例导入

负起责任，培养自信

笔者曾在一家游泳馆学过半年游泳。夏天，也有不少来学游泳的孩子。有一天早上笔者游泳时，看到一个小女孩儿，大概3岁，在跳板上考虑要不要往水里跳。跳板其实不高，离水面只有不到2米，但是对一个3岁的小女孩儿来说是一个挑战。她的爸爸和妈妈正好坐在旁边和别人谈话。妈妈回头看到她，她也望了望妈妈。妈妈只做了一个手势，表示"跳跳看"。小女孩儿笑了一下，"扑通"跳了下去。妈妈站起来去看她的工夫，她就游上岸了。这个3岁的小女孩，也就刚能用不标准的蛙泳动作划划水。此时，一个正在教练看护下学游泳的小男孩看到了，他大概7岁，也想仿效一下，就往跳台上走去。他的脚刚往跳台上一站，正要准备跳，他妈妈从20米以外猛地冲过去，大叫一声把小孩给拉下来了。

┃简析┃

案例中两位妈妈的做法体现了不同的教育理念，一个是鼓励孩子大胆尝试，一个则是过度保护。

作为家长，确实应该将孩子照看好。然而，在教练和救生员配备到位、自己也在旁边看着的情况下，孩子想跳水试一下，也不是什么需要极力阻止的事情。

培养员工与培养孩子有一定的共通性。员工入职后，一般会经过系统的培训才接手工作，迈出独立处理工作的一步。通常，领导希望员工快速成长，交予一定有挑战性的任务，就像案例中第一位妈妈一样。新入职的员工也应勇于接受挑战，如果束手束脚、害怕出错、不敢承担自己的责任，则不利于自己的成长。负责、积极、自信等态度往往是决定成败的关键因素，也是职业素质的核心要素。作为职场新人，一定要有积极、自信的自我培养意识，才能成长得更迅速、走得更远。

第一节
职业素质概述

一般来说，大学毕业生能否顺利就业并取得成就，在很大程度上取决于本人的职业素质。职业素质越高的人，求职及工作中获得成功的机会就越多。

一、职业素质的含义

职业素质，指专业知识、专业技能和专业能力等与职业直接相关的基础能力和综合素质。每个劳动者，无论从事何种职业，都必须具备一定的思想道德素质、科学文化素质、生理素质和心理素质等，才能顺应竞争激烈、人际交往频繁、工作压力大的知识经济时代的社会发展潮流。以下十方面是对人的职业素质的一般要求。

（一）思想道德素质

近年来，用人单位对大学生的思想道德素质越来越重视。单位领导者认为思想道德素质高的学生不仅用起来放心，而且有利于本单位文化的发展和进步。思想是行动的先导，而道德是立身之本，很难想象一个思想道德素质差的人能够在工作中赢得别人充分的信任，形成良好的合作。毕竟人是社会的人，在企业的工作中更是如此。所以，无论是企业还是其他单位，在选拔录用毕业生时，对其思想道德素质都会很在意。虽然这种素质很难准确测量，但是人的思想道德素质会体现在一言一行中，这也是面试的主要目的之一。

（二）事业心和责任感

事业心是指干一番事业的决心。有事业心的人目光远大、心胸开阔，能克服常人难以克服的困难而成为社会上的佼佼者。责任感就是要求把个人利益同国家和社会的发展紧密联系起来，树立强烈的历史使命感和社会责任感。拥有较强的事业心和责任感的大学生才能与单位同甘苦、共患难，才能将自己的知识和才能充分发挥出来，从而创造出效益。

（三）职业道德

职业道德体现在每一种具体职业中，任何职业都有本行业的规范。这些规范的形成是人们对职业活动的客观要求。从业者必须对社会承担必要的职责，遵守职业道德，敬业勤业，具体来说，就是热爱本职工作，恪尽职守，爱惜职业信誉，刻苦钻研本职业务，对技术和专业精益求精。在今天，敬业勤业具有了丰富的新内涵和新标准。不计较个人得失、全心全意为人民服务、勤奋开拓、求实创新等，都是新时代对大学毕业生职业道德的要求。缺乏职业道德的大学生不可能在工作中尽心尽力，更谈不上有所作为；相反，大学毕业生如果拥有崇高的职业道德，不断努力，那么在任何岗位上都会做出贡献，服务社会的同时体现个人价值。

（四）专业基础

随着科学技术的迅速发展和社会化大生产不断壮大，现代职业对从业人员的专业基础要求越来越高，专业化倾向越来越明显。"万金油"式的人才已经不能满足职场的需求，只有"一专多能"才能在求职过程中取胜。大学毕业生应该拥有宽厚扎实的基础知识和广博精深的专业知识。基础知识、基本理论是知识结构的根基，拥有宽厚扎实的基础知识才能有持续学习和发展的基础和动力；专业知识是知识结构的核心部分，大学生要对自己所从事专业的知识和技术精益求精，对学科的历史、现状和发展趋势有较深的认识和系统的了解，并善于将其所学的专业和其他相关知识领域紧密联系起来。

（五）学习能力

现代社会科学技术飞速发展，一日千里。只有基础牢，会学习，善于汲取新知识、新经验，不断在各方面完善自己，才能跟上时代的步伐。有研究认为，一个大学毕业生在学校获得的知识只占一生工作所需知识的10%，其余必要的知识需在毕业后的继续学习中不断获取。

（六）人际交往能力

人际交往能力就是与人相处的能力。随着社会分工的日益精细以及个人能力的限制，单打独斗已经很难完成工作任务，用人单位更加注重一个人的沟通和合作能力。工作者的人际交往能力必不可少。大学毕业生应该积极主动地参与人际交往，做到诚实守信、以诚待人，同时努力培养团队协作精神，这样才能逐步提高自己的人际交往能力。

（七）吃苦精神

在一项调查中，用人单位认为，近年来所招录的大学生中缺乏实干精神的占50%以上，认为实干精神是当前大学生最缺乏的素质。现在的大学生最大的弱点是怕吃苦，缺乏奋斗精神。但凡有所成就的人，无一不是通过艰苦创业而成才的。作为当代大学生，我们应从平时小事做起，努力培养吃苦耐劳的创业精神。

（八）创新精神

现代社会日新月异，我们不能墨守成规。在市场经济条件下，各企业都要参与激烈的市场竞争。用人单位迫切需要大学生运用创新精神和专业知识来帮助它们改良技术，加强管理，使产品不断更新和发展，带来新的活力。信息时代，非物资需求成为人类的重要需求，信息网络的全球架构使人类生活的秩序和结构发生了根本变化。人才，尤其是信息时代的人才，更需要创新精神。

（九）身体素质

现代社会生活节奏快，工作压力大，没有健康的体魄将很难保证正常的工作。用人单位都希望自己的员工能健康地为单位多做贡献，而不希望他们总是请病假。身体有疾病的员工不但会耽误自己的工作，还有可能对其他同事的工作造成影响。

（十）健康的心理

健康的心理是一个人事业取得成功的关键因素之一。它是指自我意识的健全、情绪控制的适度、人际关系的和谐，以及具有对挫折的承受能力。心理素质好的人能以旺盛的精力、积极乐观的心态处理好各种关系，主动适应环境的变化；心理素质差的人则经常处于忧愁苦恼中，不能很好地适应环境，最终不仅会影响工作，甚至可能带来身体上的疾病。大学毕业生在走出校园以后，会遇到更加复杂的人际关系和更为沉重的工作压力，这都需要较强的自我调适能力以适应社会。

二、职业素质培养

为了使大学学习与职业发展更好地衔接，大学生在大学学习期间应该以职业发展为目标制订合理的专业学习计划，注重能力的自我培养和身心素质的提升。

（一）制订专业学习计划

1. 专业学习计划的内容

通常个人的专业学习计划应当包括明确的专业学习目标，也就是学生通过专业学习达到的预期结果，在专业基本理论、基本知识和基本技能方面达到的水平，在专业能力方面和实际应用方面达到的目标。

（1）相关的进程表。进程表即学习时间和学习进度安排表，包括两个层次。第一是总体学习时间和学习进度安排表，即大学四年如何安排专业学习进度。一般地，大学专业学习进程的指导原则是，第一年打基础，即学习培养多种职业能力的通用课程和继续学习所需的必备课程。第二是学期进程表，把一个学期的全部时间分成三部分——学习时间、复习时间、考试时间，分别在三时间段内制定不同的学习进程表。

（2）完成计划的方法和措施。这主要指的是学习方式。学习方式的选择需要考虑众多因素：学习基础、学习能力、学习习惯、学科性质、学校能够提供的支持服务、个人能够保证的学习时间等，还要遵循学习心理活动特点、学习规律和个人的生理规律等。

2.专业学习计划的要求

（1）全面合理。计划中除了有专业学习时间，还应有学习其他知识的时间和进行社会工作、为集体服务的时间；有保证休息、娱乐、睡眠的时间。

（2）长时间短安排。在一个较长的时间段内究竟干些什么，应当有个大致计划，如一个学期、一个学年应当有个长期计划。

（3）重点突出。学习时间是有限的，而学习的内容是无限的，所以必须要有重点。要保证重点，兼顾一般。

（4）脚踏实地。一是每个阶段在计划中要消化接受多少知识，要培养哪些能力；二是常规学习时间与自由学习时间各有多少；三是对自己在学习上的"欠债"情况心中有数；四是掌握教师教学进度，妥善安排时间，不至于使自己的计划受到"冲击"。

（5）适时调整。每一个计划执行结束或执行到一个阶段时，就应当检查一下效果如何。如果效果不好，就要找找原因，进行必要的调整。检查的内容应包括：计划中规定的任务是否完成了，是否按计划去做了，学习效果如何，没有完成计划的原因是什么。检查后再修订专业学习计划，改善不科学、不合理的地方。

（6）一定的灵活性。计划变成现实还需要经过一段时间，在这个过程中会遇到许多新问题、新情况，所以计划不要太满、太死、太紧。要留出机动时间，使计划有一定灵活性。

（二）能力的自我培养

大学生在大学期间应基本上具备工作岗位所要求的能力，注重能力的自我培养。大学生能力自我培养的途径主要有以下三种。

1.积累知识

知识是能力的基础，勤奋是成功的钥匙。离开知识的积累，能力就成了"无源之水"，而知识的积累要靠勤奋的学习来实现。大学生在校期间，既要掌握书本上的知识和技能，也要掌握学习的方法，学会学习，养成自学的习惯，树立终身学习的意识。

2.勤于实践

善于学习是培养能力的基础，实践是培养和提高能力的重要途径，是检验学生是否学到知识的标准。因此大学生在校期间，既要积极参加各种校园文化活动，又要勇于参与一些社会实践活动；既要认真参加社会调查活动，又要热心各种公益活动；既要积极参与校内外相结合的科学研究、科技协作、科技服务活动，参加以校内建设或社会生产建设为主要内容的生产劳动，要热忱参加教育实习活动，又要参加学校举办的各种类型的学习班、讲学班等，还可以担任家庭教师。

3. 发展兴趣

兴趣包括直接兴趣和间接兴趣。直接兴趣是事物本身引起的兴趣；间接兴趣是对能给个体带来愉快或益处的活动结果发生的兴趣，人的意志在其中起着积极的促进作用。大学生应该重点培养对学习的间接兴趣，以提高自身能力为目标，鼓励自己学习。

4. 超越自我

作为一名大学生，应当注重发展自己的优势能力。但仅有优势能力是不够的，大学生必须对已经具备的能力有所拓展，不管其发展程度如何，这是今后生存的需要，也是发展的需要。

（三）身心素质培养

身体素质和心理素质合称为身心素质。身心素质对大学生成才有着重大影响，不断提升身心素质显得尤为重要。大学生身心素质提升的主要途径有以下四种。

1. 科学用脑

第一，勤于用脑。大脑用得越勤快，脑功能就越发达。并且研究发现，人的最佳用脑时间存在很大的差异性，就一天而言，有早晨学习效率最高的"百灵鸟型"，有黑夜学习效率最高的"猫头鹰型"，也有最佳学习时间不明显的混合型。

第二，劳逸结合。从事脑力劳动的时候，大脑皮层兴奋区的代谢过程就逐步加强，血流量和耗氧量也增加，从而使大脑的工作能力逐步提高。如果长时间用脑，消耗的过程逐步越过恢复过程，就会产生疲劳。疲劳如果持续下去，不仅会使学习和工作效率降低，还会引起神经衰弱等疾病。

第三，多种活动交替进行。人的脑细胞有专门的分工，各司其职。经常轮换脑细胞的兴奋与抑制，可以减轻疲劳，提高效率。

第四，培养良好的生活习惯。节奏性是人脑的基本规律之一，若大脑皮层的兴奋与抑制可以有节奏地交替进行，大脑就能发挥较大效能。要使大脑兴奋与抑制有节奏，就要养成良好的生活习惯。

2. 正确认识并悦纳自己

良好的自我意识要求做到自知、自爱，其具体内涵是自尊、自信、自强、自制。自信、自强的人明确地了解自己的动机、目的，对自己的能力能做出比较客观的估价。

3. 自觉控制和调节情绪

许多疾病与情绪有关。长期的思虑忧郁和过度的气愤、焦虑都可能导致疾病的发生。大学生希望有健康的身心，就必须经常保持乐观的情绪，在学习、生活和工作中有效地驾驭自己的情绪活动，自觉地控制和调节情绪。

4. 提高克服挫折的能力

要做到正视挫折，战胜或适应挫折。遇到挫折要冷静分析原因，找出问题的症结，充分发挥主观能动件，想办法战胜它。如果主客观差距太大，虽然经过努力，也无法战胜挫折，就接受它，适应它，或者另辟蹊径，以便再战，要多经受挫折的磨炼。

生涯小贴士

2021 年版《国家职业资格目录》公布后，我们应该做什么

经国务院同意，人力资源和社会保障部公布了 2021 年版《国家职业资格目录》。2021 年版《国家职业资格目录》共计 72 项职业资格。其中，专业技术人员职业资格 59 项，含准入类 33 项，水平评价类 26 项；技能人员职业资格 13 项。目录中准入类职业资格关系公共利益或涉及国家安全、公共安全、人身健康、生命财产安全，均有法律法规或国务院决定作为依据；水平评价类职业资格具有较强的专业性和社会通用性，对技术技能要求较高，也是行业管理和人才队伍建设的需要。

本次调整是在 2017 年公布的《国家职业资格目录》的基础上，根据党中央、国务院转变政府职能，推进"放管服"改革要求，结合近年来国务院有关部门职责调整、行政审批事项改革等情况进行的优化。出入境检疫处理人员资格、乡村兽医资格、注册石油天然气工程师等专业技术人员职业资格退出目录。除了与公共安全、人身健康等密切相关的职业工种，73 项水平评价类技能人员职业资格退出目录，不再由政府或其授权的单位认定发证。精算师、矿业权评估师、职业病诊断医师等专业性和社会通用性强的专业技术人员职业资格纳入目录。危险货物、化学品运输从业人员，道路运输从业人员，特种作业人员，建筑施工特种作业人员，特种设备安全管理和作业人员等涉及行政许可事项的人员资格作为准入类技能人员职业资格纳入目录。

优化后的目录与 2017 年目录相比，职业资格减少了 68 项，削减 49%，对于进一步提高职业资格设置管理科学化、规范化水平，降低就业创业门槛，优化就业创业环境，持续激发市场主体活力和社会创造力，对推动高质量发展，具有重要意义。

人社部有关司局负责同志指出，这有利于推动降低就业创业门槛，优化就业创业环境，减轻人才负担，持续激发市场主体活力和社会创造力。

职业资格是对从事某一职业所必备的学识、技术和能力的基本要求，反映了持证者为适应职业劳动需要而运用特定的知识、技术和技能的能力。无论是大学生，还是在职场中打拼的人士，对职业资格证书都不会陌生，这也是职场中重要的敲门砖。职业资格与职业劳动的具体要求密切结合，更直接、更准确地反映了特定职业的实际工作标准和操作规范，以及持证者从事该职业所达到的实际工作能力水平。职业资格考试日趋火爆，反映了一种社会需求。正如没有机动车驾驶证就不能开车一样，没有取得职业资格证书，就不能从事特定的行业。这有利于提高从业人员的业务素质，规范市场经济秩序。

作为一名大学生，要先从国家公布的文件中读出这样的信息：当前的社会需要什么样的人才。然后去思考：你所选择的职业是不是能顺应当前的社会发展趋势，在你所选择的行业内都有一些什么水平的工作者，自己怎样做才能获得职业资格、赢得用人单位的垂青。只有适应了当前的社会，才能在社会中生存，能生存才能谈发展。而想要发展，就要看到当前我国正在从制造业大国向制造业强国迈进，由"中国制造"向"中国智造"转型发展。面对新时代中国特色社会主义建设对知识型、技能型、创新型产业大军的客观需求，作为一名大学生，要主动迎接新挑战，勇于担当成长为产业链中高端人才的历史使命，以提升关键能力、发展核心素养为根本目标，在脚踏实地的实践探索中不断迈出新的步伐，在创新创业、践行奋斗的砥砺和奉献中实现人生价值，遵循学校和社会的指引，理解和把握职业精神的根本特质，不断升华对职业理想、职业道德、职业责任、职业品质的认知，创造属于自己的美好的人生。

第二节
职业精神培育

当代大学生进入社会后，大部分面临的最大问题不是专业技能的问题，而是缺乏基本的职业理念和态度的问题。想要在职场中游刃有余、做出成绩，需要具备哪些基本的职业精神？

一、职业精神概述

在不断把中国特色社会主义伟大事业推向前进、实现中华民族伟大复兴的征程中，无论从事何种职业，都应当大力弘扬社会主义职业精神，尽职尽责，贡献自己的聪明才智。

（一）职业精神的内涵

职业精神是与职业活动相关的、具有职业特征的精神，是一种稳定、持续、成熟的，充满职业尊严感、使命感和高度责任感的职业价值观和工作态度，是人们在职业生活中能动地表现自己专业技能和创新潜能的精神动力。

职业精神是职业活动的灵魂，是一种将职业活动尊奉为终身事业的情怀与信仰，是爱业、敬业、乐业、甘为事业献身的奉献精神。职业精神主要有以下六方面的内涵。

1. 诚实守信

诚实守信是为人之本，从业之要。做人不隐瞒欺骗，处事不弄虚作假，讲信誉，守承诺，忠实于事物的原貌，忠实于自己应尽的义务，这是一个人的基本修养，是职业精神里最基础的内容。

2. 敬业爱岗

职业精神很重要的一方面就是敬业、乐业。对自己所从事的工作表现出非凡的热情和尊重，才能在实践中充分发挥主观能动性，积极地面对、分析、思考问题，解决问题，才能在追求自身价值实现的过程中努力践行职业伦理，担负社会责任，将朴实的谋生过程变成一种高尚的精神追求。

3. 孜孜不倦

要时刻以工作为中心，端正态度，认认真真地做好自己的本职工作。手做之，心系之。勤勉工作，不怕吃苦。"业精于勤"，在职业精神中，勤业是重要的实践内涵。勤业，即以勤治事，在工作中不仅"身勤""手勤""眼勤"，更要做到"脑勤""心勤"，不断在实践中磨炼自己，提升自己。

4. 精益求精

精益求精是对品质的执着追求，要求注重每个细节，反复改进，不断完善，始终保持对品质的高标准、严要求，为打造最优质的产品和最完备的服务而不懈努力，始终保持高度的热情和不怕吃苦的精神。

5. 持之以恒

持之以恒是指在工作中耐心、专注、坚持，虚心对待工作的成绩，耐心对待工作中的问题；不张扬，不浮躁，不急于求成；专注于产品和服务质量的提升，坚持到底，不轻言放弃。

6. 勇于创新

勇于创新是指不故步自封，不因循守旧；善于与时俱进地发现问题，挑战问题，不断尝试新思想、新举措，在不断的创新中推动职业竞争力的提升。创新创业是职业精神的高层次体现。

案例链接

从传承到创新——新时代焕发新生机

蜡染是传统的民间手工艺术，时经千年仍以其精美的图案、奇妙而不可复制的冰纹效果吸引着世人的目光。它的起源可以上溯到汉代以前，是西南地区兄弟民族的一项伟大创造。蜡染古时称"蜡缬"，是染色与蜡画图案的完美结合。蜡染的基本原理是借助上蜡工具及各种手法的涂绘将蜡液覆盖在需要显示花纹的部分，再经过染色、固色等工艺处理，涂过蜡液部分的图案因染液不能渗入而显示出所绘纹样。"冰纹"是由蜡冷却后在织物上产生龟裂，色料渗入裂缝，得到意想不到的效果。无论是刻意为之还是偶然所得，冰纹都是不可复制的、独一无二的，是蜡染独有的艺术效果。

蜡染是传统的工艺美术宝库中的一朵奇葩，以悠久的历史和辉煌的成就给后人留下了丰富的物质和精神财富。蜡染的表现手法及制作过程的独特性使它的艺术价值富有不拘一格的魅力，蜡染图案顺势造形的效果在设计及染色阶段会出现不可重复的妙笔和意外惊喜。早在1982年和1983年，贵州省的两位苗族妇女分别到美国和加拿大表演蜡绘，受到当地专家和观众的好评，从而蜡染被许多国家所了解和认可，被誉为"古老中国的奇迹"。

2019年8月，贵州民族大学青年志愿者联合会"春风化雨，筑梦镇宁"实践队来到了风景秀丽的贵州省安顺市镇宁布依族苗族自治县，开始了暑期社会实践之旅。活动伊始，实践队对石头寨蜡染艺术传承人韦启珍进行了专访。

韦启珍是当地有名的蜡染师傅。40多年来，她创作的蜡染蜡画作品数不胜数，各种荣誉也接踵而至。蜡染作品《铜鼓》荣获安顺市民族特色手工大赛一等奖。她个人也获得了"蜡染艺术传承家"称号，还获得了安顺市2018年妇女民族特色手工（蜡染）技能大赛优秀奖等荣誉。

"我们村的大多数人都掌握蜡染技术，但是他们只会做传统的布依族民族服饰。我除了做传统的布依族民族服饰，还会自己设计蜡染图案，做一些蜡染裙子、包包和一些其他的布艺。"说起蜡染技艺，韦启珍滔滔不绝。她拿出一幅正在制作的蜡染画对志愿者说："这是我自己创作的图案。蜡板画都是直接画上去的，每一幅都是绝版，不可复制，有一些还是我女儿帮我设计的。"

"传统蜡染想要做得好，就要做大家喜欢的东西，尽量让每一个客人都喜欢。"韦启珍说。布依族蜡染成品可以做成百褶裙、围腰、挎包、被巾、门帘等，都是生活中不可缺少的。除了在石头寨博物馆里销售自己的蜡染作品，每逢周六，韦启珍还会把它们带到镇宁大抵拱市场去卖。此外，看上蜡染的客人可以现场预订或网上订购。现在，韦启珍的蜡染作品远销北京、福建、厦门等地。

"零零后"非遗传承人王欣颖是贵州省丹寨县人，6岁开始接触蜡染，19岁被评为丹寨县蜡染非物质文化遗产传承人。苗族蜡染是苗族世代相传的民间手工技艺，成品色调素雅、纹样优美，具有浓郁的民族风情和地方特色，被列入第一批国家级非物质文化遗产名录。

2017年，随着脱贫攻坚的大力推进，贵州省丹寨县的万达小镇也建设起来，邀请了大批非遗传承人入驻，给予补贴和免租待遇。王欣颖和家人一起在小镇上开设了蜡染体验店，带领游客一起体验蜡染制作技艺。除了蜡染体验店，王欣颖还和家人一起在当地开设了蜡染制作车间，专门从事苗族蜡染产品的制作、研发和销售。王欣颖一家也由曾经的建档立卡贫困户走向脱贫，成为当地有名的"蜡染之家"。

2021年4月，王欣颖受邀参加了上海时装周。"外面的城市很美，楼很高，但是我觉得家乡更适合我，只有蜡染能让我走得更远。下一步，我要将蜡染元素融入国潮服装设计之中，让更多的人喜欢蜡染。"王欣颖说。

蜡染的创意设计是在继承与革新的双向前提下展开的，以融合、包容的态度正确处理它在整个艺术市场中的价值，并合理地将它运用到社会生活中，就能使其发挥出最大的实用性价值。

蜡染图案是蜡染艺术的美的价值核心，其独特的艺术形式已成为区别于其他艺术作品的标志。图案的创新自然也就成为蜡染艺术创新的切入点。现代蜡染图案形式的创新应完全打破传统图案的形式带给我们的束缚感，结合现代的流行趋势。一些现代装饰绘画图案的蜡染纹样及不对称的后现代形式图案以蜡染的形式表达，表现出了与以往不同的装饰效果。

多元艺术形式的融合是蜡染设计创新的生力军。将蜡染艺术与其他传统艺术融合，进一步将传统文化融合并发扬是开拓蜡染设计思路的方法之一。如获得了"多彩贵州"旅游商品设计大赛最佳创新奖的徐波，在原有传统蜡染基础上融入中国水墨画的元素，独创出中国"水墨蜡染"艺术。他的作品风格清新、色彩纯净、自然朴素、简约时尚。其新型"蜡染苗绣"工艺，是通过将朴素自然的蜡染手工艺与富贵华丽的苗绣工艺形成对比之美，来强化主题，使民族民间手工味更浓郁，视觉冲击力更强，具有现代装饰气息。同时，他还开创了"唐卡蜡染"艺术新形式，以粗犷、古朴、大胆、神秘的表现手法，从一种崭新的角度展示了藏传佛教艺术的特殊魅力。他也因此被业内人士誉为"中国唐卡蜡染艺术"的创始人。独特的"仿古蜡染"艺术，色彩古朴、和谐典雅，再现了历史记忆。

贵州省民间艺术家黄国祥，以古为师、秉承传统，在民间撕纸技艺基础上，提炼蜡染艺术风格，融入自己对民族艺术的体验和感受，将民间蜡染的冰纹神韵、蜡纹的肌理效果融进撕纸艺术之中，从而创造出独具民族特色的新画种——蜡纹套色撕纸画。他是国内将民间撕纸与蜡染两种古老艺术结合创新的第一人，是贵州省运用发明创造手段焕发地方民族传统艺术生机的贡献者。

这些创新蜡染作品的成功为众多的蜡染设计艺术家开拓了思路。把多元的艺术形式与蜡染艺术巧妙融合，将是蜡染艺术创新的一条有效途径。

（资料来源：《"零零后"蜡染非遗传承人》，《西藏日报》2021年4月29日第4版；宠爱植物《蜡染传承义不容辞　四十多年初心不改》，百家号，https://baijiahao.baidu.com/s?id=1641998124275045073&wfr=spider&for=pc；杨晓燕《浅谈蜡染的创新设计》，《艺术科技》2017年第11期，第174页）

（二）职业精神的特征

1. 社会性

职业精神是作为社会主体的人所呈现的一种精神面貌，具有社会性。它在社会群体中具有广泛的适用性，已经成为全社会精神文明建设的一个方面，随着主流思想的发展而演变。职业精神在不同社会发展阶段的指向会略有不同。在当代中国，职业精神更多地表现为职业道德和奉献精神，表现为一种新时代的大国工匠精神。

2. 行业性与专业性

职业精神是对所从事职业具有的一种特殊情怀，一般根据不同专业特征、职业需要、产品或服务的特性、工作环境等多方面因素对从业者提出具体要求，具有较为鲜明的行业性与专业性。不同的行业、不同的专业对职业精神的理解侧重点不同，如服务类行业对职业精神的要求侧重于尽可能地满足客户需求，制造业侧重于对产品质量的精益求精；会计专业更重视诚实、诚信、细心谨慎、兢兢业业，设计类专业则突出创新、创业，追求卓越。各行业对专业的需求不尽相同，对职业精神的要求也有所不同。

3. 实践性

社会实践是职业精神存在和发展的土壤，职业精神离不开具体的实践活动。在具体的工作岗位、工作环境、工作内容、工作过程中才能深入理解和体会职业精神的重要意义，随着时间的磨砺，形成良好的职业精神。

（三）社会主义职业精神的特征

不同于其他社会制度下的职业精神，社会主义职业精神具有以下三个重要特征。

第一，它是社会主义精神体系的重要组成部分。人们的社会生活分为三大领域，即家庭生活、职业生活和公共生活。社会主义职业精神就是职业领域内社会主义精神的特殊要求。

第二，它的本质是为人民服务。社会主义社会消除了人与人之间剥削与被剥削的关系，从根本上使职业利益同社会利益、同广大人民群众的根本利益一致起来，各种职业都成为社会主义事业的有机组成部分。因此，各行各业可以形成共同的精神追求，即为人民服务，并使之在调整人与人之间的关系上发挥历史上前所未有的重要作用。

第三，它的形成和发展具有"灌输性"。社会主义社会的职业精神是在以公有制经济为主体的基础上形成的。它的主体内容不像旧的职业精神那样可以自发产生，而是在马克思主义的教育下通过有觉悟的职业成员的努力建立起来的。列宁在谈到培养工人的社会主义意识时指出："工人本来也不可能有社会民主主义的意识。这种意识只能从外面灌输进去。"因此，加强对从业者的马克思主义教育、社会主义教育，使之认清社会主义职业的性质和特点，了解本职业在社会主义社会中的地位，是十分必要的。

（四）职业精神的基本要素

社会主义职业精神是由多种要素构成的。这些要素分别从特定方面反映出社会主义职业精神的特定本质和基础，同时又相互配合，形成严谨的职业精神模式。

1. 职业理想

社会主义职业精神所提倡的职业理想，主张各行各业的从业者放眼社会利益，努力做好本职工作，全心全意为人民服务、为社会主义服务。这种职业理想是社会主义职业精神的灵魂。一般说来，从业者对职业的要求可以概括为三方面：维持生活、完善自我和服务社会。这三方面在社会主义初级阶段的职业选择中都是必需的。社会主义社会的公民在选择职业时应该把服务社会放在首位，因为只有从社会的整体利益出发，分别从事社会所需要的各种职业，社会才能顺利地前进和发展。也只有在这个基础上，广大社会成员包括从业者自身才能过上幸福的生活。

2. 职业态度

树立正确的职业态度是从业者做好本职工作的前提。职业态度具有经济学和伦理学的双重意义，它不仅揭示从业者在职业生活中的客观状况，参与社会生产的方式，同时也揭示他们的主观态度。其中，与职业有关的价值观念对职业态度有着特殊的影响。一个从业者积极性的高低和完成职业的好坏，在很大程度上取决于他的职业价值观念。职业伦理学研究表明，先进生产者的职业态度指标最高。因此，改善职业态度对于培育社会主义职业精神有着十分重要的意义。

3. 职业责任

这包括职业团体责任和从业者个体责任两方面。如企业是拥有生产经营所必需的责、权、利的经济实体。在国家与企业的责、权、利关系中，责是主导方面。现代企业制度不仅正确划分了国家与企业的责、权、利，将三者有机地结合起来，而且也规定了企业与从业者的责、权、利，并使三者有机地结合起来。这里的关键在于，从业者要把客观的职业责任变成自觉履行的道德义务。这是社会主义职业精神的一个重要内容。

4. 职业技能

在社会主义现代化建设中，职业对职业技能的要求越来越高，不但需要科学技术专家，而且迫切需要千百万受过良好职业技术教育的中（初）级技术人员、管理人员、技工和其他具有一定科学文化知识和技能的熟练从业者。没有这样一支劳动者大军，先进的科学技术和先进的设备就不能成为现实的社会生产力。我国经济建设的实践证明，各级科技人员之间以及科技人员和工人之间都应有恰当的比例，生产建设才能顺利进行。良好的职业技能具有深刻的职业精神价值。

5. 职业纪律

社会主义职业纪律是从业者在利益、信念、目标基本一致的基础上所形成的高度自觉的新型纪律。从业者理解了这个道理，就能够将职业纪律由外在的强制力转化为内在的约束力。从根本上说，社会主义职业纪律可以保障从业者的自由和人权，保障从业者发挥主动性和创造性。因此，职业纪律虽然有强制性的一面，但更有为从业者的内心信念所支持、自觉遵守的一面，而且后者是主要的一面，具有丰富的精神内涵。自觉的意志表示和服从职业的要求，这两种因素的统一构成了社会主义职业纪律的基础。这种职业纪律是社会主义法规性和道德性的统一。

6. 职业良心

这是从业者对职业责任的自觉意识，在人们的职业生活中有着巨大的作用，贯穿于职业行为过程的各个阶段，成为从业者重要的精神支柱。职业良心能依据履行责任的要求，对行为的动机进行自我检查，对行为活动进行自我监督，在职业行为之后能够对行为的结果和影响做出评价。对履行了职业责任的良好结果和影响，会感到内心的满足和欣慰；反之，则进行内心的谴责，表现出内疚和悔恨。

7. 职业信誉

职业信誉是职业责任和职业良心的价值尺度，包括对职业行为的社会价值所做出的客观评价和正确的认识。从主观方面看，职业信誉是职业良心中知耻心、自尊心、自爱心的表现。职业良心中的这些方面，能使一个人自觉地按照客观要求的尺度去履行义务，宁愿做出自我牺牲也不愿违背职业良心，不愿做出可耻、毁誉和损害职业精神的事情。在这个意义上，职业信誉鲜明地体现着"全心全意为人民服务"的职业理想和主人翁的职业态度。从客观方面说，职业信誉是社会对职业集团和从业者的肯定性评价，是职业行为的价值体现或价值尺度。同时，职业信誉又要求从业者提高职业技能，遵守职业纪律。社会主义职业精神强调职业信誉，更重视把社会的客观评价转化为从业者的自我评价，促使从业者自觉发扬社会主义职业精神。

8. 职业作风

职业作风是从业者在其职业实践中所表现的一贯态度。从总体上看，职业作风是职业精神在从业者职业生活中的习惯性表现。社会主义职业作风具有潜移默化的教育作用。它好比一个大熔炉，能把新的成员锻炼成坚强的从业者，使老的成员永远保持优良的职业品质。职业集体有了优良的职业作风，就可以互相教育，互为榜样，形成良好的职业风尚。

二、大学生应具备的职业精神

（一）诚信

诚，即真诚、诚实；信，即守承诺、讲信用。诚信的基本含义是守诺、践约、无欺。通俗地表述，就是说老实话、办老实事、做老实人。诚信是一切道德的基础和根本，是一个社会赖以生存和发展的基石，是社会主义社会调节个人与社会、个人与个人之间相互关系的基本道德规范，也是社会公德和职业道德中的基本准则。诚于内而信于外，只有内心诚实，才能得到他人的信任。人生活在社会中，总要与他人和社会发生关系。处理这种关系必须遵从一定的规则，有章必循，有诺必践。否则，个人就失去立身之本，社会就失去运行之规。诚信是公民道德的一个基本规范，它不仅是一种品行，更是一种责任；不仅是一种道义，更是一种准则；不仅是一种声誉，更是一种资源。就个人而言，诚信是高尚的人格力量；就企业而言，诚信是宝贵的无形资产；就社会而言，诚信是正常的生产生活秩序；就国家而言，诚信是良好的国际形象。诚信是道德范畴和制度范畴的统一，个人的人品如何直接决定了这个人对于社会的价值。而在与人品相关的各种因素之中，诚信又是最为重要的一点。微软公司在用人时非常强调诚信，公司只雇佣那些最值得信赖的人。当微软列出对员工期望的"核心价值观"时，诚信被列为一位。

（二）主动

由于文化氛围和性格特点，中国的学生和职员大多属于比较内向的类型，在学习和工作中还不够主动。在学习中，学生们往往需要老师安排学习任务；在公司里，职员常常要等领导吩咐做什么事、怎么做之后，才开始工作。但是，要想在求职和职业中获得成功，就必须努力培养自己的主动意识，在工作中要勇于承担责任，主动为自己设定工作目标，并不断改进方式和方法。"机不可失，时不再来"，只有积极主动才能在瞬息万变的竞争环境中获得成功，只有善于展示自己才能在工作中获得真正的机会。

（三）自觉自律

古语云："人贵有自知之明。"这实际上是说，社会生活中的每个人都应当对自己的素质、潜能、特长、缺陷、经验等各种基本能力有一个清醒的认识，对自己在社会工作生活中可能扮演的角色有一个明确的定位。心理学上把这种有自知之明的能力称为"自觉"，它通常包括察觉自己的情绪对言行的影响，了解并正确评估自己的资质、能力与局限，相信自己的价值和能力等几方面。一个人既不能对自己的能力判断过高，也不能轻易低估自己的潜能。对自己判断过高的人往往容易浮躁、冒进，不善于和他人合作，在遭到挫折时心理落差较大，难以平静对待客观事实；低估自己能力的人，则会在工作中畏首畏尾、犹豫不决，没有承担责任和肩负重担的勇气，缺乏工作的积极性。有自知之明的人既能够在他人面前展示自己的特长，也不会刻意掩盖自己的欠缺。坦承自己的不足而向他人求教不但不会降低自己的能力，反而可以表现出虚心和自信，赢得他人的尊重与青睐。有自知之明的人在遇到挫折的时候不会轻言失败，在取得成绩时也不会沾沾自喜。认识自我，准确定位自我价值的能力可以帮助个人找到适合自己的职场空间及发展方向，有自知之明的人会让人看到他身上所具备的自信、谦虚、真诚等优良品质。

自律指的是自我控制和自我调整的能力。自律包括自我控制不安定的情绪或冲动，在压力面前保持清晰的头脑；以诚实赢得信任，并且随时都清晰地理解自己的行为将影响他人。自律必须建立在诚信的基础上。为了表现所谓的"自律"而在他人面前粉饰、遮掩自己的缺点，刻意表演的做法，是非常不可取的。只有在赢得他人信任的基础上，严于律己、宽以待人，才能真正获得他人的尊重和赞许。

（四）谦虚执着

谦虚指不自满，肯接受批评，并虚心向他人请教。有真才实学的人往往虚怀若谷，谦虚谨慎；而不学无术、一知半解的人，却常常骄傲自大，自以为是。谦虚是一种美德，是进取和成功的必要前提。目前，不少大学生在生活中唯我独尊，不能听取他人的建议，不能容忍他人和自己意见相左，这些不懂得谦虚谨慎的同学也许可以取得暂时的成功，但却无法在人生的事业上不断进步。因为一个人的力量终究有限，在瞬息万变的当今世界，个人必须不断学习，善于综合并吸取他人的良好意见，否则就将陷入一意孤行的泥潭。世界计算机行业巨头比尔·盖茨就是一个非常谦虚的人，他在每一次演讲结束后，会请撰写演讲稿的人分析一下他的演讲有哪些不足之处，以便下一次改进，正是这种精神和行为成就了他事业的辉煌。

执着是指我们坚持正确方向，矢志不移的决心和意志。无论是个人也好，集体也好，一旦认明了正确的工作方向，就必须在该方向的指引下锲而不舍地努力工作。在工作中轻言放弃或者朝三暮四的做法都不能取得真正的成功。成功者需要有足够的勇气来面对挑战。任何事业上的成就都不是轻易就可以取得的。一个人想要在工作中出类拔萃，就必须面对各种各样的艰难险阻，必须正视事业上的挫折和失败。只有那些谦虚执着、有勇气迎接挑战的人才能真正实现超越自我，达到卓越的境界。

（五）责任心

责任心是指个人对自己的义务和责任的自觉意识和积极履行的行为倾向。它意味着个人对待工作、家庭、自我、他人、社会乃至整个人类社会的负责态度和奉献精神，它总是表现在人们的社会生活和工作行为活动中。一个有责任心的人会去主动地关心帮助他人，对他人负责；会忘我地投入工作；会在学习和工作中严于律己，对自己的行为负责，使自己不断完善，不断成熟。相反，一个缺乏责任心或责任心不强的人，往往意识不到自己做人、做事的责任，从而造成人格上的缺陷。用人单位在招聘大学生时对责任心是很重视的，往往会通过各种方式、方法考察一个人的责任意识。

（六）勤奋

通俗地说，勤奋就是不懈地努力工作或学习。这种勤奋是自觉自愿的，不是外部力量驱使的。其实大家都明白，做任何事情都不可能一蹴而就，学业也好，事业也好，要达到自己的奋斗目标，都必须付出艰苦的劳动，进行不懈的努力，克服重重的困难。当然，勤奋不等于一天从早到晚忙得昏头昏脑，不等于搞疲劳战术，应勤而有序，勤而有得，有效地利用正常的学习和工作时间，扎实勤奋地学习和工作。

（七）时间管理

时间对于每一个人来说都是有限的，只有善于管理时间的人，才能让有限的时间发挥最大效益。事实上，任何一个事业成功者都是时间管理的高手。用人单位在招聘和选拔人才时，时间管理能力是一个重要的考虑因素。在有些岗位，这一能力还显得至关重要，如营销人员、外派采购人员、经理人等，他们相对来说自由度大，如果缺乏时间管理能力，他们不仅会浪费很多时间，还会浪费公司很多资源。所以，用人单位经常通过组织会议、处理信件、接待来访等方面的考题来考察一个人的时间管理能力。

（八）专注

专注既是一种精神，又是一种态度，更是一种习惯。专注的人能专心致志、全神贯注，不受任何其他欲望和外界诱惑的干扰，对既定的目标和方向执着如一，不懈努力；专注的人能集中所有的资源和精力办事；专注的人能把一件事情做到底，不达目的不罢休。因此，专注是一种优秀的个人素质，大学生应具备专注的品格，保持一颗超然的平常之心，把时间、精力和智慧聚集到所要完成的重大目标和任务上。

三、培养职业精神的主要途径

时代呼唤新一代的大学生，祖国需要高素质的人才，现代社会的发展对大学生的职业精神提出了更高的要求。作为新时代的大学生，要想适应社会的发展，就必须努力提高自身的综合素质。只有这样才能更好地为祖国建设贡献力量。大学生培养职业精神的主要途径有以下五种。

（一）树立全面发展的观念

好多大学生在某一方面比较突出，可是在其他方面就相对落后。特别是在一些理工院校，同学们的学术研究氛围比较浓厚，但人文社会科学方面的知识却并不丰富，所以给人的感觉是理工科院校的学生不活泼，缺乏青春的朝气。而文科院校的学生虽然知识面比较宽广，但相对缺乏科学的钻研精神。因此，同学们学习时要注意文理渗透。人文类的大学生不仅要学习文学、历史、哲学等知识，更重要的是要培养一种历史感；理工类的大学生不仅要学习好本专业和自然科学的相关知识，也要重视广泛涉猎人文社科知识，这样做不仅可以优化自己的知识结构，还可以在专业领域更有创造力，更加善于思考，成为更完善、更成功的人。

（二）在日常生活中培养

在当今社会，要从事某一职业，就必须经过专门的职业训练，这个训练过程就是个人素质的培养过程。这是一个长期的过程，绝非一朝一夕之功，尤其是对于个人思想道德行为的形成，需要在日常生活中有意识地培养自己的良好生活习惯和精神品质。因此，大学生要从小事做起，严格遵守行为规范；从自我做起，自觉养成良好习惯，以高标准、严要求来规范、衡量自己的言行，指导自己的实践。

（三）在专业学习中训练

专业学习是获得专业理论知识的基本途径，也是了解专业、了解职业及其相关职业岗位规范，培养职业意识、养成良好职业精神的主要途径。大学生应该在专业学习和实践过程中增强职业意识，恪守职业规范，这是未来做好一份职业、实现人生价值的重要前提。在专业学习中，一定要重视技能训练，刻苦钻研，提高本领，不断提升个人素质。

（四）在社会实践中体验

丰富的社会实践是指导人们发展成才的基础，是实现知行统一的主要途径。个人素质的培养和良好素质的形成离不开社会实践。社会实践是个人素质培育和发展的根本途径。离开了社会实践，既无法深刻领会个人素质的内涵，也无法将职业素质和专业技能转化为造福人民、贡献社会的实际行动。因此，大学生要积极参加社会实践，培养职业情感。在专业实践中有意识地了解职业，熟悉职业，培养对职业的热爱。

（五）在自我修养中提高

自我修养是提高个人素质必不可少的手段，是形成个人素质的内因。自我修养的关键在于"自我努力"。其目的在于通过自我的个人实践培养较强的职业技能和个人素质，把个人素质的基本要求自觉地转化为个人内心的要求和坚定的信念。这就要求大学生在日常的学习、生活和各种实践中，一定要严于反省自己，善于认识自己，客观地看待自己，勇于正视自己的缺点，做到扬长避短，加强自我修养，不断提升个人综合素质。

第八章
时间管理与情商管理

永远不要让最重要的事受到最不重要的事情的支配。

——歌德

本章要点   本章介绍了时间管理的内涵和规则，提供了管理时间的方法，向学生明确要根据事情的轻重缓急来确定处理顺序，并根据具体工作选择合适的方法。同时，在了解情商对职业发展影响的基础上，需要有意识地结合情商测试，从大学时代开始进行有针对性的情商修炼。

知识目标   1. 了解时间管理的内涵。
2. 明白时间管理的规则，掌握时间管理的方法。
3. 了解大学生情商塑造的方法。

能力目标   1. 学会管理时间，能根据事情的轻重缓急来确定处理顺序。
2. 了解时间管理的各种方法，并能根据具体工作选择合适的方法。
3. 在大学能循序渐进地进行有针对性的情商修炼。

思政目标   1. 尽快熟悉行业、岗位工作，实现从"依赖"到"独立"的意识转变，以更自信的人生态度进入工作中。
2. 在工作中能自觉关注职业能力的提升和良好职业道德的培养，树立劳动创造价值的观念。

本章结构

职业能力提升之时间管理
一、时间管理的内涵和意义
二、时间管理的规则和方法

时间管理与情商管理 ①

② 职业能力提升之情商管理
一、情商对职业发展的意义
二、从大学生到卓越领导者

生涯指引

中国共产党百年辉煌（节选）

从 1921 年到 2021 年，中国共产党走过了整整一百年的历程。这是用鲜血、汗水、泪水、勇气、智慧、力量写就的百年；是筚路蓝缕、披荆斩棘、艰苦创业、砥砺前行、充满艰险、充满神奇的百年；是苦难中铸就辉煌、挫折后毅然奋起、探索中收获成功、失误后拨乱反正、转折中开创新局、奋斗后赢得未来的百年。争取民族独立、人民解放和实现国家富强、人民幸福，是中国共产党百年历史的主题和主线；"不懈奋斗史""理论探索史""自身建设史"，是中国共产党百年历史的主流和本质；把革命、建设、改革、复兴事业不断推向前进，是中国共产党百年历史的鲜明特征；逐步实现救国、兴国、富国、强国的奋斗目标，是中国共产党百年历史的庄严使命。

中国共产党百年历史，可以划分为四个历史时期：从 1921 年 7 月中国共产党建立至 1949 年 10 月中华人民共和国成立，是新民主主义革命时期；从 1949 年 10 月至 1978 年 12 月党的十一届三中全会召开，是社会主义革命和建设时期；从 1978 年 12 月至 2012 年 11 月党的十八大召开，是改革开放和社会主义现代化建设新时期；从 2012 年 11 月至今是中国特色社会主义新时代。在这四个历史时期，中国共产党完成和推进了四件大事。四件大事铸就了中国共产党百年辉煌。

开天辟地：中国共产党在新民主主义革命时期完成救国大业

中国的近代史是从 1840 年鸦片战争开始的。从那时起，中国逐渐成为半殖民地半封建社会。为了改变中华民族悲惨屈辱的命运，中国人民和无数仁人志士进行了千辛万苦的探索和不屈不挠的斗争。封建统治阶级发起洋务运动，农民阶级发动太平天国起义和义和团运动，资产阶级改良派、革命派先后发动戊戌变法、辛亥革命，但都最终归于失败。中国共产党就是在这样的历史背景下登上中国政治舞台的。中国共产党是在近代中国社会矛盾的剧烈冲突中、在中国人民反抗封建统治和外来侵略的激烈斗争中、在马克思列宁主义同中国工人运动的结合过程中应运而生的。

1921 年 7 月 23 日，党的一大在上海召开，几天后在浙江嘉兴南湖的红船上结束。一大的召开标志着中国共产党的正式建立。在这之前各地建立的党组织，都是党的早期组织。关于一大的召开，党史大家胡乔木同志曾写过这样一段话：一大开过了，似乎什么也没有发生，连报纸上也没有一点报道。但是，中国的伟大事变在实质上却开始了。毛泽东同志在总结党的创建的历史时说："中国产生了共产党，这是开天辟地的大事变。""从此以后，中国改换了方向。"与以往中国其他政党和政治组织不同的是，中国共产党一经成立就把实现共产主义作为最高理想和最终目标，确立起为中国人民谋幸福、为中华民族谋复兴的初心和使命。

中国共产党对中国革命道路的探索经历了艰难的历程。在艰辛的探索实践中，中国共产党坚持把马克思主义基本原理同中国革命具体实际相结合，团结带领中国人民找到了一条农村包围城市、武装夺取政权的正确革命道路，进行了28 年浴血奋战，打败日本帝国主义，推翻了国民党反动统治，完成了新民主主义革命，建立了中华人民共和国。在这个过程中，党带领人民流血牺牲，历经千难万险。可以说，红色政权来之不易，新中国来之不易。它是红色的，是由无数革命先烈用生命和鲜血换来的。毛泽东同志在党的七大上曾指出："我们党尝尽了艰难困苦，轰轰烈烈，英勇奋斗。从古以来，中国没有一个集团，像共产党一样，不惜牺牲一切，牺牲多少人，干这样的大事。"东北抗日联军领导人杨靖宇同志在同日寇作战最后弹尽粮绝剩下一人时，面对他人的劝降，掷地有声地说："老乡，我们中国人都投降了，还有中国吗？"据不完全统计，从 1921 年至 1949年，牺牲的全国有名可查的革命烈士达 370 多万人，平均每天牺牲 370 多人。他们真正用行动诠释了"为有牺牲多壮志，敢教日月换新天"的豪情与壮志。

新中国的成立，标志着中国共产党领导的人民大众的反帝反封建的新民主主义革命的胜利，宣告中国人民从此站立起来了！它彻底结束了旧中国半殖民地半封建社会的历史，彻底结束了旧中国一盘散沙的局面，彻底废除了列强强加给中国的不平等条约和帝国主义在中国的一切特权，中国人民真正成为国家和社会的主人，实现了中国从几千年封建专制政治向人民民主的伟大飞跃。中华民族走上了实现伟大复兴的壮阔道路，"以勇敢而勤劳的姿态工作着，创造自己的文明和幸福，同时也促进世界的和平和自由"。

改天换地：中国共产党在社会主义革命和建设时期完成兴国大业

新中国成立之初，我国面临的国际国内形势是异常艰难和复杂的。由于长期战争，国内经济凋敝，民不聊生。国民党残余伺机破坏，匪患严重。有些地方还未得到解放，很多基层还未建立政权。以美国为首的西方国家在政治上孤立我们、在经济上封锁我们、在军事上威胁我们。1950年6月25日，朝鲜内战爆发，随后美国入侵朝鲜，同时派第七舰队侵入台湾海峡。新生的中华人民共和国遭到严重安全威胁。"打得一拳开，免得百拳来。"经过充分讨论和全面衡量，党中央和毛泽东主席作出了"抗美援朝，保家卫国"的战略决策。抗美援朝战争打出了新中国的国威军威，提高了中国共产党在全国人民中的威望，提高了中国人民的民族自信心和民族自豪感，维护了亚洲和世界和平，新中国站稳了脚跟。正像后来邓小平同志所说的那样，新中国的成立，"中国取得了一个资格：人们不敢轻视我们"。

同样，怎样建设社会主义，如何推进中国的现代化，对新中国成立之初的中国共产党来说，也是一个全新的课题。中国共产党从学习苏联到"以苏为鉴"，开始探索中国自己的社会主义建设道路。1956年，我国社会主义改造完成，确立起社会主义基本制度，并开始大规模进行社会主义建设，取得巨大的成就。1954年6月，毛泽东同志曾这样提出过问题："现在我们能造什么？能造桌子椅子，能造茶碗茶壶，能种粮食，还能磨成面粉，还能造纸，但是，一辆汽车、一架飞机、一辆坦克、一辆拖拉机都不能造。"在中国共产党的坚强领导下，经过全国人民自力更生、艰苦奋斗，我们很快有了中国历史上的无数个第一：生产出第一架飞机、第一辆汽车、第一台拖拉机，自行研制第一颗原子弹、氢弹先后爆炸成功，自行研制第一颗人造地球卫星发射成功，自行研制第一艘核潜艇顺利下水，自行设计建造第一座大桥——南京长江大桥，在世界上首次人工合成牛胰岛素，首次培育成功强优势籼型杂交水稻等。经过20多年的奋斗，初步建立起独立的比较完整的工业体系和国民经济体系。邓小平同志说："如果六十年代以来中国没有原子弹、氢弹，没有发射卫星，中国就不能叫有重要影响的大国，就没有现在这样的国际地位。"在这一时期，我国还初步解决了几亿人的吃饭穿衣问题，这在当时也被公认为是创造了一个世界奇迹。

在那个激情燃烧的岁月，全党保持了良好精神状态，全社会形成了良好社会风气，进而转化为推进社会主义革命和建设的强大力量。大庆工人王进喜同志喊出"石油工人一声吼，地球也要抖三抖"，铁人精神给全国人民带来了难忘的印象、记忆和感动，激励和鼓舞全国人民不畏艰难、勇往直前。河南林县人民用简陋的工具，劈开太行山的重峦叠嶂，引漳河水入林县，建成"人造天河"红旗渠的事迹，就是这时全国人民奋发图强的一个缩影。

进行社会主义革命，确立社会主义基本制度，这是以毛泽东同志为核心的党的第一代中央领导集体，团结带领全党全国各族人民进行的伟大创造，体现了中国人民的意愿，符合中国的实际，顺应了历史发展的潮流。这场中华民族有史以来最为广泛而深刻的社会变革，为当代中国一切发展进步奠定了根本政治前提和制度基础，为开创中国特色社会主义提供了宝贵经验、理论准备、物质基础。

中国共产党在新民主主义革命时期、社会主义革命和建设时期团结带领中国人民实现了中华民族从"东亚病夫"到站起来的伟大飞跃。

翻天覆地：中国共产党在改革开放和社会主义现代化建设新时期推进富国大业

如何结合国情，在一个经济文化落后的国家里，探索中国自己的社会主义建设道路，是一件极不容易的事情。既然是探索，就会有失误。我们党在取得探索成果的同时，从1958年以后也开始出现失误甚至是严重失误，发生了"大跃进"、人民公社化运动的挫折以及影响全局长达十年之久的"文化大革命"内乱。面对"左"的错误造成的严重后果，我们党进行了深刻反思。1978年9月16日至18日，邓小平同志在东北考察时讲："社会主义要表现出它的优越性，哪能像现在这样，搞了二十多年还这么穷，那要社会主义干什么？"同年12月13日，他在中央工作会议上发表重要讲话，这就是那篇著名的《解放思想，实事求是，团结一致向前看》。他强调指出："如果现在再不实行改革，我们的现代化事业和社会主义事业就会被葬送。"这个讲话实际上成为此后召开的党的十一届三中全会的主题报告，成为新时期解放思想、实事求是的宣言书。

1978年党的十一届三中全会的召开，实现了新中国成立以来党的历史上具有深远意义的伟大转折，开启了改革开放和社会主义现代化建设新时期。党的十一届三中全会后，以邓小平同志为核心的党的第二代中央领导集体，面对"文化大革命"造成的危难局面，以巨大的政治勇气和理论勇气，团结带领全党全国各族人民，深刻总结中国社会主义建设正反两方面经验，借鉴世界社会主义历史经验，解放思想、实事求是，作出把党和国家工作中心转移到经济建设上来、实行改革开放的历史性决策，明确提出走自己的路、建设中国特色社会主义，制定"三步走"发展战略，确立社会主义初级阶段基本路线，深刻揭示社会主义本质，创立邓小平理论，科学回答了建设中国特色社会主义的一系列基本问题，在拨乱反正和改革开放中成功开创了中国特色社会主义。

1989年党的十三届四中全会后，以江泽民同志为核心的党的第三代中央领导集体，面对国内外纷繁复杂的形势，在世界社会主义出现严重曲折的严峻考验面前，团结带领全党全国各族人民，坚持党的基本理论、基本路线，坚定捍卫中国特色社会主义，依据新的实践确立党的基本纲领、基本经验，确立社会主义市场经济体制的改革目标和基本框架，确立社会主义初级阶段的基本经济制度和分配制度，提出依法治国基本方略，推进党的建设新的伟大工程，形成"三个代表"重要思想，开创了全面改革开放新局面，成功把中国特色社会主义推向21世纪。

2002年党的十六大后，以胡锦涛同志为总书记的党中央，紧紧抓住和用好重要战略机遇期，团结带领全党全国各族人民，积极推进实践创新、理论创新、制度创新，坚持以人为本、全面协调可持续发展，构建社会主义和谐社会，加快生态文明建设，着力保障和改善民生，促进社会公平正义，推动建设和谐世界，推进党的执政能力建设和先进性建设，形成科学发展观，在全面建设小康社会的伟大实践中，成功坚持和发展了中国特色社会主义。

改革开放和社会主义现代化建设新时期，我国经济得到快速发展，社会保持长期稳定。从1978年至2012年，我国经济高速增长，国内生产总值先后超过意大利、法国、英国、德国，2010年超过日本，成为世界第二大经济体。同时，出口超过德国，成为世界第一大出口国；成为18世纪工业革命以来继英国、美国、日本、德国之后的"世界工厂"，并于2010年跨入上中等收入国家的行列。

中国共产党在改革开放和社会主义现代化建设新时期团结带领中国人民实现了中华民族从站起来到富起来的伟大飞跃。

惊天动地：中国共产党在中国特色社会主义新时代推进并将在21世纪中叶实现强国大业

2012年党的十八大以来，以习近平同志为核心的党中央，团结带领全党全国各族人民，举旗定向，谋篇布局，从理论和实践结合上深刻回答了新时代坚持和发展什么样的中国特色社会主义、怎样坚持和发展中国特色社会主义这个重大时代课题，创立习近平新时代中国特色社会主义思想，统揽伟大斗争、伟大工程、伟大事业、伟大梦想，统筹推进"五位一体"总体布局、协调推进"四个全面"战略布局，坚持完善和发展中国特色社会主义制度，推进国家治理体系和治理能力现代化，解决了许多长期想解决而没有解决的难题，办成了许多过去想办而没有办成的大事，推动党和国家事业取得历史性成就、发生历史性变革，推动中国特色社会主义进入新时代。

　　新时代党和国家事业的历史性成就和历史性变革，体现在以下几个方面：坚定不移全面加强党对一切工作的领导，党的凝聚力、战斗力、领导力、号召力大大增强。坚定不移贯彻新发展理念，推动我国发展不断朝着更高质量、更有效率、更加公平、更可持续、更为安全的方向前进。我国已经成为世界第二大经济体、第一大工业国、第一大货物贸易国、第一大外汇储备国，对世界经济增长的贡献率达到 30%。取得载人航天、探月工程、量子通信、超级计算、海底深潜、大飞机制造、航空母舰等一大批标志性成果。坚定不移全面深化改革，推动改革呈现出全面发力、多点突破、蹄疾步稳、纵深推进的崭新局面。各领域基础性制度框架基本确立。许多领域实现历史性变革、系统性重塑、整体性重构。坚定不移全面推进依法治国，党运用法律手段领导和治理国家的能力显著提高。全面推进科学立法、严格执法、公正司法、全民守法，法治建设取得新进展。坚定不移加强党对意识形态工作的领导，全党全社会思想上的团结统一进一步巩固。马克思主义在意识形态领域的指导地位得到加强，社会主义核心价值观大力弘扬，文化事业和文化产业繁荣发展，国家文化软实力显著增强。坚定不移坚持在发展的基础上保障和改善民生，人民群众获得感、幸福感、安全感不断提升。脱贫攻坚成果举世瞩目，现行标准下农村贫困人口全部脱贫，八年来累计脱贫近 1 亿人，全国 832 个贫困县全部摘帽。人民生活水平显著提高，中等收入群体超过 4 亿人。高等教育进入普及化阶段。城镇新增就业连续多年年均超过千万人。建成世界上规模最大的社会保障体系，基本医疗保险覆盖超过 13 亿人，基本养老保险覆盖近 10 亿人。居民平均预期寿命提高到 77.3 岁。坚定不移推进生态文明建设，推动美丽中国建设迈出重要步伐。下大气力治理环境污染，生态环境恶化的局面得到扭转。坚定不移推进国防和军队现代化，推动国防和军队改革取得历史性突破。军队组织形态实现重大变革。坚定不移推进中国特色大国外交，营造了我国发展的国际和平环境和良好周边环境。中国在国际上的话语权得以提升，对世界的影响力不断扩大。坚定不移推进全面从严治党，党的执政基础和群众基础更加巩固。全面从严治党成效卓著，反腐败斗争压倒性态势已经形成并巩固发展。

　　（节选自曲青山《中国共产党百年辉煌》，《光明日报》，2021 年 2 月 3 日第 11 版）

┃生涯之思┃

　　中国共产党立志千秋伟业，百年正是风华正茂。回顾历史，我们豪情万丈；展望未来，我们心潮澎湃。历史是从昨天走到今天再走向明天的，历史的联系不可割断。中国共产党建党百年，团结并带领中国人民创造了历史的辉煌。中国共

203

产党取得的辉煌成就，为明天取得新的成就、创造更大辉煌提供了前提，创造了条件，奠定了基础。不忘初心、牢记使命、永远奋斗，中国共产党一定会在中华人民共和国成立一百年时，谱写新的篇章，创造出新的辉煌。历史在人民的探索和奋斗中造就了中国共产党，中国共产党团结和带领人民创造了新时代中国特色社会主义的伟大成就。"看历史，就会看到前途。"学习重温中国共产党百年历史，我们应该坚定中国共产党的历史自信，坚定中国人民和中华民族的未来自信。同时，要将这样一种拼搏和奋斗精神转化为前进的动力，渗透到自己的人生道路和职业生涯中。

案例导入

乔布斯、巴菲特的时间管理

每个人都拥有同样的时间，但是每个人在相同时间内完成的工作数量却大不相同，有的人一天能完成五件事情，而有的人一天却连一件事情都做不好。造成如此差异的原因便在于每个人对时间的管理不同。世界上取得傲人成就的著名企业家，如乔布斯、扎克伯格、巴菲特等人都是时间管理的高手。他们的成功得益于合理有效地利用时间，妥善安排管理自己的工作和生活。

苹果公司创始人乔布斯被誉为"一个时代的传奇"。乔布斯有句话很经典："职场中，你的时间有限，所以不要为别人而活着；如果你很忙，要么真的高效率，要么说明你很弱。"他的职场高效之法是：学会做自己、碎片化学习、简化专注。

"股神"巴菲特一生创造了太多的传奇。在时间规划上，他有一个著名的"两列清单法"：一列是我们必须全力以赴去做的事情的清单，一列是我们应该不惜一切代价避免去做的事情的清单，意在把关注点放在最重要的几件事情上，并专注做好。

| 简析 |

很多人的工作时间正在不断地增加，加班甚至成为不少年轻人的工作常态。当时间消逝、精力不再，我们才幡然醒悟：一刻不停地"忙碌"，似乎并没有让我们更成功。

第一节
职业能力提升之时间管理

成功者具有一个明显的共同特征：重视时间的价值，并能持续高效地利用时间。人们对自己生活的态度是否积极，取决于他们能在多大程度上掌控自己的生活。

一、时间管理的内涵和意义

（一）时间管理的内涵

时间管理是指为克服时间浪费，有效利用时间资源，以便有效地完成既定目标而进行的管理活动。由于时间所具备的几个独特性，时间管理的对象不是时间，时间管理的本质应该是面对时间而进行的"管理者的自我管理"，是在日常事务中执着并有目标地应用可靠的工作技巧，引导并安排管理自己的生活，合理有效地利用可以支配的时间。接下来，我们来看一组数据，虽然这些数据来自美国，但对我们还是有一定参考价值的。

人们一般每 8 分钟就会受到 1 次打扰，每小时大约 7 次，每天（工作时间）50—60 次。平均每次打扰用时大约是 5 分钟，每天总共 4 个多小时。50%—80% 的打扰是没有意义或者极少有价值的。如果每天自学 1 小时，每周 7 小时，每年 365 小时，一个人可以像全日制学生一样学习，3—5 年就可以成为专家。如果一个人的办公桌乱七八糟，他平均每天会为找东西花 1.5 小时，每周（工作日）要花 7.5 小时。

善于利用时间的人不会把时间花在需要的事情上，而会把时间花在值得的事情上。

课堂活动

一个关于时间管理的测试

下面的每个问题，请你根据自己的实际情况，如实地给自己评分。计分方式为：选择"从不"为 0 分，选择"有时"记 1 分，选择"经常"记 2 分，选择"总是"记 3 分。

（1）我在每个工作日之前，都能为计划中的工作做些准备。

（2）凡是可交派下属（别人）去做的工作，我都交派下去。

（3）我利用工作进度表来书面规定工作任务与目标。

（4）我尽量一次性处理完每份文件。

（5）我每天列出一个应办事项清单，按重要顺序来排列，依次办理这些事情。

（6）我尽量回避干扰电话、不速之客的来访，以及突然的约会。

（7）我试着按照生理节奏变动规律曲线来安排我的工作。

（8）我的日程表留有回旋余地，以便应对突发事件。

（9）当其他人想占用我的时间，而我又必须处理更重要的事情时，我会说"不"。

结论：

0~12分：你自己没有时间规划，总是让别人牵着鼻子走。13~17分：你试图掌握自己的时间，却不能持之以恒。18~22分：你的时间管理状况良好。23~27分：你是值得学习的时间管理典范。

（二）时间管理的意义

时间是一种资源，时间管理可以帮助我们减少对时间的浪费，抛弃陋习、引进新的工作方式和生活习惯（如订立目标、妥善计划、分配时间、权衡轻重、权力下放），从而通过自我约束、持之以恒，事半功倍地达到个人的重要目标。要很好地完成工作，就必须善于利用自己的工作时间。工作是无限的，时间却是有限的。时间是最宝贵的财富。没有时间，计划再好，目标再高，能力再强，也是空的。时间是如此宝贵，但它又是最有伸缩性的，它可以一瞬即逝，也可以发挥最大的效力。研究表明，低的与高的工作效率，差距可达10倍以上。时间就是潜在的资本。要充分合理地利用可利用的时间，压缩事务的流程，使时间价值最大化。即使是利用一些简单的时间管理技术也可以提高个人的工作效率。事实上，时间管理的重要目的并不是将个体束缚于工作，而是帮助个体创造更多的休闲时间，用来表达个性的所有方面，并欣赏他人的创造性和艺术性的表达。

1. 时间管理是发展生产力的客观需要

时间是一种资源，而任何生产程序的生产限度都取决于这种资源。人类的一切活动都要在时间中进行，一切产品都要在时间中获得，但是人们本身可以利用的时间毕竟是有限的，而且还包括一些必须花费的时间，如维持生存必不可少的时间。因此，个体自身所有可支配的时间究竟有多少，各种特殊的时间究竟占多大比重，怎样决定时间的利用，以及怎样规定其消费方式，一直都是人类重视的课题。时间管理在生产活动中有着久远的历史。20世纪中叶，突飞猛进的技术进步给整个社会提出了一系列新的问题，其核心是如何提高社会劳动生产率，也就是时间的效果问题。这种对时间效果研究的深化和对时间耗费方式研究的细化，都在实践中反映了发展社会生产力的客观需要。

2. 时间管理是个人对社会贡献的需要

时间是一种珍贵的资源，这种资源不能随便使用。要有计划性，对时间使用进行全面的规划，科学地组织与协调，以提高时间的效能。要想在事业上获得成功，在工作中得到满足，对社会做出较大的贡献，使自己有宽裕的业余时间，就需要对自己的时间进行科学的管理。时间管理探索的是如何克服时间浪费以便有效地达到既定目标。时间管理的真正含义应该是指针对时间而进行的自我管理，它是个人获得人生发展、取得社会成就、对社会做出更大贡献的有效途径。

时间管理本身只是手段，绝不应该成为目标。学习时间管理的目的是在短时间内按重要性重新安排各项工作，改掉低效的工作习惯。时间管理不应该是束缚个体的工具，如果是这样，它就会成为我们提高工作效率和关注自身健康、幸福的障碍。

时间具有"供给毫无弹性""无法蓄积""无法取代""无法失而复得"等特性，所以时间是最不被人们理解和重视的。也正因为如此，时间的浪费比其他资源的浪费更为普遍，也更为严重。

因此，当无所事事或者忙得晕头转向却不见成效时，应该暂时停下来，审视一下自己的时间利用效率，审视一下自己在时间中所处的角色，寻找一种更为合适的途径实现自己的目标，追求自己的人生价值。

> **案例链接**
>
> ### 三枚硬币——财富、健康、时间，哪一个更重要？
>
> 假设一个人的生命中有三枚硬币，一枚硬币代表财富，一枚硬币代表健康，还有一枚硬币代表时间，这三枚硬币哪一枚最重要呢？
>
> 如果从这三枚硬币中把代表财富的硬币拿掉，则表示这个人有足够多的健康，也有足够多的时间，他有可能重新去创业赢得财富，把代表财富的硬币重新放进自己的生命中。
>
> 如果从这三枚硬币中把代表健康的硬币拿掉，则表示这个人有足够多的财富，也有足够多的时间，那么他可以花费无以计数的金钱来治疗自己的疾病，至少可以拖延一定的时间，或借助高科技手段来延长生命，可能把代表健康的硬币重新放进自己的生命中。
>
> 如果把代表时间的硬币拿走，一个人就没有自己的时间了。这时候即使他有无数的财富，有很强壮的身体，可是生命留给他的只有一刹那，他无法用1亿美元去换10分钟。这就好比无数的0前面没有了1，是没有任何意义的。他不仅不能将代表时间的硬币重新放进自己的人生，而且财富和健康对他而言也变得毫无意义了。
>
> 对于所有的人而言，即使有大量的金钱，感到最缺的仍是时间，所以对时间的要求就更高。这就需要良好的时间管理。

二、时间管理的规则和方法

（一）时间管理的规则

1. 与价值观相吻合

大学生一定要明确个人的价值观。价值观不明确，你就很难知道什么对你最重要；价值观不明确，时间一定不能得到很好的分配。时间管理的重点不在于管理时间，而在于如何分配时间。你永远没有时间做每件事，但你永远有时间做对你来说最重要的事。

2. 设立明确的目标

成功等于实现目标，时间管理的目的是让你在最短时间内实现更多你想要实现的目标。你必须把本年度4—10个目标写出来，找出一个核心目标，并按重要性依次排列每个目标，然后依照你的目标设定一些详细的计划。关键是依照计划执行。

3. 改变心中的想法

美国心理学之父威廉·詹姆士在对时间行为学的研究中发现这样两种对待时间的态度："这件工作必须完成，但实在讨厌，所以我能拖便尽量拖"和"这不是件令人愉快的工作，但它必须完成，所以我得马上动手，好让自己能早些摆脱它"。当你有了动机，迅速踏出第一步是很重要的。不要想立刻推翻自己的整个习惯，只需强迫自己现在就去做你所拖延的某件事，然后从明早开始，每天都从你的时间表中选出最不想做的事情先做完。

4. 遵循"80 ∶ 20 时间管理法则"

用你80%的时间来做20%最重要的事情。因此，你一定要了解，对你来说哪些事情是最重要的、最有生产力的。谈到时间管理，有紧急的事情、重要的事情，然而到底应做哪些事情？第一件要做的一定是紧急又重要的事情——通常都是针对一些突发困扰或一些灾难，一些亟须解决的问题。当你天天处理这些事情时，表示你的时间管理并不理想。成功者花最多的时间在做最重要但是不紧急的事情，这些都是高生产力的事情，然而一般人都是在做紧急但不重要的事。你必须学会如何把重要的事情变得很紧急，这时你就会立刻开始做高生产力的事情了。

5. 安排"不被干扰"时间

每天至少要有半小时到一小时的"不被干扰"时间。假如你能有一个小时完全不受任何人干扰，把自己关在自己的空间里面思考或者工作，这一个小时就抵得上你在单位一天的工作量，甚至有时候这一小时比你三天的工作效果还要好。

6. 严格规定完成期限

诺思科特·帕金森在所著的《帕金森法则》中写过这样一段话："你有多少时间完成工作，工作就会自动变成需要那么多时间。"如果你有一整天的时间可以做某项工作，你就会花一天的时间去做它；如果你只有一小时的时间可以做这项工作，你就会更迅速、有效地在一小时内做完它。

7. 每天做好时间日志

你花了多少时间在哪些事情上，把它们详细地记录下来。每天从早上刷牙开始，穿衣服花的时间，搭车花的时间，出去拜访客户花的时间……把每天花的时间一一记录下来，你就会发现你浪费了哪些时间。当你找到浪费时间的根源，你才有办法改变。

8. 理解时间大于金钱

用你的金钱去换取别人的成功经验。一定要抓住一切机会向顶尖人士学习，仔细选择你接触的对象，因为这会帮你节省很多时间。

9. 学会列一张总清单

把自己要做的每一件事情都写下来。这样做首先能让你随时明确自己手头的任务。不要轻信自己可以用脑子把每件事情都记住。当你看到自己列的长长的事情清单时，也会产生紧迫感。把今年要做的每一件事情都列出来，并进行目标切割。第一，把年度目标切割成季度目标，列出清单，明确每一季度要做哪些事情；第二，把季度目标切割成月目标，并在每月初重新列一遍，碰到因突发事件而更改目标的情形便及时调整；第三，在每一个星期天，把下周要完成的每件事列出来；第四，每天晚上把第二天要做的事情列出来。

10. 一次完成同类事情

假如你在做书面作业，那段时间都做书面作业；假如你是在思考，用一段时间只做思考；打电话的话，最好把电话累积到某一时间一次性打完。当你重复做一件事情时，你会熟能生巧，效率也一定会提高。

11. 做最有效率的事情

你必须思考一下，对一份工作来说，到底做哪几件事情对你来说是最有效率的，列出来，分配好时间把它们做好。

（二）时间管理的方法

时间管理的关键取决于个人工作的成效。每天对于每个人都是恒定不变的 24 小时，但不同的人有不同的使用方法，不同的人在 24 小时的利用效率上截然不同。掌握衡量自我工作成效的方法就是成功管理自己时间的最重要因素。

1. 效能管理法

（1）象限时间管理法。对事件重要与紧急情况的分析也是对效率和效能关系的阐释，于是，在由重要程度和紧急程度所构成的象限中，呈现出处理四类事件的顺序（图8-1）。

首先应处理位于A象限的事情，也就是既重要又紧急的事情；其次应处理位于B象限的事情，也就是重要但不紧急的事情；接下来处理C象限的事情，也就是不重要但很紧急的事情；最后再处理D象限的事情，也就是既不重要也不紧急的事情。

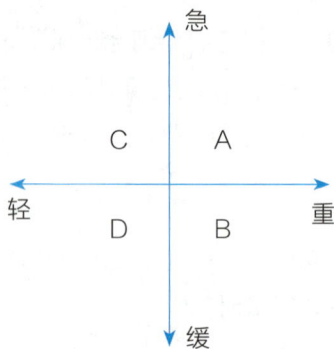

图8-1　象限时间管理法

（2）对象限时间管理法四类事件的分析。在时间管理中，事件的出现总是让管理者感到棘手，为什么会出现如此多的A类突发事件，是哪个环节的工作没有做好呢？

①A类突发事件出现的原因。A类突发事件一般都是因为对B类事件的处理存在问题而产生的，也就是说，当对重要但不紧急的事件未做妥善处理时，这些事件会随着时间的推移而不断增加紧急成分，最终，B类重要但不紧急的事件都会转化为A类重要且紧急的事件。而影响B类事件完成的原因则是C类事件遮住了我们的眼睛。我们忽略了B类事件，却花了很多精力去处理C类事件，结果B类事件会慢慢变成A类事件。在日常的活动中，B类事件转化为A类事件的情况经常发生，当这些转化发生之后，我们只能马上停下手边的一切工作，全力以赴地处理这些A类事件。A类事件处理完后，我们才回到原来的工作中。于是，这种管理不善的情况就不停地在我们的时间表上循环出现。我们会花50%左右的时间处理琐碎的杂事，也就是C类紧急但不重要的事情；又会花50%左右的时间处理A类紧急的重要事件。于是，我们在C类事件和A类事件之间来回奔波，成了时间管理的"救火队员"，而B类事件则被扔在一边。虽然B类事件非常重要、很有价值，却被遗忘或无暇顾及。

②避免B类事件转化为A类事件的方法。避免B类事件转化为A类事件的方法是对所有类别的事件进行处理，一般可以采用以下方法。

压缩：将事件的核心部分完成，或简化完成该事件的步骤。

替代：发现比此事件更重要或更紧急的事件，或以更有成效的事件代替该事件，从而使时间利用率更高。

授权：将事件的处理权授予他人，由他人代为处理。

先做：最重要的事情应该最先处理。

舍弃：对部分事件，如果其重要程度和紧急程度都不高，则可以将之舍弃，以更多的时间来完成其他工作。

增加：对重要事件，要增加时间、增加工作量来全力以赴地完成，以使该类事件的处理更加完美。

改进：改进部分事件的性质，尤其需要将 A 类事件改进为 B 类事件。

确保：确保重要事件能保质保量按时完成。

聚焦：安排专门的时间段，集中精力处理重要事件。

少做：不重要的事件要尽力避免。

不同的方法适用于不同的事件，只有选择合适的方法处理不同的事件，才可以节约时间，将我们从"救火队员"的角色中解放出来。如果选择的方法不适合事件的处理，必然适得其反，使事件性质转化，花费的时间也将成倍增加。

③艾森豪威尔的时间管理原则。艾森豪威尔认为，面对 A、B、C、D 四个象限的工作时，应该采取不同的应对措施：A 类紧急且重要的突发事件要本人做，而且要立即做；B 类重要但不紧急的工作，需要本人花大量的时间去做；对 C 类紧急但不重要的工作，要尽量不安排自己做，而是委托给别人做，如果必须自己做，则要减少对它的工作量；不重要且不紧急的工作，则要把它扔进废纸篓（图 8-2）。

图 8-2　艾森豪威尔时间管理原则

2. 艾维·利的效率法

此方法是效率大师艾维·利在向美国一家钢铁公司提供咨询时提出的。这家公司使用这一方法用了五年时间从濒临破产的境况一跃成为当时全美最大的私营钢铁企业。艾维·利因此获得了 2.5 万美元咨询费，所以管理界将该方法喻为"价值 2.5 万美元的时间管理方法"。

艾维·利提出了"十分钟六件事"效率法。他认为，可以先花五分钟把接下来的一个阶段，即明天、下周甚至下个月要做的六件事情列出来，然后花五分钟把这六件事情按照重要性排序，将最重要的事件排为一号，将次要事件排为二号，依此类推。把这六件事写在纸上，剪成一张一张小纸条，在开始上班后，按照重要性次序一一执行，当第一件工作达到阶段性目标后开始做第二件工作，这样就可以保证每一时、每一分、每一秒都在做最重要、最有价值的工作。艾维·利认为，一般情况下，如果一个人每天都能全力以赴地完成六件最重要的大事，那么，他一定是一位高效率人士。

艾维·利的效率法可以总结为三个步骤：列出明天（下周、下个月）要做的六件重要事情；把这六件事情按重要程度排序；上班开始后按重要程度先后完成各项工作，直至下班结束。

艾维·利效率法也可以称为效能法，因为艾维·利的"十分钟六件事"的时间管理方法最注重的是工作任务的重要性和价值，而不是紧急性。

3. 一周时间运筹法

时间管理是从计划开始的。好的时间运筹方法需要对过去的工作进行科学合理的记录，发现时间浪费的原因所在，然后找到改进的措施，修正原有的时间管理方案，并严格按照改进后的措施执行。一周时间运筹法就是这种时间管理方法的代表。

在使用一周时间运筹法时，以一周的时间为横坐标，标记"星期一""星期二""星期三"直到"星期日"，以一天内的各时间段为纵坐标，标记"早晨""上午""中午""下午""晚上"以及"备注"和"总结"（表8-1）。然后，在接下来的一周里，进行认真记录，并对每天的时间利用进行总结。当一周的记录结束后，再进行周总结。

表8-1 一周时间运筹法

时间	星期一	星期二	星期三	星期四	星期五	星期六	星期日
早晨							
上午							
中午							
下午							
晚上							
备注							
总结							

对刚入职的大学生而言，周计划和周总结是最有效、最重要的时间管理手段。麦肯锡咨询公司通过调查企业经理人计划实现的有效性发现，大部分企业都在做月计划，而月计划定下来后，在第一周、第二周、第三周和第四周的实施有效性是不一样的，第一周的实施有效性为70%～80%，第二周的实施有效性为60%～70%，第三周的实施有效性为50%～60%，第四周的实施有效性只有40%～50%。

个人月计划的实施也基本与此相似，在月末，实施有效性会只剩下 50% 左右，因为计划不如变化快，在一个月之前所料想的情形，到实施时可能发生了很大的变化。如果每天都对这些变化进行追踪，会发现每天的计划实施有效性都在减弱，情况的频繁变动导致个人只见到眼前的具体工作，而往往忘记了整体的方向和目标，很难做到协调和平衡。所以周计划和周总结非常重要，可以帮助我们修正和完善计划。

填写周计划和周总结的管理报表是有效的方式，但随着时间的推移，许多人最后的数据几乎都是假的。这就导致一个新的困惑——到底要不要用报表？这种报表的应用效果与各国的文化观念有关。报表要越少越好，越精炼越好。一般以一周两张表为好，第一张表为周报表，第二张表为按业务规划的档案记录表，表格的设计要简明，抓住关键的数据就可以。

4. 计划的"杠杆原理"

（1）计划的重要性。计划是非常重要的管理措施。对于计划的理解，有一个经典的口号："慢慢计划，快快行动。"意思是在分析、思考、决断、设定目标、制订计划的时候，多花一些时间是可以的，因为从本质上说这不是浪费时间。只有考虑得周全，行动才会更快。磨刀不误砍柴工。

但是有很多人正好与此相反，急于行动，疏于计划。如果在行动之前不思考，不做任何的备选方案和计划，采取的行动可能就要多交"学费"，多走弯路。

> **案例链接**
>
> ### 基辛格："是最好的计划吗？"
>
> 美国前国务卿基辛格的下属每一次拿工作计划上来的时候，基辛格总是要问他一句话："你确信，这是最好的计划吗？"如果下属支支吾吾，基辛格会看都不看就要求他拿回去重新做。甚至在第二次、第三次，基辛格都会问同样的问题，直到下属拍着胸脯确信这是 100% 完美的计划时，基辛格才会开始看这份工作计划。
>
> 计划是事项实施的依据，一份很好的计划往往是成功的开始。

（2）二八原理（帕累托原理）。意大利经济学家帕累托提出了二八原理，即在任何特定的群体中，重要的因子通常只占少数，而不重要的因子则常占多数。因此，只要控制重要的少数，即能控制全局。重要因子与不重要因子的比例大体是 2 : 8。反映在时间管理上，便产生了计划的"杠杆原理"，一件事务 20% 的重要特性决定了其 80% 的结果，因此，应该把 80% 的时间花在 20% 的重要事情上。在这种情况下，效果不见得是最好的，但成本是最低的。在生活中，用 20% 的努力，也可能会达到 80% 的效能。

分数与努力的比例

在校大学生张某平时读书不用功，往往是到临考试的时候连续突击两天两夜。他复习一天可能考个 30 分，而他听说要想考到 60~70 分，只需要两天的努力。他想：如果要考 90 分，是不是只需要三天的努力？他还真这么试了一下，结果分数不及格。

"努力三天就能考 90 分"这种想法，是不可能实现的。要考 70 分，大概需要复习两个星期；如果要考 80 分，就需要复习两个月；如果要考 90 分以上，就需要每一节课都认真听讲。

看你究竟有什么样的追求。如果想要把事情做好，就必须要一直努力。

5. 莫法特休息法

莫法特休息法指不要长时间做同一种工作，而是要经常切换不同内容的工作，保持精神上的兴奋点，主动进行调剂和放松。

翻译家詹姆斯·莫法特的书房里有三张书桌：第一张摆着他正在翻译的译稿，第二张摆的是他的一篇论文的原稿，第三张摆的是他正在写的一篇侦探小说。莫法特的休息方法就是从一张书桌搬到另一张书桌，继续工作。

"间作套种"是农业上常用的一种科学种田方法。人们在实践中发现，在一块土地上连续几季都种相同的作物，土壤的肥力就会下降很多，因为同一种作物吸收的是同一类养分，长此以往，地力就会枯竭。人的脑力和体力也是这样，如果每隔一段时间就变换工作内容，就会产生新的优势兴奋灶，而原来的兴奋灶则受到抑制，这样人的脑力和体力就可以得到有效的调剂和放松。

6. 麦肯锡 30 秒电梯理论

麦肯锡咨询公司有过一次沉痛的教训：该公司曾经为一家重要的大客户做咨询。咨询结束的时候，麦肯锡的项目负责人在电梯里遇见了对方的董事长，该董事长问麦肯锡的项目负责人："你能不能说一下现在的结果呢？"由于该项目负责人没有准备，而且即使有准备，也无法在电梯从 30 层到 1 层的 30 秒内把结果说清楚。最终，麦肯锡失去了这一重要客户。从此，麦肯锡要求公司员工凡事要在最短的时间内把结果表达清楚，凡事要直奔主题、直奔结果。麦肯锡认为，一般情况下，人们最多记得住"第一、第二、第三"，记不住"第四、第五、第六"，所以凡事要归纳在三条以内。这就是如今在商界流传甚广的"30 秒电梯理论"，或称"电梯演讲"。

第二节
职业能力提升之情商管理

我们常常会看到这样的情况：一些学生头脑聪慧，在学业上走得一帆风顺，但在步入社会以后却处处碰壁，郁郁不得志；而有些学生尽管成绩不算优异，但毕业后经过若干年的打拼，成就了一番事业，成为"成功人士"。导致这种局面的主要原因之一便是情商差异。

一、情商对职业发展的意义

高情商能使一个人保持乐观情绪，增强自信，同时还会提高一个人的逆商。总的来说，情商对人的职业发展有着决定性的意义，提高情商是每个人的必修课。

20世纪90年代初期，美国耶鲁大学的心理学家彼得·沙洛维和新罕布什尔大学的约翰·迈耶提出了情绪智能、情绪商数概念。在他们看来，一个人在社会上要获得成功，起主要作用的不是智力因素即智商，而是他们所说的情绪智能即情商。

丹尼尔·戈尔曼在其所著的《情商》一书中说："情商高者，能清醒了解并把握自己的情感，敏锐感受并有效反馈他人情绪变化，在生活各个层面都占尽优势。情商决定了我们怎样才能充分而又完善地发挥我们所拥有的各种能力，包括我们的天赋能力。"他所偏重的是日常生活中所强调的自知、自控、热情、坚持、社交技巧等心理品质。因此，他将情商概括为五方面的能力：认识自身情绪的能力、妥善管理情绪的能力、自我激励的能力、认知他人情绪的能力、人际关系的管理能力。

下面从情商的五方面来分析它对我们职业发展的意义。

（1）认识自身的情绪。认识自身情绪是情商的基石。这种随时随地认识自己感觉的能力对了解自己非常重要。不了解自身真实感受的人势必沦为情绪的奴隶；反之，掌握情绪才能成为生活的主宰，面对各种抉择方能妥善处理。

认识了自身的情绪，才能在学习、工作或是与人交往的过程中扬长避短，尽量克制自己情绪的弱点，展现好的情绪，让好的情绪伴随我们、影响他人。在职场中我们要想很好地管理自己的情绪，认识自身的情绪是基本的工作。

（2）妥善管理情绪。妥善管理、及时调控自己的情绪，能使自己摆脱焦虑、灰暗或不安等低落情绪的影响，尽快走出命运的低谷，重整旗鼓，重拾信心。在把握并影响情绪的变化这方面做到游刃有余的人才能保持理智，避免感情用事。一个人在职业发展过程中，只有能妥善管理自身情绪，才能随时保持清醒的头脑；只有保持清醒的头脑，才能做出最合理的决策。这不仅对领导者很重要，对任何社会人都很重要，因为我们在社会中就是要与人交往，而情绪直接影响我们的人际关系。妥善管理自己的情绪，能让我们在生活中和职场中处于主动的地位。

（3）自我激励。保持高度热忱是一切成就的动力。能够自我激励的人做任何事情都具有较高的效率。我们在工作、学习的时候经常会遇到挫折。当我们遇到挫折的时候，情绪会很低落，好像对什么都提不起兴趣，甚至对什么都觉得十分厌恶。遇到挫折的我们就像斗败的公鸡，心中的激情荡然无存。有一句大家耳熟能详的话说得好："困难像弹簧，看你强不强。你强它就弱，你弱它就强。"一个情商高的人，在遇到挫折情绪低落的时候会进行自我激励，将阴暗的情绪从心底一扫而空，恢复高度的热忱。这样的人好像太阳一样，有释放不完的能量。会自我激励的人，内心涌动着激情，总能坚持不懈并高效成就自己的事业。对于领导者而言，善于自我激励并保持高度热忱，能够使员工满怀信心地工作。对于一般的工作人员，善于自我激励，能调动自己的积极性，对工作充满热情，有利于发挥自身的技能，容易得到赏识。因此，自我激励对人们的职业发展十分重要。

（4）认知他人的情绪。如果对他人的感受熟视无睹，必然要付出代价。具有同情心的人能从细微的信息中察觉他人的需求，进而根据他人的需求行事，从而得到他人的认可和欢迎。在人际交往中，认知他人的情绪并顺应他人的情绪起着至关重要的作用。换位思考、感情移入是认知他人情绪的常用技巧。年轻人都是有锋芒的，但是我们也应该学习在一定的场合照顾别人的情绪，收起锋芒。在职业发展过程中，认知他人的情绪能够改善我们的人际关系，十分有利于职业发展。

（5）人际关系的管理。人际关系的管理是管理他人情绪的艺术。它要求人能在认知他人情绪的基础上采取相应措施，与他人建立并维持良好关系。一个人的人缘、领导能力、人际关系和谐程度都与这项能力有关，充分掌握这项能力的人常常能成为社会上的佼佼者。

一个不顾及人际关系的人要想在职业发展中取得很大的成就，那将是天方夜谭。如今的社会是人与人密切沟通的社会，再也不是可以"一心只读圣贤书"的时代。现在的职场更是一个需要合作的地方，人际关系处理好了，可以为我们的事业增添很多便利。

从情商的以上五方面不难看出，高情商能让一个人在生活和职业发展中占据优势。

情商可以缔造领导力。一个人通过培养自己的心智——移情、自信、开朗，实现人与人之间的和谐，能够在生活和事业中与人为善，让人信服；能够保持激情，最大限度地发挥自身的聪明才智，并积极带动身边的人；能够坚韧不拔，渡过生活、事业中的难关，抓住身边的每个机遇。

情商对职业发展有着正面的推动作用和决定性的意义。一个高情商的人可以在职场中处于主动的地位，因此我们要重视情商的培养和提高，让自己在今后的生活和工作中更加轻松。

二、从大学生到卓越领导者

作为最具时代青年代表性的优秀大学生，你在踏入社会后，应当怎样去做自己的职业选择，如何锻炼和提升自己的领导力呢？

（一）个人素质：成为领导者的基础

领导素质的修炼是成长为领导者必要的准备。领导素质并不是先天就有的，而是后天造就的，这就预示着大学生可以通过培养自身的领导素质从而成长为一名合格的领导者。你要打好基础，首先要学会学习，要培养自己获得有价值信息的能力，包括学习如何查阅各种资料，还要刻意培养解决问题的创造性思维能力。

在学校里受到的教育仅仅是学习过程的一个开端，其价值在于训练思维能力并适应以后的学习和知识应用。一般来说，别人传授给我们的知识远不如通过自己的勤奋所得的知识深刻。靠劳动（自学）得来的知识将成为一笔完全属于自己的财富，它更为活泼生动，经久不衰，永驻心田。这种自学方式不仅需要才能，更能培养才能。一个问题的有效解决有助于我们探求其他问题的答案，这样，知识也就转化成了才能。

要记住知识决定命运这个信念。要记住知识和技能是唯一可以随身携带、终身享用不尽的资产。有一个例子说明了知识的重要性。有　天，美国福特汽车公司里一台大型电机发生了故障，工程师维修了 3 个月，丝毫不见起色，只得请来权威电机工程师斯坦因梅茨。这位权威人士只在电机的某个部位画了一条线就使电机运行正常了。有人嫉妒地说，斯坦因梅茨向公司要 1 万元，他是勒索。因此，斯坦因梅茨在收款单上写道："画一条线——1 美元，知道画在哪儿——9999 美元。"多么巧妙的回答！这正显示了知识的价值。

我们要向有经验的人学习，学习继承；要向历史学习，少犯错误；学习政治，使我们保持头脑清醒；学习哲学，使我们更加聪明；学习逻辑，使我们更加严谨；学习诗歌，使我们变得灵秀；学习法律，使我们更加规范；学习经济，使我们更加务实；学习文学，让我们热爱生活；学习心理学，使我们善解人意；学习管理，我们才能保持秩序。学习的关键在于养成习惯。

要养成良好的学习习惯，提高学习能力。学习能力意味着什么？你得讲究方法，不是每天只看书就行了。学习、生活、工作是"三位一体"的，以学习的方式去工作，以工作的状态去学习，在工作和学习中感受生活，在生活中体会学习的快乐和工作的充实，这怎么能分开呢？

除了学习之外，还要学做人，因此，个人素质的修炼是成长为领导者的基础。个人素质具有多样化的特征，不同的时代背景、不同的社会文化背景，对领导素质的要求不尽相同。学习知识只是服务社会的手段，学会做人才是立身之本，前者是工具性的，后者是根本性的。如果重智轻德，忽视思想品德塑造，必然导致片面发展，培养出来的人有智商无智慧，有知识无文化，有欲望无理想，有目标无信仰。要成才，先成人。成小事靠业务本领，成大事靠思想品德和综合素质。道德人格、思想品质比专业知识的学习、谋生手段的训练、竞争能力的培养更重要。

1. 人品

人品主要是指诚信和正直。所谓诚信，就是诚实和讲信用，待人以诚、执事以信，是每位大学生都应坚守的最基本的处世准则和毕业后最起码的职业道德。正直则传递着自己的一套行事标准和价值观，一颗正直的心是无价的。人品是大学生成长为领导者的最基本素质。一方面，人品能够造就信任，而信任是领导的根基；另一方面，人品显示出一个人的潜力，并直接决定了这个人对社会的价值。正如摩雷评论说："每个人的成就都无法超越他的品格上限。"一个人品不完善的人不可能成为一个真正有所作为的人，更不用说成为一名领导者。著名领导力专家约翰·科特说："一个领袖人物必须正直、诚实、顾及他人的感受，并且不把个人或小团体的利益和需要摆在一切衡量标准的首位。否则人们就不会追随他。"要注意培养自己的品位。人在社会交往中，讲究个人形象；企业在运营活动中，展示企业形象；政府在管理中，注重政府形象；国家在与世界各国交往中，凸显国家形象。生活品位决定事业品位，事业品位决定人生品位！

2. 沟通表达能力和团队精神

大学是最后一次可以在相对宽松的环境中学习如何与同学、朋友相处的机会。大学生应当尽量学会与各阶层的人交往，客观、直截了当地沟通，主动表达自己对各种事物的看法和意见。瞻前顾后，言不由衷，结果是变成谨小慎微的懦夫；当面不说，背后乱讲，只能破坏集体的团结；开诚布公，敢于说"不"，无论反对或批评都应是建设性的，并表达有高度诚意的正面意见，这才是尊重自己思想意愿的表现。应在公众面前发表演讲，锻炼自己的表达能力。一个人的行为举止及说话的语气、声调和表情等非语言表达方式是非常重要的。大学生在学习过程中，应该把好的思路、想法和结果与别人分享，而且要乐于承认他人的贡献，懂得表示感谢。

我们还要培养自己的团队精神。一个有战斗力的团队，一定是一个有激情的团队；一个有激情的团队，一定有一个充满激情的领导者。梦想是个人激情的引发力，远景是团队激情的动力。

3. 主动乐观的态度

受传统文化和教育环境的影响，我国的大学生大多比较内向。大学生要成为一个积极主动、乐观进取的人，从进入大学的第一天开始，就必须从被动转向主动，积极地管理自己大学四年的学业和将来的事业。

首先，要有积极的态度，主动去了解自己要做什么，并且积极规划自己的人生目标，然后全力以赴地去完成；要对自己的一切负责，勇敢面对人生，不要把不确定的或困难的事情一味搁置起来。遇到问题不去解决也是一种解决，不做决定也是一个决定，这样的解决和决定将使你面前的机会丧失殆尽，终有一天会付出沉重的代价。

其次，要做好充分的准备，事事用心，事事尽力，不要等机遇上门，而要把握机遇，创造机遇。同学们参加工作后，要勇于承担责任，主动为自己设定工作目标，并不断改进方式和方法。同时，在领导或同事面前要善于表现自己的优点，勇于承认工作中犯的错误；应该拥有激情、才智和自信，善于向别人推销或宣传自己，学会说服他人，从而把握住转瞬即逝的机会。

4. 挑战自我、学无止境

在学习成绩和名次上喜欢与别人竞争的"零和心态"并不能真正提高自己，最好能通过不断同自己竞争，不断地挑战自我、完善自我、超越自我，来开发自身潜力。大学生应该给自己设立一些具有挑战性但并非不可企及的目标。

设立目标看似是一件简单的事情，每个人都有过设立目标的经历，但是如果上升到技术层面，必须学习并掌握 SMART 原则（参见本书第五章第二节）。只有给自己设立了挑战性的目标，才会有准确的努力方向和广阔的发展前景。

（二）塑造情商：成长为领导者的关键

塑造情商是大学生成长为领导者的关键。有人做过一项调查，结果表明，在对员工工作业绩的影响方面，情商的影响力是智商的两倍，而在高级管理者中，情商对个人成败的影响力是智商的九倍。这说明塑造情商对领导者的成长至关重要。要想提高情商，须从以下方面着手。

1. 自觉

每位大学生都应充分了解自身的优势、劣势、素质、潜能、经验等要素，并对自己在社会、工作、生活中可能扮演的角色有一个明确的定位，这种能力即"自觉"。有自觉能力的人既能够在他人面前展示自己的特长，又能坦诚表现自己的错误和不足；遇到挫折的时候不会轻言失败，取得成绩时也不会沾沾自喜。他们把他人以及组织的利益摆在自己的利益之上，让人感觉他是一个自信、谦虚、真诚的人，从而赢得他人的尊敬和青睐。认识自我、准确定位自我价值的能力不仅可以帮助个人找到自己合适的空间及发展方向，也可以帮助企业建立起各司其职、协同工作的优秀团队。

2. 同情心

同情心指的是设身处地、将心比心、换位思考的做法。建议大学生要有同情心，多替他人着想，这样不但有助于我们了解和认识他人，而且还能避免许多抱怨与责难，从而创造一个充满鼓励、谅解、支持和尊重的工作和生活环境。

3. 自律

自律指的是自我控制和自我调整的能力，它包括：在压力面前保持清醒的头脑，自我控制不安定的情绪或冲动，以及随时都清晰地认识到自己的行为将影响他人，严于律己、宽以待人。自律对领导者来说尤为重要。作为一个领导者，要管理别人，要让人信服，就要从自我做起，率先垂范。这是因为，领导者的做法通常是大家做事的目标和榜样，举手投足都会给别人留下深刻的印象。特别是当公司或团队处于危急时刻，需要领导带领大家克服困难、冲出重围的时候，领导者必须牢记："自律的痛苦仅重几克，而后悔的痛苦将重达几吨。"如果领导表现得比其他人还要慌乱，翻来覆去拿不定主意，大家就会对领导丧失信心，公司或团队也会因此走向失败。

4. 人际关系

人际关系包括在社会交往中的影响力，建立关系、处理冲突的能力，倾听与沟通说服的能力，合作与协调的能力，等等。在社交活动中，比较内向的大学生应该有意识地培养自己在人际交往中的影响力。

（三）持续改进：从优秀到卓越

从理论上看，如果大学生的个人素质不断提高，情商也得到培养，那么就可以逐步成长为一名优秀的企业领导者。但这还不是卓越的领导者。如果以卓越的标准来衡量公司和个人的成绩，能够持续健康发展的企业和能够不断取得事业成功的领导者是非常少的。大学生成长为企业领导者之后，要进一步实现从优秀到卓越的飞跃，就必须在以下几方面持续改进。

1. 谦虚

谦虚就是虚心，不自满，肯接受批评。谦虚使人进步，许多不懂得谦虚谨慎的领导者在工作中唯我独尊，不能听取他人的规谏，不能容忍他人与自己的意见相左。他们也许可以取得暂时的成功，却无法在事业上不断进步，也无法达到卓越的境界。这是因为，一个人的力量终究有限，在瞬息万变的商业环境中，领导者必须不断学习，善于综合他人的意见，否则就将陷入一意孤行的泥潭，被市场淘汰。比尔·盖茨就是一个非常谦虚的人，他在每一次演讲结束后，都会请擅长撰写演讲稿的人分析一下他的演讲有哪些不足之处，以便下一次改进。

2. 执着

执着是指我们矢志不移坚持正确方向的决心和意志。一旦明确了工作的方向，就必须在目标的指引下锲而不舍地努力工作。大学生应拓展视野，确立自己愿意全力投入的专业，作为将来事业的目标，这样才能对自己所选择从事的工作充满激情和想象力，对前进途中可能出现的各种艰难险阻无所畏惧。同时，在追寻兴趣之外，更重要的是要找寻自己终生不变的志向。志向就像罗盘，兴趣就像风帆，两者相辅相成、缺一不可，共同帮助个人驶向理想的港湾。

3. 勇敢

任何事业上的成就都不是轻易就可以取得的，领导者需要有足够的勇气来面对挑战。勇气意味着不断地积极行动。在卓越领导力的因素中，敢于创业、冒险拼搏的勇气对领导者至关重要。一个人想要在工作中出类拔萃，就必须面对各种各样的艰难险阻，必须正视事业上的挫折和失败。只有那些有勇气正视现实、有勇气迎接挑战的人，才能真正实现超越自我的目标，达到卓越的境界。

农凤娟："最美"微笑成为高速公路风景线

很多人知道她，是因为她的微笑。

在三尺岗亭，她十多年如一日，用真诚微笑为广大司乘人员提供一流通行服务；在祖国南疆，她带头创新创优，推动高速收费站业务和党务工作不断取得新突破……她，就是全国优秀党务工作者、广西交通投资集团南宁高速公路运营有限公司南宁东收费站党支部书记、副站长农凤娟。

忠诚履职，用真诚微笑感动众人"让每个司机都感受到回家般的温暖"

2007年，走出校门的农凤娟选择进入高速公路行业工作，成为广西壮族自治区南宁市石埠收费站的一名收费员。彼时，石埠收费站车流量较大，在远离市区的三尺岗亭，这位年轻的壮族姑娘日夜坚守，用心做好每一次微笑服务。

"工作中有时会遇到一些突发情况，需要我们细心去化解矛盾。"农凤娟回忆，一天凌晨，一辆客车涉嫌逃费，她请司机耐心等候交警来验证车辆信息，可司机很暴躁，不停辱骂，有的司乘人员甚至多次向她泼矿泉水。在处理这件事情的过程中，农凤娟一直微笑面对。

"当时心里很委屈，但是我还是保持微笑，耐心解释收费政策。后来，这个司机冷静下来，足额缴纳了通行费，并表达了歉意。"类似的突发情况并非个例，在农凤娟眼中，微笑是化解矛盾的"利器"，能够增进司乘人员对收费站工作的理解。

在收费工作一线，农凤娟十多年来不断磨炼自己，累计服务210余万辆车辆通行，先后为司机排忧解难1万余次。"虽然和司机们的交流时间很短，但希望能用我们的微笑服务，让每个司机都感受到回家般的温暖。"农凤娟说。

近年来，"不停车电子收费系统"（ETC）广泛铺开，刷卡通行逐渐代替了原来的人工窗口服务，高速公路服务场景发生了诸多变化。为了做好服务，农凤娟带领团队将微笑服务向高速公路服务区、路上安全保畅、客服、科学养护等方面延伸。

"岗亭虽小，意义重大，岗位虽微，任重道远。收费站是文明的窗口，我和同事们坚持用微笑，为南来北往的司乘朋友做好服务，传递温暖和正能量，每次听到司机们对我们工作的点赞，就感觉特别暖心。"农凤娟说。

创优争先，打造"凤娟标杆""她是一个人，也是一群人"

进入收费站工作后，农凤娟一直利用各种时间"充电"，想方设法提高各方面知识和技能。工作以来，她还在广西民族大学、广西大学进修了行政管理、汉语言文学等专业课程。"时代在进步，我们需要不断更新自己的知识储备，提升服务水平。"农凤娟说。

　　"农凤娟对工作很上心，除了收费员，还在稽查员、站务员等岗位上工作过，她勤于学习，乐于钻研。"在南宁高速公路运营有限公司青秀分公司管理人员莫常军的印象中，农凤娟有记笔记的习惯，记录本换了一批又一批。

　　2015年，农凤娟所在的单位成立了以她名字命名的"凤娟标杆"团队，农凤娟担任首席代表。在农凤娟的带领下，"凤娟标杆"团队先后研发出了"123舒心通行法"等创新项目36个，有效提升了高速公路服务质量。

　　莫常军介绍，南宁东收费站车流密集，节假日有时会遇到车辆"排长龙"现象。为了保障通行，农凤娟带队创新推出"ETC现场服务站"，使ETC特情处理时间由原来的每车次1分钟降低为6秒，极大提高了工作效率。

　　"农凤娟作为先进标杆，她是一个人，也是一群人。"南宁东收费站站长杨梅说。目前"凤娟标杆"团队已由成立之初的39人增加到93人，覆盖高速公路"微笑""保畅""稽查""养护""科技"等多个领域。

　　据介绍，近年来，"凤娟标杆"团队接待了全国各地来参观学习的团体上百批次，团队还走出广西，为多家单位开展微笑服务等专业培训，努力将一流的通行服务推向全国。

不忘初心，激发基层党组织活力 "把青春奋斗融入党和人民的事业"

　　"参加工作后，我在许多党员身上看到了他们的奉献和担当，自己也积极向党组织靠拢，递交了入党申请书。"2010年12月，农凤娟光荣地加入中国共产党。2018年6月，农凤娟当选南宁东收费站党支部书记。

　　高速公路收费岗位以年轻人居多，农凤娟在管理中不断创新，依托凤娟标杆亭、文化长廊、南宁东收费站管理区等党建教育阵地，聚焦青年员工，广泛开展各项培训和文明实践活动。同时，"通过开创'标杆引领＋行动学习'模式，农凤娟等党员带头冲在急难险重任务第一线，激发了大家的干事创业激情。"杨梅说，党支部成立至今，南宁东收费站已涌现10余位收费无差错岗位能手，多名员工荣获"广西优秀共青团员"等称号。

　　面对突如其来的新冠肺炎疫情，农凤娟组建"党员战'疫'突击队"，制定收费站防疫应急预案和工作流程，带领一线员工加入了"逆行者"队伍，在疫情防控一线开展防疫宣传，保障300多辆应急车辆和450辆防疫物资车辆快速通行。

　　"奋斗的青春最美丽，作为一名党员，未来我要继续把青春奋斗融入党和人民的事业，努力把平凡的事做得不平凡，在平凡岗位上发光发热，实现价值。"农凤娟说。

　　（案例节选自徐海涛、农冠斌《全国"两优一先"风采录 | 农凤娟："最美"微笑成为高速公路风景线》，新华网，2021-08-13）

参考文献

［1］彼得森. 打开积极心理学之门 [M]. 侯玉波，王非，等译. 北京：机械工业出版社，2010.

［2］陈金山. 大学生就业指导与职业生涯规划 [M]. 武汉：武汉大学出版社，2016.

［3］杜志敏. 就业设计与指导 [M]. 北京：北京交通大学出版社，2011.

［4］费里特. 卓越表现：从大学到社会 [M]. 张丽华，程卫凯，译. 北京：机械工业出版社，2011.

［5］高屹."自我认识与成长"小组指导手册 [M]. 北京：北京师范大学出版社，2012.

［6］顾雪英. 当代大学生职业生涯规划 [M]. 北京：高等教育出版社，2011.

［7］阚雅玲，吴强，胡伟. 职业规划与成功素质训练 [M]. 北京：机械工业出版社，2009.

［8］刘艳红，郭志敏，罗晓蓉. 职业生涯规划：配学生手册 [M]. 北京：高等教育出版社，2020.

［9］苏文平. 赢在第四起跑线：大学生职业生涯规划 [M]. 北京：机械工业出版社，2011.

［10］苏文平. 职业生涯规划与就业创业指导 [M]. 北京：中国人民大学出版社，2016.

［11］苏文平. 大学生职业生涯规划与就业创业指导 [M]. 北京：中国人民大学出版社，2018.

［12］王春林. 没有找不到的工作 [M]. 北京：机械工业出版社，2011.

［13］吴余舟，阚甜，闫铄瓒. 大学生职业生涯规划与就业创业指导 [M]. 北京：机械工业出版社，2010.

［14］张鹤. 别把时间给了浪费：时间管理 [M]. 北京：经济管理出版社，2004.

［15］张静，王玉江，乔宝刚. 大学生凭什么找份好工作 [M]. 青岛：中国海洋大学出版社，2016.

［16］钟谷兰，杨开. 大学生职业生涯规划：第2版 [M]. 上海：华东师范大学出版社，2016.

［17］钟思嘉，金树人. 大学生职业生涯规划：自主与自助手册 [M]. 北京：高等教育出版社，2017.

223

版权声明

　　本教材在编写过程中引用了相关资料与网络资源，在此向原著作权人表示衷心的感谢！由于诸多因素没能一一联系到原作者，如涉及版权等问题，恳请相关权利人及时与我们联系，以便支付稿酬。(联系电话：010-60206144；邮箱：2033489814@qq.com)